Das iranische Familienrecht unter der besonderen Berücksichtigung der Rechte von Frauen und Kindern

Internationalrechtliche Studien

Beiträge zum Internationalen Privatrecht, zum Einheitsrecht und zur Rechtsvergleichung

Herausgegeben von Ulrich Magnus und Peter Mankowski

Band 67

PL ACADEMIC RESEARCH

Marjam Waladan

Das iranische Familienrecht unter der besonderen Berücksichtigung der Rechte von Frauen und Kindern

PL ACADEMIC RESEARCH

Bibliografische Information der Deutschen Nationalbibliothek
Die Deutsche Nationalbibliothek verzeichnet diese Publikation in der Deutschen Nationalbibliografie; detaillierte bibliografische Daten sind im Internet über http://dnb.d-nb.de abrufbar.

Zugl.: Hamburg, Univ., Diss., 2013

D 18
ISSN 0947-0395
ISBN 978-3-631-64596-3 (Print)
E-ISBN 978-3-653-03851-4 (E-Book)
DOI 10.3726/978-3-653-03851-4

PL Academic Research ist ein Imprint der Peter Lang GmbH.

Peter Lang – Frankfurt am Main · Bern · Bruxelles · New York · Oxford · Warszawa · Wien

Dieses Buch erscheint in einer Herausgeberreihe bei PL Academic Research und wurde vor dem Erscheinen peer reviewed.

www.peterlang.com

Für meine Mutter

Danksagung

Meinem Doktorvater, Herrn Professor Dr. Ulrich Magnus, danke ich von ganzem Herzen für die Bereitstellung des Themas, die freundliche Betreuung und die Erstellung des Erstgutachtens.

Ebenso danke ich Frau Professorin Dr. Bettina Heiderhoff für die Erstellung des Zweitgutachtens.

Meinen Eltern danke ich für ihre Unterstützung.

Einen ganz besonderen Dank richte ich an Frau Rechtsanwältin Neda Masoodi und ihren Vater, Herrn Rechtsanwalt Sani Masoodi aus Shiraz/Iran, die mir während meines Aufenthaltes im Iran stets hilfreich mit Rat und Tat zur Seite gestanden haben. Ohne ihre Geduld und ihre wertvolle Unterstützung wäre dieses Projekt nicht zu verwirklichen gewesen.

Ebenso möchte ich mich bei meinen Freunden im Iran und in Deutschland für ihre überaus große Unterstützung herzlich bedanken. Sie haben mich in schwierigen Zeiten immer motiviert und mich jedes Mal wieder „auf die richtige Spur“ gelenkt.

Namentlich seien daher besonders erwähnt Herr Ingmar Gerd Seume und Herr Amirabbas Esmaeili.

Hamburg, im September 2013 Marjam Waladan

Inhaltsverzeichnis

Literaturverzeichnis

Agell, Anders „Die schwedische Gesetzgebung über nichteheliche Lebensgemeinschaften“, in FamRZ 1990, S. 817-822.

Bazgir, Yadollah ġānun-e madani dar ājin-e ārā' diwān-e āli-e keŝwar hoġuġ-e xānewāde, Band 1, 3. Auflage, Teheran, 1384 (2005) (zit.: Bazgir).

Coester-Waltjen, Dagmar Familienrecht, 6. Auflage, München, 2010 (zit.: Coester-Waltjen).

Dethloff, Nina „Nichteheliche Lebensgemeinschaft und Kinder“, aus „Die Rechtstellung nichtehelicher Lebensgemeinschaften – The Legal Status of Cohabitants“, herausgegeben von Jens M. Scherpe, Nadjma Yassari, Tübingen, 2005, S. 137-162.

Dilger, Konrad „Das islamische Strafrecht in der modernen Welt. Ein Beitrag zur Rechtskonzeption im Islam“, in ZStW Band 93, Auslandsteil Jahrgang 31, 1981, S. 1311-1332.

Dölling, Dieter
Duttge, Gunnar
Rössner, Dieter Gesamtes Strafrecht, Handkommentar, 2. Auflage, Baden-Baden, 2011 (zit.: Dölling, Duttge, Rössner-Bearbeiter).

Ebadi, Shirin hoġuġ-e kudak, 1. Auflage, Teheran, 1369 (1990) (zit.: Ebadi).

Fahimi, Fateme zan wa hoġuġ-e māli,
1. Auflage, Teheran, 1387 (2008)
(zit.: Fahimi).

Ferrand, Frederique „Das französische Gesetz über den pacte civil de solidarité“,
in FamRZ 2000, S. 517-525.

Gorji, Abolghasem
Borzoui, Abbas
Emami, Asadollah
Ghasemzadeh, Mortaza
Sadeghi, Mahmood bar-rasi-e tatbiġi-e hoġuġ-e xānewāde,
1. Auflage, Teheran, 1384 (2005)
(zit.: Gorji-Bearbeiter).

Heldrich, Andreas „Das juristische Kuckucksei aus dem Morgenland“,
in IPRax 1983, S. 64-65.

Henning, Max Der Koran, Aus dem Arabischen übersetzt,
1. Auflage, Hamburg, 2010
(zit.: Der Koran, Aus dem Arabischen übersetzt von Max Henning).

Henrich, Dieter Familienrecht,
5. Auflage, Berlin, 1995
(zit.: Henrich).

Henrich, Dieter „Die Morgengabe und das Internationale Privatrecht“,
in Festschrift für Hans Jürgen Sonnenberger zum 70. Geburtstag: Privatrecht in Europa – Vielfalt, Kollision, Kooperation,
München, 2004, S. 389-400
(zit.: Henrich, FS Sonnenberger).

Jacobs, Uwe Kai „Die Handschuhehe – Inhalt und Herkunft einer Eheschließungsform“,
in StAZ 1992, S. 5-8.

Kar, Mehrangiz sāxtār-e hoġuġi-e nezām-e xānewāde dar irān, 2. Auflage, Teheran, 1386 (2007) (zit.: Kar).

Katuzian, Nazer hoġuġ-e madani (xānewāde) doure moġaddamāti, 5. Auflage, Teheran, 1385 (2006) (zit.: Katuzian, Einführung).

Katuzian, Nazer hoġuġ-e madani (xānewāde), Band 1, 5. Auflage, Teheran, 1378 (1999) (zit.: Katuzian, Familienrecht I).

Katuzian, Nazer hoġuġ-e madani (xānewāde), Band 2, 7. Auflage, Teheran, 1385 (2006) (zit.: Katuzian, Familienrecht II).

Katuzian, Nazer ġānun-e madani dar nezām-e hoġuġi-e konuni, 17. Auflage, Teheran, 1387 (2008) (zit.: IZGB-Kommentar-Katuzian).

Khodadadi Tahashi, Farzad Das iranische Familienrecht aus der Perspektive der internationalen Zuständigkeit deutscher Gerichte, Hamburg, 2005 (zit.: Khodadadi Tahashi).

Koch, Harald; Magnus, Ulrich; Winkler v. Mohrenfels, Peter IPR und Rechtsvergleichung – Ein Studien- und Übungsbuch zum Internationalen Privat- und Zivilverfahrensrecht und zur Rechtsvergleichung, 4. Auflage, München, 2010 (zit.: Koch/Magnus/Winkler von Mohrenfels).

Kotzur, Hubert Kollisionsrechtliche Probleme christlich-islamischer Ehen dargestellt am Beispiel deutsch-maghrebinischer Verbindungen, Band 66 Tübinger Rechtswissenschaftliche Abhandlungen, Tübingen, 1988 (zit.: Kotzur).

Kropholler, Jan
Internationales Privatrecht einschließlich der Grundbegriffe des Internationalen Zivilverfahrensrechts,
5. Auflage, Tübingen, 2004
(zit.: Kropholler).

Krüger, Hilmar
„Ehe und Brautgabe“,
in FamRZ 1977, S. 114-118.

Langaroudi, Jafar
hoġuġ-e xānewāde,
Teheran
(zit.: Langaroudi).

Langenfeld, Gerrit
Handbuch der Eheverträge und Scheidungsvereinbarungen,
6. Auflage, München, 2011
(zit.: Langenfeld).

Mangoldt, Hermann von
Klein, Friedrich
Starck, Christian
Grundgesetz Kommentar Band 1,
6. Auflage, München, 2010
(zit.: Bearbeiter, in: v. Mangoldt/Klein/Starck, GG I).

Mansour, Jahangir
ġawānin wa moġararāt-e marbut be xānewāde bā āxarin eslāhāt,
Teheran, 1388 (2009)
(zit.: Mansour, Gesetzessammlung I).

Mansour, Jahangir
ġānun-e moġāzāt-e eslāmi bā āxarin eslāhāt,
Teheran, 1388 (2009)
(zit.: Mansour, Gesetzessammlung II).

Mansour, Jahangir
ġānun-e asāsi wa ġānun-e madani bā āxarin eslāhāt,
Teheran, 1388 (2009)
(zit.: Mansour, Gesetzessammlung III).

Mohaghegh Damad, **Seyyed Mostafa**
bar-rasi-e feġhi-e hoġuġ-e xānewāde – nekāh wa enhelāl-e ān,
16. Auflage, Teheran, 1386 (2007)
(zit.: Mohaghegh Damad).

Palandt, Otto Bürgerliches Gesetzbuch, 70. Auflage, München, 2011 (zit.: Palandt-Bearbeiter).

Parhisi, Parinas Frauen in der iranischen Verfassungsordnung, Baden-Baden, 2010 (zit.: Parhisi).

Prütting, Hanns
Wegen, Gerhard
Weinreich, Gerd BGB-Kommentar, 5. Auflage, Köln, 2010 (zit.: Prütting/Wegen/Weinreich-Bearbeiter).

Rausch, Hans „Internationales Privatrecht in der familiengerichtlichen Praxis“, in NJW 1994, S. 2120-2128.

Rauscher, Thomas „Iranische Sorgerechtsbestimmungen – Deutscher ordre public“, in JR 1994, S. 184-188.

Rauscher, Thomas Familienrecht, 2. Auflage, Heidelberg, 2008 (zit.: Rauscher).

Rauscher, Thomas Internationales Privatrecht, 3. Auflage, Heidelberg, 2009 (zit.: Rauscher IPR).

Rauscher, Thomas
Pabst, Steffen „Die Rechtsprechung zum Internationalen Privatrecht 2008- 2009“, in NJW 2009, S. 3614-3620.

Repgen, Tilman „Privatrechtliche Altersgrenzen in rechtshistorischer Perspektive“, aus „Das Kind im Recht“, herausgegeben von Tilman Repgen, Reinhard Bork, Berlin, 2009.

Rieck, Jürgen „Die Rolle des Islam bei Eheverträgen mit einem nichtmoslemischen Ehepartner“, aus Leipziger Beiträge zur Orientforschung, Beiträge zum Islamischen Recht, herausgegeben von Hans-Georg Ebert, Frankfurt 2000, S. 69-90.

Rohe, Mathias „Der Islam und deutsches Zivilrecht“, aus Leipziger Beiträge zur Orientforschung, Beiträge zum Islamischen Recht II, herausgegeben von Hans-Georg Ebert, Thoralf Hanstein,
Frankfurt, 2003, S. 35-61.

Säcker, Franz Jürgen
Rixecker, Roland Münchener Kommentar zum Bürgerlichen Gesetzbuch,
Band 10, Internationales Privatrecht, Rom I-Verordnung, Rom II-Verordnung, Einführungsgesetz zum Bürgerlichen Gesetzbuche (Art.1-24),
5. Auflage, München, 2010
(zit.: MüKO BGB-Bearbeiter).

Säcker, Franz Jürgen
Rixecker, Roland Münchener Kommentar zum Bürgerlichen Gesetzbuch,
Band 7, 1. Halbband, Familienrecht I, §§ 1297-1588,
5. Auflage, München, 2010
(zit.: MüKO BGB-Bearbeiter).

Safa'i, Seyyed Hossein
Emami, Asadollah moxtasar-e hoġuġ-e xānewāde,
14. Auflage, Teheran, 1386 (2008)
(zit.: Safa'i/Emami, Grundriss Familienrecht).

Safa'i, Seyyed Hossein
Emami, Asadollah hoġuġ-e xānewāde, Band 2,
4. Auflage, Teheran, 1386 (2007)
(zit.: Safa'i/Emami, Familienrecht II).

Schneider, Irene „Kindeswohl im islamischen Recht“,
in RdJB 2006, S. 181-196.

Schotten, Günther
Wittkowski, Ralf „Das deutsch-iranische Niederlassungsabkommen im Familien- und Erbrecht“,
in FamRZ 1995, S. 264-269.

Soergel, Hans Theodor
Lange, Hermann Kommentar zum Bürgerlichen Gesetzbuch,
Band 7, Familienrecht I, §§ 1297-1588,
12. Auflage, Stuttgart, 1989
(zit.: Soergel/Lange).

Shams, Abdollah ājin-e dādresi-e madani, 17. Auflage, Teheran (zit.: Shams, ājin-e dādresi-e madani).

Soltani, Shahram
Sadat Barikani, Amirreza nafaġe wa māhijjat-e hoġuġi-e ān, 1. Auflage, Teheran, 1386 (2008) (zit.: Soltani/Sadat Barikani).

Spickhoff, Andreas „Anmerkung" zu BGH, Beschluss v. 14.10.1992, in JZ 1993, S. 208-212.

Staudinger, Julius von Kommentar zum Bürgerlichen Gesetzbuch mit Einführungsgesetz und Nebengesetzen, Buch 4 Familienrecht, §§ 1297-1362, 12. Auflage, Berlin, 2007 (zit.: Staudinger-Bearbeiter).

Staudinger, Julius von Kommentar zum Bürgerlichen Gesetzbuch mit Einführungsgesetz und Nebengesetzen, Berlin, 2003 (zit.: Staudinger-Bearbeiter, Anhang I zu Art. 18 EGBGB).

Staudinger, Julius von Kommentar zum Bürgerlichen Gesetzbuch mit Einführungsgesetz und Nebengesetzen, BGB-Synopse 1896-2005, Berlin, 2006 (zit.: Staudinger, BGB-Synopse 1896-2005).

Tellenbach, Silvia Untersuchungen zur Verfassung der Islamischen Republik Iran vom 15. November 1979, Islamkundliche Untersuchungen Band 104, herausgegeben von Klaus Schwarz, Berlin, 1985 (zit.: Tellenbach).

Ülker, Yesim „Die islamische Morgengabe unter dem Einfluss des deutschen Scheidungsrechts", in FamFR 2010, S. 7-10.

Wurmnest, Wolfgang „Die Brautgabe im Bürgerlichen Recht“, in FamRZ 2005, S. 1878-1885.

Wurmnest, Wolfgang „Die Mär von der mahr – Zur Qualifikation von Ansprüchen aus Brautgabevereinbarungen“, in RabelsZ 2007 (Band 71), S. 527-558.

Yassari, Nadjma „Das iranische Familienrecht und seine Anwendung im Teheraner Familiengericht“, aus Leipziger Beiträge zur Orientforschung, Beiträge zum Islamischen Recht IV, herausgegeben von Silvia Tellenbach, Thoralf Hanstein, Frankfurt, 2004, S. 59-76.

Yassari, Nadjma „Die Brautgabe nach iranischem Recht“, in StAZ 2003, S. 198-201.

Yassari, Nadjma „Überblick über das iranische Scheidungsrecht“, in FamRZ 2002, S. 1088-1094.

Yassari, Nadjma „Islamisches Recht oder Recht der Muslime – Gedanken zu Recht und Religion im Islam“, in ZVglRWiss 2004 (Band 103), S. 103-121.

Yassari, Nadjma „Die Anwendung islamisch geprägter Sorgerechtsnormen vor deutschen Gerichten“, in RdJB 2006, S. 197-206.

Yassari, Nadjma „Die iranische Reform des Ehegattenerbrechts – Ein Beispiel für die Wandelbarkeit des islamischen Rechts“, in RabelsZ 2009 (Band 73), S. 985-1004.

Yassari, Nadjma Länderbericht Iran, aus Nomos-Kommentar Familienrecht, Band 4, 2. Auflage, Baden-Baden, 2010, S. 2375-2388 (zit.: Yassari, Länderbericht Iran, 2010).

Yassari, Nadjma „Das Eheverständnis im Islam und in ausgewählten islamischen Ländern“, in FamRZ 2011, S. 1-3.

Yassari, Nadjma „Zwei Bemerkungen zur islamischen Brautgabe vor deutschen Gerichten“,
in StAZ 2009, S. 366-371.

Yassari, Nadjma „Scheidung in Deutschland nach iranischem Recht“,
Anmerkungen zu OLG Koblenz, Urt. v. 26.11.2009
– 9 UF 653/06,
in FamRBint 2009, S. 26-27.

Zamani, Rasoul seġt-e ğanin,
1. Auflage, Teheran, 1385 (2006)
(zit.: Zamani).

A. Ziel der Arbeit

Das Ziel dieser Arbeit ist es, einen Einblick in das iranische Recht, insbesondere das Familienrecht, das überwiegend islamisch beeinflusst und geprägt ist, zu geben sowie seine Schnittstellen und Berührungspunkte mit dem deutschen Recht darzustellen.

Für dieses Projekt habe ich im Jahr 2009 eine Forschungsreise in den Iran unternommen und mir vor Ort ein eigenes Bild von diesem, für die westliche Welt, noch teilweise wenig bekannten Land gemacht.

Meinen Erkenntnissen liegen neben den zitierten schriftlichen Quellen Gespräche mit iranischen Rechtswissenschaftlern, insbesondere Familienrichtern und Rechtsanwälten, aber auch ausführliche Gespräche mit im Iran lebenden Menschen aus den verschiedensten gesellschaftlichen Schichten zu Grunde.

Die Relevanz meiner Erkenntnisse auch für das deutsche Recht und die Gerichts- und Beratungspraxis, ist angesichts der Anzahl der iranischen Staatsangehörigen in der Bundesrepublik Deutschland, die im Jahre 2010 bei 51.885[1] lag, unverkennbar.

Schon heute ist es keine Seltenheit mehr, dass sich deutsche Familiengerichte mit der Anwendung des iranischen Familienrechts und damit mit der Anwendung islamisch geprägter Rechtsnormen befassen müssen.

Es gibt schon jetzt eine Fülle von Entscheidungen im Familienrecht, die sich mit dem deutschen Recht völlig fremden Rechtsinstituten, wie dem Recht der Ehefrau auf die Zahlung einer Brautgabe vom Ehemann, auch bekannt unter dem Begriff der Morgengabe, beschäftigen.

So hat Rohe in seiner Funktion als Richter am OLG Erlangen in einem Vortrag im Jahre 2003 hervorgehoben, dass die Anwendung von ausländischen Rechtsnormen bei binationalen Familienbeziehungen zum „juristischen Alltagsgeschäft“ gehöre.[2]

---

1 Vgl. Statistisches Bundesamt, Fachserie 1, Reihe 2, 2010, http://www.destatis.de/jetspeed/portal/cms/Sites/destatis/Internet/DE/Content/Publikationen/Fachveroeffentlichungen/Bevoelkerung/MigrationIntegration/AuslaendBevoelkerung2010200107004,property=file.pdf (zuletzt aufgerufen am 13.12.2011).

2 Vgl. Rohe, Leipziger Beiträge zur Orientforschung, 2003, 35, 35.

Ebenso hat Rausch bereits im Jahre 1994 prophezeit, dass „mit fortschreitender grenzüberschreitender Verflechtung“ auch die Fälle mit Auslandsberührungen zunehmen werden.[3]

Die besondere Relevanz einer korrekten Anwendung des ausländischen Rechts ist insbesondere auch in solchen Fällen gegeben, in denen es bei einem Rechtsstreit lediglich um die Beantwortung bestimmter Vorfragen geht, etwa, ob eine wirksame Eheschließung zwischen den Beteiligten überhaupt vorliegt, wenn einer ein Ehegattenerbrecht geltend macht.[4]

Die vorliegende Arbeit soll einen Beitrag dazu leisten, insbesondere für den deutschen Rechtsanwender, ob nun Richter oder Rechtsanwalt, eine Einführung in die Strukturen des iranischen Rechts zu geben und die Beschäftigung mit einem fremden Rechts- und Kulturkreis handhabbarer zu machen.

Um den Umfang dieser Arbeit nicht zu sprengen, möchte ich das Augenmerk insbesondere auf das Familienrecht aus der Sicht der Frauen und Kinder im Iran richten.

Ebenso möchte ich mit diesem Werk einen kleinen Einblick in die soziologischen Familienstrukturen und das überwiegend herrschende Ehe- und Familienbild des Iran geben.

Bereits zu Beginn dieser Arbeit möchte ich, wie schon Yassari hervorgehoben hat, darauf hinweisen, dass „das“ islamische Recht nicht existiert, da nahezu jeder islamische Staat eine staatliche Rechtsordnung hat.[5]

Der Rechtsanwender sollte also stets darum bemüht sein, islamisch gepägte Rechtsnormen im Kontext zum Recht eines bestimmten Staates zu betrachten und niemals Rückschlüsse vom Recht eines islamischen Staates auf das Recht eines anderen islamischen Staates ziehen zu wollen. Zwar ist es richtig, dass es eine Fülle von Parallelen geben kann, jedoch entscheidet letztendlich jeder islamisch geprägte Staat selbst autark darüber, welchen Einfluss die Religion auf seine Rechtsnormen haben soll.

---

3 Vgl. Rausch, NJW 1994, 2120, 2120.
4 Vgl. OLG München, FamRZ 2010, 1280-1282.
5 Vgl. Yassari, ZVglRWiss 2004, 103, 121.

B. Ehe- und Familienbild in Gesellschaft und Recht

In islamischen Gesellschaften kommt der Familie ein „fundamentaler Wert“ zu.[6] Als Grundlage einer jeden Familiengründung wird dabei die Eingehung der Ehe angesehen.

Allerdings ist dem Islam die Ehe als eine religiöse Handlung, die der Mensch nicht auflösen darf, fremd. Die Eheschließung wird zwar als ein religiöses Gebot verstanden, sie kommt aber ausschließlich durch übereinstimmende Willenserklärungen der Verlobten zustande.[7]

In der iranischen Rechtswissenschaft wird die Ehe daher wie folgt definiert: Die Ehe ist ein Vertrag zwischen einem Mann und einer Frau zur Bildung einer Familie und eines gemeinsamen Zusammenlebens.[8]

Auch das deutsche Familienrecht sah während der Zeit der Aufklärung die Ehe als ein bloßes Vertragsverhältnis an. Die Personen, die den Vertrag schlossen, konnten damit auch über den Inhalt bestimmen.[9]

Im iranischen Recht wird zwischen verschiedenen Formen der Ehe differenziert. Wir werden sehen, dass das iranische Recht neben der dauerhaften Ehe auch die zeitlich befristete Ehe kennt. Der relevante Umstand, dass nur eine Ehe, ob nun befristet oder dauerhaft, die Voraussetzung für ein erlaubtes gemeinsames Zusammenleben von einem Mann und einer Frau ermöglicht, bietet einen Erklärungsansatz für die relativ hohe Zahl der jährlich geschlossen Ehen im Iran.

So haben etwa im Jahre 2008/2009[10] 881.592[11] Personen im Iran eine Ehe geschlossen, während die Zahl der Eheschließungen im Jahre 2008 in der Bundesrepublik bei 377.055[12] lag, obwohl die Bevölkerungszahl nahezu gleich ist.

---

6 Vgl. Schneider, RdJB, 2006, 181, 182.

7 Vgl. Yassari, FamRZ 2011, 1, 2.

8 Vgl. Safa'i/Emami, Grundriss Familienrecht, S. 23; vgl. Mohaghegh Damad, S. 22; vgl. Bazgir, S. 25; vgl. Katuzian, Einführung, S. 35.

9 Vgl. Henrich, S. 12, 13.

10 In dem Zeitraum vom 21.03.2008-20.03.2009.

11 http://www.sabteahval.ir/DesktopModules/Contents/assets/AmarHayati/E87.html (zuletzt aufgerufen am 15.12.2011).

12 http://www.destatis.de/jetspeed/portal/cms/Sites/destatis/Internet/DE/Navigation/Statistiken/Bevoelkerung/EheschliessungenScheidungen/EheschliessungenScheidungen.psml (zuletzt aufgerufen am 15.12.2011).

Entsprechend der oben genannten Definition von Ehe wird deutlich, dass die Eingehung einer Ehe im Iran einem bestimmten Zweck, nämlich der Bildung einer Familie dient. Insbesondere soll die Ehe nicht vordergründig zur Befriedigung der geschlechtlichen Triebe geschlossen werden. Die Motive sollen vor allem in der emotionalen Befriedigung und der Erfüllung der immateriellen Bedürfnisse des Menschen liegen. Die Ehe solle insbesondere höherrangigen und bedeutenden Zielen wie der Zeugung von Nachkommen dienen.[13]

Dieser Gedanke ist auch dem deutschen Recht nicht völlig fremd. Aus Art. 6 Abs. 1 GG lässt sich ableiten, dass die Ehe auch deshalb besonderem verfassungsrechtlichen Schutz unterliegt, weil sie eine rechtliche Absicherung der Partner bei der Gründung einer Familie mit gemeinsamen Kindern ermöglichen soll.[14] Die eherechtliche Generalklausel des § 1353 Abs. 1 BGB bestimmt zudem, dass die Ehe auf Lebenszeit geschlossen wird und dass die Ehegatten einander zur ehelichen Lebensgemeinschaft verpflichtet sind und füreinander Verantwortung tragen. Hingegen hat das BGB „dem Gedanken einer abschließend kasuistischen Regelung des Eheinhaltes widerstanden" und daher eine Generalklausel geschaffen.[15] Denn die meisten persönlichen Pflichten, die sich aus der Generalklausel des § 1353 Abs. 1 S. 2 BGB ergeben, sind von der konkreten Situation der Ehegatten abhängig.[16] So ist auch die Pflicht zur häuslichen Lebensgemeinschaft eine „situationsabhängige Pflicht", die je nach Fall sogar ganz entfallen kann.[17] Das heutige BGB katalogisiert die persönlichen Rechte und Pflichten der Ehegatten nicht, „zumal eine enumerative Beschreibung einzelner Pflichten im Bereich der Privat- und Intimsphäre peinlich wäre".[18] Ferner würde auch eine erschöpfende Bestimmung der Pflichten der Eheleute nicht dem gegenwärtigen Bild der Ehe, das die Eheleute weitestgehend autonom gestalten können, entsprechen.[19]

Im Iran wird die überragende Bedeutung der Ehe insbesondere aus dem Umstand deutlich, dass das iranische Recht bis auf das Institut der Ehe weder eine andere alternative Form des Zusammenlebens von Mann und Frau kennt noch zulässt. Nur die Ehe bietet die Voraussetzung für ein erlaubtes gemeinsames Zusammenleben.

Eine andere Form des Zusammenlebens zwischen einem Mann und einer Frau wie das in Deutschland nunmehr gesellschaftlich und auch rechtlich anerkannte Rechtsinstitut der nicht-ehelichen Lebensgemeinschaft, ist im Iran verboten

---

13 Vgl. Safa'i/Emami, Grundriss Familienrecht, S. 23.

14 Vgl. Robbers, in: v. Mangoldt/Klein/Starck, GG I, Art. 6, Rn. 17.

15 Vgl. Coester-Waltjen, § 18, Rn. 38.

16 Vgl. Coester-Waltjen, § 18, Rn. 47.

17 Vgl. Coester-Waltjen, § 18, Rn. 52.

18 Vgl. Rauscher, § 14, Rn. 229.

19 Vgl. Staudinger-Voppel, § 1353, Rn. 17.

und mit Strafe bedroht. Ein Verbot besteht auch für gleichgeschlechtliche Beziehungen.

Während in Deutschland mit Wirkung zum 01.08.2001 durch das Gesetz zur Beendigung der Diskriminierung gleichgeschlechtlicher Gemeinschaften (Lebenspartnerschaftgesetz[20]), die Möglichkeit der Eingehung von Lebenspartnerschaften zwischen Personen gleichen Geschlechts geschaffen wurde und diesen Personen eine Fülle von Rechten eingeräumt, aber auch Pflichten auferlegt wurden, drohen gleichgeschlechtlichen Paaren im Iran empfindliche Strafen nach dem iranischen Strafgesetzbuch (IStGB[21]).

Das IStGB bezeichnet in § 108 eine gleichgeschlechtliche Beziehung zwischen zwei Männern als *lawāt.* Im Falle des Vollzugs des Geschlechtsakts droht den beteiligten Personen gemäß § 110 IStGB sogar die Todesstrafe. Besteht zwischen zwei Männern lediglich eine geschlechtliche Beziehung, ohne dass der Geschlechtsakt vollzogen worden ist, so ist diese Handlung gemäß § 121 IStGB mit Peitschenhieben bedroht.

Eine gleichgeschlechtliche Beziehung zwischen zwei Frauen wird als *mosāheġeh* bezeichnet und ist gemäß § 129 IStGB ebenfalls mit Peitschenhieben bedroht.

Unberührt dessen, dass für das deutsche Strafrechtssystem aus den allgemeinen Prinzipien des Grundgesetzes, insbesondere aus dem Rechtsstaatsprinzip, folgt, dass die angedrohte Strafe in einem gerechten Verhältnis zur Schwere der Tat sowie zu dem Verschulden des Täters stehen muss und eine Strafe nach Art und Maß des strafrechtlich relevanten Verhaltens des Täters „nicht schlechthin unangemessen oder gar grausam" sein darf,[22] fällt schon in diesem Zusammenhang auf, dass im iranischen Recht, auch der dem deutschen Recht bekannte Gleichheitssatz, wonach Männer und Frauen vor dem Gesetz gleich sind, eine andere Ausgestaltung erfährt.

Zunächst einmal heißt es in Art. 19 der iranischen Verfassung (IVerf[23]) ganz allgemein, dass alle Iraner die gleichen Rechte genießen. Die Gleichheit von Mann und Frau wird sodann in Art. 20 IVerf normiert. Der dem zugrundeliegende Gedanke findet sich bereits im Koran, wo es z.B. in Sure 4, Vers 1 und Sure 7, Vers 189 heißt, dass Gott Mann und Frau aus einem Wesen erschuf.[24]

Nach Art. 20 IVerf stehen Frauen und Männer unter dem Schutz des Gesetzes und genießen alle Menschenrechte, politischen, wirtschaftlichen, gesellschaftlichen und kulturellen Rechte. Allerdings wird dieser Gleichheitssatz vom iranischen

20 BGBl. 2001, Teil I, Nr. 9, S. 266.

21 Mansour, Gesetzessammlung II, *ġānun-e moġāzāt-e eslāmi* (Iranisches Strafgesetzbuch).

22 Vgl. BVerfGE 6, 389, 439.

23 Mansour, Gesetzessammlung III, *ġānun-e asāsi* (Iranische Verfassung).

24 Vgl. Der Koran, Aus dem Arabischen übersetzt von Max Henning, S. 68, 151.

Verfassungsgeber insoweit wieder eingeschränkt, als die Rechte im Rahmen der Grundsätze des Islams gewährt werden. Obwohl der in Art. 20 IVerf normierte Gleichheitssatz durchaus als ein Pendant zum deutschen Gleichheitssatz betrachtet werden könnte, werden wir sehen, dass der vorgenannte Bezug zum Islam sehr viel Raum für religiöse Interpretationen lässt, so dass hierin kein Gleichheitssatz nach unserem Verständnis und damit im Sinne des deutschen Verfassungsrechts gesehen werden kann.

So ist nach der Auffassung von Tellenbach der allgemeine Gleichheitssatz aus Art. 20 der Verfassung „nur ein formales Gleichheitsrecht“, da sich die inhaltliche Ausgestaltung der Rechte aus den islamischen Prinzipien ergebe.[25]

Eine von der Ehe abweichende Form des Zusammenlebens wird jedoch nicht nur in strafrechtlicher Hinsicht sanktioniert. Auch in zivilrechtlicher Hinsicht würde ein freies Zusammenleben zwischen einem Mann und einer Frau kein anerkanntes Rechtsverhältnis darstellen und damit keine Rechte und Pflichten für diese Personen begründen. Nur die Ehe als einzig anerkanntes Rechtsinstitut kann nämlich eheliche Rechte und Pflichten zwischen einem Mann und einer Frau begründen.[26]

Während in einigen europäischen Rechtsordnungen die Tendenz dahin geht, andere Rechtsinstitute wie die nichtehelichen Lebensgemeinschaften, aber auch die gleichgeschlechtlichen Beziehungen, neben der Ehe mit Rechten und Pflichten auszustatten, können im Iran allein schon aufgrund der vorherrschenden islamisch geprägten Rechtsnormen, solche nach westlichem Model anerkannte Rechtsinstitute keine Alternativen zur Ehe bilden und die Ehe als Rechtsinstitut ablösen.

Die im europäischen Raum gelebten Alternativen zur Ehe sind vielfältig. Eine der Alternativen bietet z.B. in Frankreich das mit dem Gesetz vom 15.11.1999[27] anerkannte Rechtsinstitut pacte civil de solidarité (PACS), welches sowohl gleich- als auch verschiedengeschlechtlichen Paare offen steht. Ebenso besteht in Frankreich das Rechtsinstutut der concubinage (Art. 515-8 Code civil), als rein faktisches Zusammenleben, das sowohl gleich- als auch verschiedengeschlechtliche Paare eingehen können. Dieses Rechtsverhältnis führt zu partiellen Rechten z.B. im Miet- und im Sozialversicherungsrecht.[28]

Einer der Vorreiter bei der Regelung der nichtehelichen Lebensgemeinschaft waren die Schweden. So ist die nichteheliche Lebensgemeinschaft in güterrechtlicher Hinsicht bereits seit 1988 in Schweden umfassend gesetzlich geregelt.[29]

---

25 Vgl. Tellenbach, S. 176.
26 Vgl. Katuzian, Familienrecht I, S. 22 f.
27 Abgedruckt in FamRZ 2000, 531-533.
28 Vgl. Ferrand, FamRZ 2000, 517, 518.
29 Vgl. Agell, FamRZ 1990, 817, 819.

Während in Deutschland die Registrierung von nichtehelichen Lebensgemeinschaften nicht möglich ist, können hingegen gleichgeschlechtliche Paare eine eingetragene Lebenspartnerschaft nach dem Lebenspartnerschaftsgesetz eingehen.

Für den Iran ist es kaum vorstellbar, dass sich vergleichbare Rechtsinstitute auf absehbare Zeit etablieren werden.

Die große Wertschätzung von Ehe und Familie ist im Iran bereits bei den jungen Menschen sehr ausgeprägt. So habe ich in Teheran, der Hauptstadt des Iran, mit einer Vielzahl junger Menschen zwischen 16-25 Jahren stichprobenartige Gespräche über das Thema Bedeutung von Familie und Ehe geführt. Dabei ist mir besonders aufgefallen, dass die Eingehung der Ehe zur Gründung einer eigenen Familie für die jungen Menschen einen sehr großen Stellenwert hat.

Der Wille, eine Ehe eingehen zu wollen, wird dabei nur unwesentlich von verschiedenen Faktoren beeinflusst. Hinsichtlich des Zeitpunkts der Eingehung der Ehe kann etwa der Grad einer akademischen Vorbildung, aber auch die finanzielle Situation des potentiellen Ehemannes eine entscheidende Rolle spielen. Indes ändern solche Umstände nichts an der grundsätzlich positiven Einstellung zum Institut der Ehe.

Das Ergebnis meiner stichprobenartigen Befragungen im Iran wurde auch durch ein Gespräch mit einer im Iran niedergelassenen Rechtsanwältin für Familienrecht bestätigt.[30] Diese sagte mir aus ihrer Berufspraxis, dass sich die Mehrheit der im Iran lebenden Menschen unabhängig von Alter und Geschlecht für die Eingehung einer Ehe entscheiden, da sie die Ehe und die Gründung einer Familie als überragende Elemente in ihrem Leben ansehen. Junge Menschen sehen es als ein wesentliches Lebensziel an, sich eines Tages zu verloben, zu heiraten und eine eigene Familie zu gründen.

I. Überblick über die Geschichte des iranischen Familienrechts

Im Folgenden möchte ich einen kurzen historischen Überblick zum iranischen Familienrecht von der Zeit des Sassaniden-Reiches bis zu den Reformen der Gegenwart skizzieren. Ein besonderes Augenmerk soll dabei auf die Rechtsstellung der Frau gelegt werden.

Vor über 1400 Jahren erstreckte sich das Sassaniden-Reich (224 n.Chr. – 651 n.Chr.) über das Gebiet des heutigen Iran. Zu dieser Zeit hatten die Frauen in der Gesellschaft nahezu keine Rechte. Es herrschte ein patriarchalisches System, in dem der Mann die Herrschaft über alle wichtigen Angelegenheiten besaß. Eine

30 Gespräch mit Frau Rechtsanwältin Neda Masoodi vom 21.09.2009.

Frau hingegen war keine rechtsfähige Person und konnte einer anderen Person gehören. Damit war sie selbst nicht Trägerin eigener Rechte und Pflichten. Sie stand entweder unter der Vormundschaft ihres Vaters oder ihres Ehemannes. Eine Frau konnte auch nicht wirksam Eigentum an einer Sache erwerben. Wenn sie arbeitete, wurde ihr Vater oder ihr Mann Eigentümer ihres Lohnes.[31]

Die Familie war in dieser Zeit die kleinste Einheit in der Gesellschaft. Die meisten Betriebe waren damals Familienbetriebe, die selbst Güter produzierten und verkauften. Die Bildung solcher Familienbetriebe war daher aus wirtschaftlicher Sicht für die Gesellschaft von großer Bedeutung. Die Menschen strebten danach, schon aus existenziellen und wirtschaftlichen Gründen, eine Vielzahl von Kindern zu bekommen, die die Bildung solcher Familienbetriebe ermöglichten und sie damit bei ihrer Arbeit unterstützen konnten. Damit hatte die Bildung von Großfamilien eine besondere, existentielle und wirtschaftliche Bedeutung.[32]

Mit dem Ende des Sassaniden-Reiches im 7. Jahrhundert kehrte der Islam in die iranische Gesellschaft ein und veränderte das Leben der Menschen nachhaltig. Die Religion wirkte in viele Bereiche des alltäglichen Lebens der Menschen hinein und so verwundert es nicht, dass dies auch im familienrechtlichen Bereich nicht ohne Konsequenzen blieb. So verbesserte sich insbesondere die Rechtsstellung der Frau nach und nach erheblich. Sie wurde nun nicht mehr als ein bloßes Rechtsobjekt betrachtet, sondern wurde zur Trägerin eigener Rechte und Pflichten. Besonders viele gesellschaftliche sowie rechtliche Umbrüche und Veränderungen haben sich allein in dem Zeitraum der letzten ca. 100 Jahre im Iran ergeben. Dabei hat sich insbesondere auch die Bedeutung der Familie gewandelt. Die Familie ist heute aufgrund der Veränderung der wirtschaftlichen Aspekte nicht mehr ein Produktionsfaktor. Eine bedeutende wirtschaftliche Veränderung, die zu diesem Prozess beigetragen hat, war unter anderem die Industrialisierung. Damit hat die Familie mit der Zeit auch immer mehr an patriarchalischen Strukturen verloren und der Mann musste immer mehr seine überragende und besondere traditionelle Führungsherrschaft einbüßen.

Die Familien haben immer weniger Kinder bekommen, da es mit der Industrialisierung auch zu einer Abkehr von den Familienbetrieben als Produktionsstätte kam.[33]

Zwischen 1928 und 1935 kam es unter der Herrschaft von Reza Schah Pahlavi zur Kodifikation des iranischen Privatrechts. Während das iranische Zivilgesetzbuch im Aufbau an den französischen Code civil erinnert, ist insbesondere das iranische Familienrecht islamisch beeinflusst.[34]

---

31 Vgl. Fahimi, S. 17.

32 Vgl. Kar, S. 9.

33 Vgl. Kar, S. 10.

34 Vgl. Yassari, FamRZ 2002, 1088, 1088.

Während bis zum Jahre 1928 keine Kodifikationen des Scheidungsrechts existierten und sich ein Mann bis zu diesem Zeitpunkt lediglich durch das Berufen auf den Koran von seiner Ehefrau scheiden lassen konnte, wurden die Scheidungsbestimmungen in der Folgezeit mehrmals verändert.[35] Obschon auch heutzutage die religiösen Gebote einer Scheidung nicht entgegenstehen, soll der gläubige Mann von dem Recht, sich von seiner Frau scheiden zu können, sparsam Gebrauch machen und sich nur ausnahmsweise auf sein Scheidungsrecht berufen. Dies begründe sich vor allem darin, dass eine Scheidung ein von Gott zu missbilligendes Verhalten sei.[36]

Die relevanten Rechtsquellen für eine Scheidung sind heute neben den Vorschriften des IZGB, das Gesetz über die Eheschließung von 1931[37], *ġānun-e rāğe' be ezdewāğ*, das Gesetz über die zivilen Sondergerichte von 1979[38], *ġānun-e taškil-e dādgāhe-e madani-e xās*, sowie das Gesetz zur Reformierung der Scheidungsgesetze von 1992[39], *ġānun-e eslāhāt-e moġarrarāt-e marbut be talāġ*.[40]

Der Kern iranischen Familienrechts ist im iranischen Zivilgesetzbuch von 1928/1935 (IZGB[41]) geregelt und umfasst die §§ 1034-1256.

Wie das Bürgerliche Gesetzbuch (BGB) besteht auch das iranische Zivilgesetzbuch aus mehreren Büchern. Während im deutschen Recht die familienrechtlichen Regelungen fast ausschließlich im vierten Buch des BGB enthalten sind, sind die familienrechtlichen Regelungen im iranischen Zivilgesetzbuch in mehreren Büchern des IZGB verteilt.

Das sechste Buch regelt die Verwandtschaftsbeziehungen, das siebte Buch umfasst Regelungen zum Verlöbnis, zur Ehe, zur Aufhebung und zur Scheidung der Ehe. Das achte Buch beinhaltet Vorschriften über die Vaterschaft sowie das Kindschaftsrecht und damit insbesondere Regelungen zum Sorgerecht. Das neunte Buch umfasst weitere Vorschriften, die das Unterhaltsrecht betreffen. Während im siebten Buch die Unterhaltspflicht des Ehemannes gegenüber seiner Ehefrau geregelt ist, sind im neunten Buch weitere Unterhaltspflichten zwischen Verwandten sowie Vorschriften über den Umfang und den Rang des Unterhalts zu finden. Schließlich enthält das zehnte Buch unter anderem Vorschriften über die Vormundschaft.

---

35 Vgl. Der Koran, Aus dem Arabischen übersetzt von Max Henning, S. 523; vgl. Yassari, FamRZ 2002, 1088, 1088.

36 Vgl. Safa'i/Emami, Grundriss Familienrecht, S. 203.

37 Mansour, Gesetzessammlung I, *ġānun-e rāğe' be ezdewāğ* (Gesetz über die Eheschließung).

38 Ruz-nāme rasmi (Amtsblatt) Nr. 10088 v. 11.10.1979, http://www.dastour.ir/brows/?lid=99645 (zuletzt aufgerufen am 13.12.2011).

39 Mansour, Gesetzessammlung I, *ġānun-e eslāhāt-e moġarrarāt-e marbut be talāġ* (Gesetz zur Reformierung der Scheidungsgesetze).

40 Vgl. Yassari, FamRZ 2002, 1088, 1089.

41 Mansour, Gesetzessammlung III, *ġānun-e madani* (Iranisches Zivilgesetzbuch).

Daneben existiert aber auch eine Fülle von familienrechtlichen Nebengesetzen. Beispielhaft seien hier die wichtigsten, wie das Gesetz über die Eheschließung von 1931, *ġānun-e rāğe' be ezdewāğ*, das Gesetz zur Reformierung der Scheidungsgesetze von 1992, *ġānun-e eslāhāt-e moġarrarāt-e marbut be talāġ*, sowie das Gesetz über den Schutz von Kindern ohne Vormund von 1975, *ġānun-e hemājat az kudakān-e bedun-e sarparast*[42], genannt.

Zwar hat der iranische Gesetzgeber das Familienrecht in materieller Hinsicht teilweise sehr umfangreich und detailliert geregelt, die Vorschriften zur Vollstreckung der Gesetze sind aber zum Teil noch sehr lückenhaft.

Aus diesem Grunde ist die Durchsetzung des materiellen Rechts in einigen Fällen noch sehr problematisch.

Beispielsweise stellt es immer noch ein Problem im Iran dar, dass die Mutter, die für ein Kind das Personensorgerecht hat, die Unterhaltsansprüche des Kindes gegen seinen Vater im Falle der Trennung oder Scheidung nicht durchsetzen kann. Dies liegt daran, dass die Mutter zwar Trägerin des Personensorgerechts, *hezānat*, ist, aber keine Vertretungsbefugnis, *velājat*, und damit auch keine Prozessführungsbefugnis für das Kind hat, um seine Rechte durch eine Unterhaltsklage durchsetzen zu können.

In aller Regel stellt sich dieses Problem dann, wenn sich das gemeinsame Kind im Falle der Trennung der Eltern bei der Mutter aufhält, da dieser z.B. aufgrund des Alters des Kindes das Sorgerecht zusteht und der Vater des Kindes sich beharrlich weigert, Unterhalt für das Kind zu zahlen. Es stellt sich dann in solch einem Fall die entscheidende Frage, welche rechtlichen Möglichkeiten der Kindesmutter gegen den Kindesvater zustehen.

Da hier die Vertretungsbefugnis und damit auch das Recht, das Kind wirksam vertreten zu können, ausschließlich beim Kindesvater liegt, wäre nur er in einem Prozess berechtigt, sein Kind zu vertreten und für sein Kind zu klagen. Damit würde die absurde Situation entstehen, dass der Vater das Kind gegen sich selbst in einem Unterhaltsprozess vertritt und auf diese Weise die Interessen des Kindes wahrnimmt. Unberührt dessen, dass ein Vater, der seinem Kind keinen Unterhalt zahlt, mit an Sicherheit grenzender Wahrscheinlichkeit auch nicht einen Unterhaltsprozess für das Kind führen würde, wäre ein solcher In-Sich-Prozess auch nach iranischem Recht nicht zulässig.

Es stellt sich demnach die Frage, was ein Gericht in solch einem Fall tun kann, um dem Kind doch noch zu seinem Recht zu verhelfen.

42 Mansour, Gesetzessammlung I, *ġānun-e hemājat az kudakān-e bedun-e sarparast* (Gesetz über den Schutz von Kindern ohne Vormund).

Zu überlegen wäre für das Kind einen Vormund, *ġajjem*, zu bestellen, der das Recht des Kindes auf Unterhalt, in einem Prozess gegen den Vater geltend macht.

Die Bestellung eines Vormundes für das Kind könnte aber daran scheitern, dass das Kind bereits einen gesetzlichen Vertreter, also einen *wali* in der Person des Vaters hat und für das Kind, solange es einen *wali* hat, grundsätzlich kein Vormund bestellt werden kann.

Auf den ersten Blick scheint dieses Problem mit § 1172 IZGB gelöst werden zu können. Dieser regelt nämlich, welche rechtlichen Möglichkeiten bestehen, wenn ein Elternteil die Zahlung von Kindesunterhalt verweigert. Nach dieser Vorschrift kann der Richter z.B. auf Antrag des anderen Elternteils denjenigen Elternteil, der die Sorge für das Kind hat, zwingen, den Unterhalt zu zahlen.[43] Diese Vorschrift ist aber nicht in der Lage, das oben genannte Problem zu lösen. Dies liegt daran, dass diese Vorschrift ihrem Wortlaut nach für einen Antrag voraussetzt, dass der andere Elternteil, der zur Zahlung des Kindesunterhalts gezwungen werden soll, auch Inhaber des Personensorgerechts ist. Diese Voraussetzung ist aber bei dem oben genannten Fall, also wenn der Mutter aufgrund des Alters des Kindes das Personensorgerecht allein zusteht, gerade nicht gegeben.

Da es beim Unterhaltsanspruch eines Kindes schließlich um die Sicherstellung eines existentiellen Rechts eines Kindes geht, ist meiner Auffassung nach hier eine großzügige analoge Anwendung der Vorschrift geboten. Anderenfalls würde es zu einer rechtlichen Benachteiligung von Kindern kommen, die jünger als sieben Jahre alt sind, da bis zur Vollendung des siebenten Lebensjahres das Personensorgerecht im Falle einer Trennung bzw. Scheidung regelmäßig bei der Kindesmutter liegt.

Die derzeitige Gesetzeslage gibt leider keine Antwort auf dieses bedeutsame Problem.

In einem ausführlichen Gespräch mit einem Richter am Familiengericht in Shiraz, der namentlich nicht genannt werden möchte, habe ich dieses Problem angesprochen.[44] Der Familienrichter sagte mir, dass die Gerichte in solchen Fällen überaus großzügig verfahren und trotz fehlender gesetzlicher Regelung die Mutter, die nur die Personensorge, *hezanat*, für das Kind hat, gegen den Vater auf Unterhalt für das Kind klagen lassen. Dies sei die einzige Möglichkeit, so der Richter, dem Kind zu seinem Recht zu verhelfen.

Im Interesse der Stärkung der Rechte der Kinder wäre es allerdings sehr zu begrüßen, wenn sich der iranische Gesetzgeber in dieser Hinsicht irgendwann

43 Vgl. IZGB-Kommentar-Katuzian, § 1172, S. 707, 708.

44 Gespräch mit einem Familienrichter am Shirazer Familiengericht am 16.09.2009.

dazu entschließen könnte, dieses überaus bedeutsame Rechtsproblem zu lösen und einen sichereren Rechtzustand zu schaffen.

Die in der Vergangenheit bereits vollzogenen gesetzlichen Reformen im Iran, insbesondere auf dem Gebiet des Familienrechts, gingen stets in die Richtung, die Rechte der Frauen und der Kinder zu stärken und eine Angleichung ihrer Rechte zu den Rechten der Männer in der Gesellschaft herzustellen. Die Rolle des Mannes in der Gesellschaft hat im Vergleich zur Vergangenheit an Bedeutung verloren, da nunmehr auch die Frauen ihren Beitrag in der Gesellschaft leisten. Allerdings ist die Führungsherrschaft des Mannes, insbesondere auf dem Gebiet des Familienrechts, noch existent und leitet sich vor allem aus den bestehenden Traditionen ab.[45] Und so spiegelt das iranische Familienrecht noch bis heute die Widersprüche der iranischen Gesellschaft zwischen einem noch existenten patriarchalischen Gewohnheitsrecht und dem islamischen Recht auf der einen Seite und dem modernen Leben auf der anderen Seite wider.[46]

II. Ehe und Familie im iranischen Rechtssystem

Ehe und Familie sind besonders wichtige, schützenswerte Rechtsgüter im iranischen Rechtssystem. So bezwecken eine Vielzahl der iranischen Gesetze, wie z.B. die familienrechtlichen Normen des iranischen Zivilgesetzbuchs, die Artikel der iranischen Verfassung sowie andere familienrechtliche Vorschriften in erster Linie den Schutz der Ehe und Familie.

Als Familie, *xānewāde*, wird eine Gemeinschaft bestehend aus einem Mann und einer Frau sowie deren Kinder verstanden. Der Mann ist das Familienoberhaupt der Familie und hat die Aufgabe, die Familie zu führen.[47]

Die iranische Verfassung aus dem Jahre 1979 enthält in Art. 10 einen Familienbegriff. Danach ist die Familie die kleinste Einheit der islamischen Gesellschaft. Aus diesem Grunde sollen alle Vorschriften, die die Familie betreffen mit den islamischen Gesetzen, der Ordnung sowie der Ethik und der Moral vereinbar sein, um die Gründung einer Familie zu erleichtern und sie zu schützen.

Der Bezug zum Islam im Rahmen der vorgenannten Definition resultiert aus dem Umstand, dass der Iran eine islamische Republik ist. So sind ca. 98 % der iranischen Bevölkerung muslimischen Glaubens. Hiervon wiederum gehören

45 Vgl. Kar, S. 11.

46 Vgl. Yassari, Leipziger Beiträge zur Orientforschung, 2004, 59, 59.

47 Vgl. Safa'i/Emami, Grundriss Familienrecht, S. 12; vgl. Katuzian, Familienrecht I, S. 3.

rund 90 % der schiitischen und rund 10 % der sunnitischen Glaubensrichtung an.[48]

Gemäß Art. 12 IVerf ist der Islam in seiner zwölferschiitischen Ausprägung die offizielle Staatsreligion.

Dass alle Gesetze, Vorschriften und Normen islamischen Grundsätzen entsprechen müssen, gilt seit dem Jahre 1979 mit der Gründung der Islamischen Republik Iran und dem Amtsantritt von Khomeini.

Dies ist in Art. 4 IVerf geregelt. Wörtlich heißt es dort: „Alle Gesetze und Vorschriften in Zivil- und Strafrecht, Finanzwesen, Wirtschaft, Verwaltung, Kultur, Militär, Politik und sonstigen Bereichen müssen sich nach islamischen Maßstäben richten“[49].

Wie sehr der Islam das iranische Familienrecht insbesondere in Bezug auf Ehe und Familie beeinflusst, sehen wir im weiteren Verlauf dieser Arbeit.

---

48 Auswärtiges Amt, Länderinformation Iran, Stand Oktober 2011, http://www.auswaertiges-amt.de/DE/Aussenpolitik/Laender/Laenderinfos/01-Nodes_Uebersichtsseiten/Iran_node.html (zuletzt aufgerufen am 14.12.2011).

49 Vgl. Tellenbach, S. 62.

C. Welche rechtlich relevanten Altersstufen existieren im iranischen Recht?

Wie auch das deutsche Recht kennt das iranische Recht bestimmte Altersstufen, von welchen der iranische Gesetzgeber die Wirksamkeit bestimmter rechtlich relevanter Handlungen einer Person abhängig macht. Im Folgenden möchte ich diese verschiedenen Altersstufen und die daraus resultierenden Rechtswirkungen nennen und die Parallelen zum deutschen Recht aufzeigen.

I. Rechtsfähigkeit

Nach iranischem Recht beginnt die Rechtsfähigkeit einer Person gemäß § 956 IZGB mit der Geburt und endet mit dem Tod.

Hier zeigt sich bereits die erste Parallele zum deutschen Recht. Denn auch nach diesem beginnt die Rechtsfähigkeit einer Person gemäß § 1 BGB mit der Vollendung der Geburt und endet mit dem Tod.

II. Pubertätsalter

Das iranische Recht kennt eine Altersstufe, an die sich Rechtswirkungen knüpfen, die als solche dem heutigen deutschen Recht nicht bekannt ist. Diese Altersstufe wird als *senn-e boluġ* bezeichnet, was auch mit Pubertätsalter übersetzt werden kann.

An das Erreichen des Pubertätsalters knüpft das iranische Recht eine Fülle von Rechtsfolgen an.

Die genannte Altersstufe ist insbesondere für die Geltendmachung aller Rechte, die nicht-vermögensrechtlicher Art sind, mit Ausnahme des Rechts eine Ehe eingehen zu können, von Relevanz.[50]

Bei der Bestimmung der Altersstufe des Pubertätsalters hat der iranische Gesetzgeber berücksichtigt, dass Mädchen und Jungen, die das gleiche Alter haben,

50 Vgl. IZGB-Kommentar-Katuzian, § 211, S. 205.

nicht zur gleichen Zeit in die Pubertät kommen. Vielmehr geht der iranische Gesetzgeber davon aus, dass Mädchen gegenüber den Jungen in ihrer Entwicklung einen biologischen Vorsprung haben und dementsprechend früher das Pubertätsalter erreichen.

Dies erklärt, warum der iranische Gesetzgeber für Mädchen und Jungen ein unterschiedliches gesetzliches Pubertätsalter bestimmt hat.

Gemäß § 1210, 1. Anmerkung IZGB liegt das Pubertätsalter für Jungen bei fünfzehn vollen Mondjahren, *sāl-e tamām-e ġamari*, und für Mädchen bei neun vollen Mondjahren.[51]

Das Erreichen des Pubertätsalters im iranischen Recht ist auch für die Bestimmung der Strafmündigkeit einer Person von Bedeutung.

Gemäß § 49, 1. Anmerkung IStGB ist eine Person erst dann als strafmündig anzusehen, wenn sie diese Altersstufe erreicht hat.

Dies hat zur Folge, dass die rechtliche Kuriosität entsteht, dass eine Bestrafung bei Mädchen und Jungen gleichen Alters für ein und dasselbe strafrechtlich relevante Verhalten je nach Geschlecht strafrechtliche Konsequenzen nach sich ziehen kann oder nicht.

Das Erreichen des Pubertätsalters spielt im deutschen Recht im Gegensatz zum iranischen Recht keine Rolle, wiewohl dies in der Vergangenheit anders aussah.

Ältere deutsche Privatrechtsordnungen ließen sehr wohl auch dem Erreichen der Pubertät für den rechtlichen Status des Kindes eine Bedeutung zukommen.[52] Die Reichspolizeiordnung von 1548/1577 etwa stellte hinsichtlich der Mündigkeit, also Volljährigkeit einer Person ohne eine präzise Altersgrenze anzugeben, auf die Pubertät und damit auf die Geschlechtsreife eines Kindes ab. Danach war ein Kind bis zur Pubertät als unmündig anzusehen.[53]

Das heutige deutsche Zivilrecht kennt keine Altersstufe der Pubertät, unterscheidet jedoch ebenfalls zwischen verschiedenen Altersstufen.

Zunächst wird zwischen der Minderjährigkeit und der Volljährigkeit differenziert.

Nach dem deutschen Recht ist eine Person minderjährig, die nicht das 18. Lebensjahr vollendet hat. Dies ergibt sich aus dem Umkehrschluss aus § 2 BGB.

Solange die Person noch nicht das siebente Lebensjahr vollendet hat, ist sie nach § 104 Nr. 1 BGB geschäftsunfähig. Nach § 105 Abs. 1 BGB ist die Willenserklärung eines Geschäftsunfähigen nichtig.

---

51 Vgl. Safa'i/Emami, Grundriss Familienrecht, S. 71.

52 Vgl. Repgen, Das Kind im Recht, 2009, S. 11.

53 Vgl. Repgen, Das Kind im Recht, 2009, S. 17.

Ein Minderjähriger, der das siebente Lebensjahr vollendet hat, ist gemäß § 106 BGB nach Maßgabe der §§ 107-113 in der Geschäftsfähigkeit beschränkt und kann damit grundsätzlich ohne Zustimmung seines gesetzlichen Vertreters lediglich für ihn rechtlich vorteilhafte Geschäfte abschließen.

Die Strafmündigkeit nach heutigem deutschen Recht beginnt sowohl bei Mädchen als auch bei Jungen gemäß § 19 StGB mit der Vollendung des vierzehnten Lebensjahres. Gemäß §§ 1 Abs. 2 i.V.m. § 3 S. 1 JGG ist die strafrechtliche Verantwortlichkeit von einer vorhandenen Einsichtsfähigkeit des Jugendlichen abhängig. Das Jugendstrafrecht kann dabei gemäß §§ 105 Abs. 1, 1 Abs. 2 JGG unter bestimmten Voraussetzungen bis zur Vollendung des 21. Lebensjahres Anwendung finden.

III. Eheschließungsalter

Das Eheschließungsalter wird als *senn-e ezdewāğ* bezeichnet.

Wie oben bereits gesagt, ist grundsätzlich das Pubertätsalter für die Geltendmachung aller Rechte, die nicht-vermögensrechtlicher Art sind, entscheidend. Wiewohl das Recht eine Ehe einzugehen ein nichtvermögenswertes Recht darstellt, entspricht das Eheschließungsalter aber nicht dem Pubertätsalter, sondern richtet sich nach eigenen Regeln.

Auch beim Eheschließungsalter differenziert der iranische Gesetzgeber nach den Geschlechtern. Ein Mädchen darf gemäß § 1041 IZGB bereits mit der Vollendung ihres dreizehnten Lebensjahres die Ehe eingehen, während ein Junge erst mit Vollendung seines fünfzehnten Lebensjahres eine Ehe eingehen darf.[54]

Das Gesetz gestattet es, dass eine heiratswillige Person in Ausnahmefällen und unter bestimmten Voraussetzungen bereits vor Erreichen dieser Altersstufen die Ehe eingehen darf. Dies setzt voraus, dass der *wali*, also der Vermögenssorgende und gesetzliche Vertreter des Kindes, also in der Regel der Vater oder der Großvater väterlicherseits, der Eheschließung zustimmt und das Gericht die Eheschließung bewilligt. Hat das Kind keinen *wali* kann die Zustimmung auch von einem gerichtlich bestellten Vormund, einem *ġajjem*, erteilt werden.

Diese Ausnahmeregelung ist in § 1041 IZGB geregelt und wurde im Jahre 2000 novelliert. Vorher war es so, dass lediglich der *wali* bzw. ein *ġajjem* des Kindes der Eingehung der Ehe zustimmen musste und nicht zusätzlich eine gerichtliche Bewilligung eingeholt werden sollte.

Die Anrufung des Gerichts zwecks Bewilligung einer Eheschließung ist auch in anderen Konstellationen denkbar, wenn die Ehewilligen das Eheschließungsalter erreicht haben.

---

54 Vgl. Katuzian, Einführung, S. 69.

Zu denken wäre an den folgenden Fall:

M und F haben beide das achtzehnte Lebensjahr vollendet und wollen die Ehe miteinander eingehen. Beide waren noch nicht verheiratet. F ist jungfräulich. Die Eltern von F sind gegen die Eheschließung. Können M und F trotzdem heiraten?

Um eine Ehe eingehen zu können, ist bei weiblichen Personen, die noch nicht verheiratet gewesen und zudem jungfräulich sind, trotz Erreichen des Eheschließungsalters, grundsätzlich die Einwilligung des Vaters zur Eheschließung erforderlich. Verweigert der Vater seine Zustimmung, so besteht die Möglichkeit, dass eine gerichtliche Bewilligung eingeholt wird. Das Gericht würde sodann den Fall prüfen und sofern der Ehe mit M keine berechtigten Gründe entgegenstehen, die Einwilligung des Vaters durch eine gerichtliche Bewilligung ersetzen.[55]

Als berechtigte Gründe sind solche Gründe anzusehen, die bei einer Eheschließung dem Wohle der Tochter entgegenstehen würden. Dies ist aus objektiver Sicht zu beurteilen. Insbesondere kommt es nicht auf die Sicht des Vaters an.[56]

Nach dem deutschen Familienrecht ist eine Person dann als ehefähig anzusehen, wenn sie ehemündig und nicht geschäftsunfähig ist. Eine Person, die ehefähig ist, bedarf zum wirksamen Abschluss der Ehe auch dann nicht der Zustimmung ihres gesetzlichen Vertreters, wenn sie nicht volljährig ist.[57]

Die Ehemündigkeit ist in § 1303 BGB geregelt. Danach liegt sie entweder nach § 1303 Abs. 1 BGB bei Erreichen der Volljährigkeit oder gemäß § 1303 Abs. 2 BGB im Falle einer gerichtlichen Befreiung vom Erfordernis der Volljährigkeit vor. So können ehewillige Personen, ob Mann oder Frau, beim Familiengericht einen Antrag auf Befreiung vom Erfordernis der Volljährigkeit stellen. Hierfür muss der Antragsteller nach § 1303 Abs. 3 BGB das sechzehnte Lebensjahr vollendet haben und der zukünftige Ehegatte muss volljährig sein. Der minderjährige Antragsteller kann den Antrag ohne Zustimmung seines gesetzlichen Vertreters stellen. Allerdings werden in solchen Verfahren auch die Eltern des Minderjährigen und das Jugendamt angehört.[58] Bei der richterlichen Entscheidung kommt es aber allein auf das Wohl des Minderjährigen an. Da das Mindestalter für eine Eheschließung die Abwehr von unangemessen früh geschlossenen Ehen zum Schaden eines Minderjährigen bezweckt, wäre eine Befreiung

55 Vgl. Katuzian, Einführung, S. 73.
56 Vgl. Katuzian, Einführung, S. 75.
57 Vgl. Coester-Waltjen, § 9, Rn. 2.
58 Vgl. Coester-Waltjen, § 9, Rn. 12.

schon dann zu erteilen, wenn die Ehe das Wohl des Minderjährigen nicht gefährdet.[59]

IV. Volljährigkeit

Die Volljährigkeit wird im iranischen Recht als *senn-e rošd* bezeichnet.

Wie auch nach dem deutschen Recht die Volljährigkeit mit der Vollendung des achtzehnten Lebensjahres eintritt, existiert diese Altersstufe auch nach dem iranischen Recht.

Sie wurde durch ein Gesetz aus dem Jahre 1934, *ġānun-e rāğe' be rošd-e mota'āmelin*[60], bestimmt. Bei dieser Altersstufe differenziert der iranische Gesetzgeber nicht zwischen Jungen und Mädchen.

Ähnlich wie auch im deutschen Recht die unbeschränkte Geschäftsfähigkeit einer Person mit der Vollendung des achtzehnten Lebensjahres beginnt und der unbeschränkt Geschäftsfähige wirksam Rechtsgeschäfte mit sämtlichen Rechten und Pflichten abschließen kann, verhält es sich auch nach iranischem Recht. Die Geschäftsfähigkeit im Iran beginnt nach §§ 211, 212, i.V.m. § 1207 IZGB regelmäßig mit der Vollendung des achtzehnten Lebensjahres.[61]

Nach Erreichen dieser Altersstufe können die Personen hinsichtlich der ihnen zur Verfügung stehenden Rechte bestimmte Handlungen wirksam ausüben, während vorher nur der *wali* in der Person des Vaters bzw. des Großvaters väterlicherseits oder ein gerichtlich bestellter Vormund, *ġajjem*, für die Person wirksame Rechtshandlungen ausüben konnte.[62]

Allerdings differenziert das iranische Recht zwischen Rechten, die vermögensrechtlicher Art sind und Rechten, die nicht-vermögensrechtlicher Art sind.

So kann jede Person nach Erreichen des Pubertätsalters aber noch vor Erreichen der Volljährigkeit selbst alle Handlungen, die nicht-vermögensrechtlicher Art sind, wirksam ausüben.[63] Damit bedarf eine Person nur für solche Handlungen, die ihre vermögensrechtlichen Interessen und Belange berühren, zur Wirksamkeit der Handlungen der Zustimmung des *wali* oder eines *ġajjem*.[64] Vor Erreichen dieser Altersstufe hat der *wali* nach § 1183 IZGB oder der *ġajjem* nach

59 Vgl. Coester-Waltjen, § 9, Rn. 16.

60 Mansour, Gesetzessammlung I, *ġānun-e rāğe' be rošd-e mota'āmelin* (Gesetz betreffend das Volljährigkeitsalter).

61 Vgl. IZGB-Kommentar-Katuzian, §§ 211, 212, S. 205; § 1207, S. 726.

62 Vgl. IZGB-Kommentar-Katuzian, § 1212, S. 728.

63 Vgl. IZGB-Kommentar-Katuzian, § 211, S. 205.

64 Vgl. IZGB-Kommentar-Katuzian, § 1212, S. 728.

§ 1185 IZGB die Vertretungsbefugnis für solche Handlungen, die diese Person selbst nicht rechtswirksam ausführen kann.[65]

Wie oben bereits erwähnt, tritt die Volljährigkeit einer Person mit der Vollendung des achtzehnten Lebensjahres ein. Dies ergibt sich aus § 2 BGB.

Für das deutsche Zivilrecht bedeutet dies, dass eine Person mit dem Erreichen der Volljährigkeit vollumfänglich geschäftsfähig ist, während sie ab dem siebenten Lebensjahr lediglich beschränkt geschäftsfähig ist und grundsätzlich nur für sie rechtlich vorteilhafte Geschäfte abschließen kann.

Im mittelalterlichen und frühneuzeitlichen Recht wurde die Bedeutung der Altersgrenze der Volljährigkeit noch durch das Rechtsinstitut der väterlichen Gewalt stark relativiert.

Die väterliche Gewalt endete nicht mit der Volljährigkeit des Kindes, sondern in der Regel erst mit der Begründung eines eigenen Hausstandes des Kindes. Blieb der Volljährige hingegen im Elternhaus, so blieb er auch weiterhin der väterlichen Gewalt unterworfen.[66]

Dies änderte sich mit der Einführung des BGB im Jahre 1900. Danach wurde einheitlich in ganz Deutschland nach dem Vorbild des ABGB und des Code civil das Ende der elterlichen Sorge auf den Zeitpunkt des Erreichens der Volljährigkeit festgelegt.[67]

V. Deliktsfähigkeit

Das deutsche Deliktsrecht regelt in § 828 BGB, inwieweit Personen, die das achtzehnte Lebensjahr noch nicht vollendet haben, für Schäden, die sie anderen Personen zufügen, verantwortlich und damit deliktsfähig sind.

Gemäß § 828 Abs. 1 BGB ist eine Person, die das siebente Lebensjahr noch nicht vollendet hat, für einen Schaden, den sie einem anderen zufügt, nicht verantwortlich. Bei Personen, die das siebente Lebensjahr, aber noch nicht das zehnte Lebensjahr vollendet haben, regelt § 828 Abs. 2 BGB, dass sie für Schäden, die bei einem Unfall mit einem Kraftfahrzeug, einer Schienenbahn oder einer Schwebebahn einem anderen in nicht vorsätzlicher Weise zugefügt werden, nicht verantwortlich sind.

Im Übrigen sind nach § 828 Abs. 3 BGB Personen, die das achtzehnte Lebensjahr noch nicht vollendet haben und deren Deliktsfähigkeit nicht nach § 828 Abs. 1 oder Abs. 2 BGB ausgeschlossen ist, dann nicht für einen Schaden ver-

---

65 Vgl. IZGB-Kommentar-Katuzian, § 1183, S. 713; § 1185, S. 715.

66 Vgl. Repgen, Das Kind im Recht, 2009, S. 28.

67 Vgl. Repgen, Das Kind im Recht, 2009, S. 28 f.

antwortlich, wenn sie bei der Begehung der schädigenden Handlung nicht die zur Erkenntnis der Verantwortlichkeit erforderliche Einsicht gehabt haben.

Damit bezweckt § 828 BGB den Minderjährigenschutz, indem die Deliktshaftung von Personen, die noch nicht volljährig sind, von Alter und Einsichtsfähigkeit abhängig gemacht wird.[68]

Ferner bestimmt § 827 S. 1 BGB, dass grundsätzlich Personen, die sich in einem Zustand der Bewusstlosigkeit oder in einem die freie Willensbestimmung ausschließenden Zustand krankhafter Störung der Geistestätigkeit befinden, für einen Schaden, den sie in solch einem Zustand einem anderen zufügen, nicht verantwortlich sind.

Dennoch kennt das deutsche Deliktsrecht die Haftung von Personen aus Billigkeit.

Nach § 829 BGB hat eine Person, die für einen von ihm verursachten Schaden aufgrund der § 827 oder § 828 BGB nicht verantwortlich ist, Schadenersatz zu leisten, sofern der Ersatz des Schadens nicht von einem aufsichtspflichtigen Dritten erlangt werden kann und aus Billigkeit eine Schadloshaltung erforderlich ist.

Nach iranischem Recht sind auch minderjährige Personen deliktsfähig.

Nach § 1216 IZGB sind minderjährige und geisteskranke Personen für Schäden, die sie einer anderen Person zufügen, verantwortlich.[69]

Das Gesetz, das *ġānun-e masu'lijat-e madani*[70], aus dem Jahre 1960, befasst sich in § 7 dieses Gesetzes mit der Haftung der Aufsichtsperson bei der Beaufsichtigung von minderjährigen bzw. geisteskranken Personen.

Nach § 7 des genannten Gesetzes ist jede Person, die zur Beaufsichtigung einer minderjährigen bzw. einer geisteskranken Person gesetzlich oder vertraglich verpflichtet ist, für einen Schaden, den der Minderjährige oder Geisteskranke einem anderen zufügt, verantwortlich, soweit dieser ein Verschulden bei der Beaufsichtigung des Kindes zur Last gelegt werden kann. Sollte die Aufsichtsperson zur Schadenswiedergutmachung nicht in der Lage sein, so muss der Schädiger, also z.B. der Minderjährige, selbst mit seinem Vermögen für den Schaden aufkommen. Eine Pflicht zur Schadenswiedergutmachung könnte allerdings dann ausgeschlossen sein, wenn dies zu einer Gefährdung des eigenen Unterhalts führt.[71] Bei der Pflicht zur Schadenswiedergutmachung macht das Gesetz aber keine Unterscheidung danach, ob der Schädiger weiblichen oder männlichen Geschlechts war.

---

68 Vgl. Prütting/Wegen/Weinreich-Schaub, § 828, Rn. 1.

69 Vgl. IZGB-Kommentar-Katuzian, § 1216, S. 730 f.

70 Vgl. *ġānun-e masu'lijat-e madani* (Gesetz betreffend die Deliktsfähigkeit), http://www.police.ir/portal/Home/Default.aspx?CategoryID=14c8e514-4a50-4d41-87df-5c261072656b (zuletzt aufgerufen am 13.12.2011).

71 Vgl. Katuzian, Band II, S. 180.

Auch dem deutschen Recht ist die Haftung einer aufsichtspflichtigen Person für eine eigene Aufsichtspflichtverletzung nicht fremd.

In § 832 Abs. 1 BGB ist die Haftung von aufsichtspflichtigen Personen geregelt. Danach ist, wer kraft Gesetzes zur Führung der Aufsicht über eine Person verpflichtet ist, die wegen Minderjährigkeit oder wegen ihres geistigen oder körperlichen Zustands der Beaufsichtigung bedarf, zum Ersatz des Schadens verpflichtet, den diese Person einem Dritten widerrechtlich zufügt. Die Haftung ist aber ausgeschlossen, wenn die aufsichtspflichtige Person ihrer Aufsichtspflicht Genüge getan hat oder wenn der Schaden auch bei gehöriger Aufsichtsführung entstanden wäre. Ferner bestimmt § 828 Abs. 2 BGB, dass eine Haftung auch dann besteht, wenn die aufsichtspflichtige Person vertraglich zur Führung der Aufsicht verpflichtet worden ist.

VI. Gesamtschau zur Rechtsstellung eines Kindes

Das Kindsein, *kudaki*, einer Person beginnt mit der Geburt und endet mit Erreichen des Pubertätsalters, *senn-e boluġ*. Mit dem Begriff Kind, persisch auch *kudak*, *tefl, saġir*, sind also im Rechtssinne solche Personen gemeint, die das Pubertätsalter, *senn-e boluġ*, noch nicht erreicht haben.[72]

Wie oben bereits erläutert, erreichen Mädchen und Jungen nicht zeitgleich diese Altersstufe.

Gemäß § 1210, 1. Anmerkung IZGB erreichen Jungen mit fünfzehn vollen Mondjahren und Mädchen schon mit neun vollen Mondjahren das Pubertätsalter.

Damit sind Kinder im Sinne des Gesetzes Mädchen unter neun Mondjahren und Jungen unter fünfzehn Mondjahren.[73]

Ein Kind ist gemäß § 956 i.V.m § 958 IZGB Träger sämtlicher Rechte.[74]

Trotz der Inhaberschaft aller Rechte, kann es bis zum Erreichen des Pubertätsalters nicht selbst alle Rechte wirksam geltend machen. So kann eine Person, die das Pubertätsalter noch nicht erreicht hat, noch nicht selbst über solche Rechte, die nicht-vermögensrechtlicher Art sind, verfügen. Ebenso kann eine Person, die noch nicht volljährig ist, nicht selbst über die Rechte, die vermögensrechtlicher Art sind, verfügen.[75]

Mit dieser Regelung verfolgte der Gesetzgeber das Ziel, minderjährige Personen zu schützen.

72 Vgl. Ebadi, S. 1.

73 Vgl. Ebadi, S. 1.

74 Vgl. Fahimi, S. 65.

75 Vgl. IZGB-Kommentar-Katuzian, § 211, S. 205.

Aus diesem Grunde hat der Gesetzgeber bestimmt, dass, solange die Person ihre Rechte nicht selbst ausüben kann, ein Vertreter für die Person über diese Rechte verfügen soll. Dies ist in der Regel der gesetzliche Vertreter des Kindes, der *wali*, also der Vater oder der Großvater väterlicherseits oder ein *wasi*, eine durch den *wali* testamentarisch eingesetzte Person. Sollte die Person weder einen *wali* noch einen *wasi* haben, so wird auf gerichtlichem Wege ein *ġajjem*, also ein Vormund bestellt.[76]

Auch das iranische Arbeitsrecht kennt Regelungen, die den Schutz minderjähriger Personen betreffen. So setzt das Arbeitsgesetz, *ġānun-e kār*[77], aus dem Jahre 1990 eine bestimmte Altersstufe für die Arbeit von minderjährigen Personen fest.

Gemäß § 79 dieses Gesetzes dürfen Personen, die unter fünfzehn Jahren sind, nicht arbeiten.

Ferner dürfen nach § 84 dieses Gesetzes bestimmte Arbeiten erst mit Vollendung des achtzehnten Lebensjahres ausgeübt werden.

Welche Arbeiten dies sind, bestimmt das Ministerium für Arbeit und soziale Angelegenheiten, *wezārat-e kār wa omur-e eğtemāi.*

Beispielsweise liegt das Einstellungsalter für die Tätigkeit in Behörden gemäß § 14 des *ġānun-e estextām kešwari*[78] aus dem Jahre 1964 bei achtzehn Jahren.

Das Wahlrecht für die Wahl des Parlaments, *mağles-e šourā eslāmi*, und die Wahl des Präsidenten haben im Iran Frauen und Männer gleichermaßen. Sie können ihr Wahlrecht ab Vollendung des sechzehnten Lebensjahres ausüben.

---

76 Vgl. IZGB-Kommentar-Katuzian, § 1183, S. 713; § 1185, S. 715.

77 Vgl. Ministry of Labour and Social Affairs, *ġānun-e kār* (Arbeitsgesetz), http://www.mlsa.gov.ir/page.php?104 (zuletzt aufgerufen am 13.12.2011).

78 Vgl. *ġānun-e estextām kešwari* (Gesetz betreffend die Anstellung der staatlichen Bediensteten), http://www.ghavanin.ir/detail.asp?id=8639 (zuletzt aufgerufen am 13.12.2011).

D. Iranisches Verlöbnisrecht

Die Vorschriften über das Verlöbnis sind im iranischen Recht in den §§ 1034-1040 IZGB geregelt.

Ein Verlöbnis ist ein Eheversprechen, *wa'de nekāh*, das zwei übereinstimmende Willenserklärungen mit dem Inhalt beinhalten muss, dass ein Mann und eine Frau künftig die Ehe miteinander eingehen werden.[79]

Das iranische Verlöbnisrecht ist dem schweizerischen Verlöbnisrecht und damit den Art. 90 ff. des Schweizerischen Zivilgesetzbuches nachgebildet.

Nach der Auffassung der iranischen Rechtsliteratur handelt es sich bei einem Verlöbnis von der Rechtsnatur her um einen Vertrag.[80]

Damit ein Verlöbnis wirksam ist, dürfen gemäß § 1034 IZGB keine Ehehindernisse vorliegen.[81]

Sowohl nach deutschem Recht als auch nach iranischem Recht kann bei einem Verlöbnis nicht auf die Eingehung der Ehe geklagt werden.

Für das deutsche Recht gilt, dass kein Zwang zur Eheschließung besteht, da der Wille zur Ehe in vollkommener Freiheit aufrechterhalten oder aufgegeben werden soll. Aus diesem Grunde kann nach § 1297 Abs. 1 BGB weder auf die Teilnahme am Eheschließungsakt geklagt werden noch ist es nach § 1297 Abs. 2 BGB rechtlich möglich eine Vertragsstrafe für den Fall der Nichteingehung zu vereinbaren.[82] Für das iranische Recht regelt § 1035 IZGB, dass rechtlich kein Zwang zur Eheschließung möglich ist.[83]

Die Verlobten können damit nach beiden Rechtsordnungen jederzeit und ohne Angabe von Gründen ein Verlöbnis einseitig auflösen.

Desweiteren bestimmt § 1035 IZGB, dass einem Verlobten bei einem Rücktritt vom Verlöbnis gegen den Zurücktretenden kein Anspruch auf Schadenersatz zusteht.

---

79 Vgl. Safa'i/Emami, Grundriss Familienrecht, S. 34.

80 Vgl. Safa'i/Emami, Grundriss Familienrecht, S. 35.

81 Vgl. Katuzian, Einführung, S. 40.

82 Vgl. Coster-Waltjen, § 8, Rn. 27.

83 Vgl. IZGB-Kommentar-Katuzian, § 1035, S. 631 f.

Wiewohl ein Schadenersatzanspruch aus dem Grunde nicht möglich ist, dass es nicht zur Eheschließung gekommen ist, kann ein Schadenersatzanspruch gegen den Verlobten aus anderen Gründen bestehen.[84]

Ein Verlobter hat daher bei einem Rücktritt vom Verlöbnis, sowohl nach deutschem als auch nach iranischem Recht, einen Schadenersatzanspruch aus dem Grunde, dass er z.B. im Vertrauen auf die Eingehung der Ehe Aufwendungen getätigt hat.

Nach dem deutschen Recht sind dem ersatzberechtigten Partner nach § 1298 Abs. 1, 2 BGB vielmehr nur solche Schäden zu ersetzen, die durch angemessene Vermögens- oder Erwerbsstellung berührende Maßnahmen enstanden sind, die er in Erwartung der Ehe getroffen hat. Hierbei handelt es sich um eine Haftung auf das negative Interesse, keinesfalls erfolgt ein Ausgleich aller Nachteile, die dadurch entstanden sind, dass ein Verlobter auf die Wirksamkeit des Verlöbnisses vertraut hat.[85] Üblicherweise handelt es sich bei den zu ersetzenden Aufwendungen z.B. um Anschaffungen für den gemeinsamen Haushalt, Anmietung der Ehewohnung oder sonstige Vorbereitungen für die Hochzeit.[86]

Ein Aufwendungsersatzanspruch besteht nach dem deutschen Recht nach § 1298 Abs. 1 BGB aber nur in dem Fall, dass der zurücktretende Verlobte entsprechend § 1298 Abs. 3 BGB ohne wichtigen Grund vom Verlöbnis zurückgetreten ist.

Ein wichtiger Grund liegt insbesondere dann vor, wenn sich die Fortsetzung des Verlöbnisses als unzumutbar darstellt.[87] Beispiele für einen wichtigen Grund sind z.B. nicht geringfügige Straftaten des Verlobten, schwere Erkrankungen, Zeugungsunfähigkeit oder eine bestehende verheimlichte Schwangerschaft.[88]

Ein Anspruch auf Schadenersatz nach dem deutschen Recht besteht nach § 1299 BGB aber auch dann, wenn der Verlobte aufgrund eines schuldhaften Verhaltens dem zurücktretenden Verlobten einen wichtigen Grund für dessen Rücktritt gibt.

Schließlich können die Verlobten in beiden Rechtsordnungen die Rückgabe der Verlöbnisgeschenke fordern.

Nach dem deutschen Recht haben die Verlobten nach § 1301 BGB im Falle der Beendigung des Verlöbnisses wechselseitige Ansprüche auf Rückgabe der Verlöbnisgeschenke. Hierbei kommt es nicht auf den Wert oder die Angemessenheit des Geschenkes an.[89]

84 Vgl. Safa'i/Emami, Grundriss Familienrecht, S. 35.
85 Vgl. Coester-Waltjen, § 8, Rn. 46.
86 Vgl. Rauscher, § 7, Rn. 126.
87 Vgl. Coester-Waltjen, § 8, Rn. 36.
88 Vgl. Rauscher, § 7, Rn. 125.
89 Vgl. Coester-Waltjen, § 8, Rn. 55.

Obwohl § 1301 BGB die Rückgabe der Briefe der Verlobten nicht regelt, wird eine analoge Anwendung der Vorschrift auch auf die Briefe der Verlobten vielfach befürwortet.[90]

Die iranischen Rechtsvorschriften, die sich mit der Rückgabe der Verlobungsgeschenke im Falle eines Rücktritts vom Verlöbnis befassen, sind die §§ 1037, 1038 IZGB.

Hiernach können die Verlobungsgeschenke zurückverlangt werden, soweit bestimmte Voraussetzungen erfüllt sind. Dabei wird eine Differenzierung zwischen verbrauchbaren und nicht-verbrauchbaren Sachen getroffen.

Die Geschenke müssen herausgegeben werden, soweit sie noch vorhanden sind. Sind sie hingegen nicht mehr vorhanden und handelt es sich dabei um verbrauchbare Sachen, dann besteht kein Anspruch auf Wertersatz für die Sache. Handelt es sich aber um eine nicht-verbrauchbare Sache, so besteht im Falle, dass die Sache nicht herausgegeben werden kann, ein Anspruch auf Wertersatz, soweit den beschenkten Verlobten ein Verschulden hinsichtlich des Untergangs der Sache trifft.[91]

Wird das Verlöbnis durch den Tod eines Verlobten beendet, so bestehen im deutschen und im iranischen Recht unterschiedliche Regelungen in Bezug auf die Rückgabe der Geschenke.

Im deutschen Recht ist der Anspruch auf Rückgabe der Verlöbnisgeschenke im Todesfall grundsätzlich ausgeschlossen, es sei denn, es bestand bereits eine „Entfremdung" der Verlobten. Im Normallfall würden die Verlöbnisgeschenke dann bei dem überlebenden Verlobten verbleiben.[92]

Nach dem iranischen Recht ist dies anders. Wird das Verlöbnis durch den Tod eines Verlobten beendet, so kann der Verlobte, die noch vorhandenen Geschenke, ob nun verbrauchbar oder nicht-verbrauchbar, von den Erben herausverlangen. Sollte die Sache nicht mehr existieren, so hat der Verlobte gegen die Erben allerdings keinen Wertersatzanspruch.

Ebenso haben die Erben des verstorbenen Verlobten das Recht vom anderen Verlobten die noch vorhandenen Geschenke herauszuverlangen.[93]

Im Übrigen begründet ein wirksames Verlöbnis in beiden Rechtsordnungen keinen Anspruch auf Unterhalt.

---

90 Vgl. Coester-Waltjen, § 8, Rn. 56; vgl. Staudinger-Strätz, § 1301, Rn. 12; vgl. MüKO BGB-Roth, § 1301, Rn. 3; vgl. Soergel/Lange, § 1301, Rn. 4.

91 Vgl. Katuzian, Einführung, S. 51 f.

92 Vgl. Coester-Waltjen, § 8, Rn. 57.

93 Vgl. Katuzian, Einführung, S. 52 f.

Für das deutsche Recht hat der Bundesfinanzhof im Jahre 1994 jedoch entschieden, dass ein von einem Verlobten dem anderen aus sittlicher Pflicht gewährter Unterhalt hingegen steuerlich zu berücksichtigen sei.[94]

Nach iranischem Recht hat die Frau aufgrund eines wirksamen Verlöbnisses noch keinen Anspruch auf die Zahlung einer Brautgabe und auch der Mann hat gegenüber der Frau noch kein Führungsrecht.

Weder nach deutschem noch nach iranischem Recht können Verlobte sich im Todesfalle auf gesetzlichem Wege gegenseitig beerben.

In Bezug auf letztwillige Verfügungen sind im BGB aber einige Vorschriften wie z.B. § 2077 Abs. 2 BGB vorzufinden, die Regelungen in Bezug auf Verlobte treffen. So ist eine letztwillige Verfügung zugunsten eines Verlobten nach § 2077 Abs. 2 BGB unwirksam, wenn das Verlöbnis vor dem Tod des Erblassers endete. Des Weiteren genießen Verlobte gewisse Erleichterungen bei bestimmten erbrechtlichen Geschäften und sind Ehegatten gleich privilegiert.[95] So regeln diverse erbrechtliche Vorschriften wie §§ 2275 Abs. 3, 2276 Abs. 2, 2290 Abs. 3 S. 2, 2347, 2351 und 2352 BGB gewisse Erleichterungen für Verlobte Rechtsgeschäfte abzuschließen.

Schließlich ist beiden Rechtsordnungen auch eine Verjährungsfrist für die oben genannten Anspüche der Verlobten gemein.

Gemäß § 1302 BGB verjähren die Ansprüche nach dem deutschen Recht in zwei Jahren ab Auflösung des Verlöbnisses.

Hingegen enthielt das iranische Recht noch bis zur Aufhebung des § 1039 Abs. 1 IZGB im Jahre 1982 eine Verjährungsvorschrift, die ebenfalls zwei Jahre betrug.

Trotz Aufhebung der Vorschrift wird der Rechtsgedanke der Norm allerdings weiterhin angewandt, so dass Ansprüche nach zwei Jahren nicht mehr geltend gemacht werden können und quasi verwirkt sind.[96]

Da das Verlöbnis für seine Wirksamkeit nach beiden Rechtsordnungen keiner bestimmten Form bedarf, muss auch die Auflösung des Verlöbnisses weder auf eine bestimmte Art und Weise bekanntgemacht noch registriert werden.

94 Vgl. BFH, NJW 1994, 959, 960.

95 Vgl. Coester-Waltjen, § 8, Rn. 29-31.

96 Vgl. Katuzian, Einführung, S. 54 f.

E. Iranisches Eherecht

Das iranische Eherecht hat sowohl islamische als auch tradionelle Prägungen erfahren.

Im Folgenden möchte ich die Voraussetzungen einer Eheschließung nach iranischem Recht sowie einige der wichtigsten Ehehindernisse darstellen. Im Anschluss daran möchte ich die allgemeinen Wirkungen einer Ehe im Hinblick auf die Rechte und Pflichten der Eheleute innerhalb der Ehe und die vermögensrechtlichen und nicht-vermögensrechtlichen Folgen der Ehe nennen. Schließlich werde ich der Frage nachgehen, inwieweit es den Eheleuten rechtlich möglich ist, Ehewirkungen vertraglich zu vereinbaren.

I. Eheschließung

1. Voraussetzungen der Eheschließung

Nach § 1062 IZGB ist die Ehe ein zivilrechtlicher Vertrag, der durch zwei übereinstimmende Willenserklärungen zustande kommt.[97]

Eine Ehe ist dann wirksam geschlossen, wenn bestimmte Eheschließungsvoraussetzungen positiv vorliegen und negativ keine Ehehindernisse entgegenstehen.[98]

Zunächst einmal müssen sich die Verlobten einig sein, dass sie die Ehe miteinander eingehen wollen. Diese Einigung setzt nach § 1062 IZGB ein Angebot und eine Annahme voraus.[99] Hierbei ist es nach § 1063 IZGB irrelevant, ob das Angebot von der Frau oder vom Mann abgegeben wird.[100]

Die Wirksamkeit einer Ehe nach iranischem Recht setzt keine zwingend vorgeschriebene Form voraus. Insbesondere stellt die Registrierung der Ehe in einem amtlichen Registrierungsbüro für Eheschließungen und Scheidungen, *daftar-xāne ezdewāğ wa talāq*, keine Wirkamskeitsvoraussetzung für die Ehe dar.[101]

97 Vgl. IZGB-Kommentar-Katuzian, § 1062, S. 648.
98 Vgl. Safa'i/Emami, Grundriss Familienrecht, S. 41, 69.
99 Vgl. IZGB-Kommentar-Katuzian, § 1062, S. 648.
100 Vgl. IZGB-Kommentar-Katuzian, § 1063, S. 648.
101 Vgl. Katuzian, Einführung, S. 37.

Dennoch ist die Registrierung der Ehe zwingend gesetzlich vorgeschrieben. So ist in § 1 des *ġānun-e rāğe' be ezdewāğ* (Gesetz über die Eheschließung) die Pflicht des Ehemannes geregelt, die Registrierung der Ehe zu veranlassen. Sollte er dieser gesetzlichen Pflicht nicht nachkommen, so droht ihm eine Freiheitsstrafe bis zu sechs Monaten.

Der Gesetzgeber bezweckt mit dieser Vorschrift, dass Beweisprobleme und Rechtsunsicherheiten vermieden werden, die eine Ehe ohne eine Registrierung regelmäßig mit sich bringen würde.[102]

Folglich besteht „ein Spannungsfeld zwischen der grundsätzlichen Formfreiheit des klassischen islamischen Rechts und den staatlich institutionalisierten Formerfordernissen und Registrierungspflichten".[103]

Da die Ehe, wie oben bereits erläutert, von ihrer Rechtsnatur her zunächst einmal ein ganz normaler zivilrechtlicher Vertrag ist, müssen zum Zeitpunkt der Eheschließung alle für jeden Vertrag zwingenden Voraussetzungen vorliegen. Voraussetzung ist insbesondere der Wille, *erāde*, zur Eingehung einer Ehe, der die Absicht, *ġast*, und das Einverständnis, *rezā*, umfasst.

Die Absicht zur Eingehung der Ehe ist z.B. bei Ohnmacht und im Zustand der Trunkenheit einer Person nicht gegeben. Eine Ehe ohne Vorliegen der Absicht, eine Ehe eingehen zu wollen, ist nichtig.[104]

Anders verhält es sich hingegen damit, wenn kein Einverständnis zur Eingehung der Ehe vorliegt, weil die Ehe unter Zwang geschlossen worden ist.

§ 1070 IZGB befasst sich mit der Eheschließung, die unter einer Zwangswirkung geschlossen worden ist. In diesem Fall ist die Ehe zwar fehlerhaft, aber schwebend unwirksam und kann nach Beendigung der Zwangswirkung von der Person, die die Ehe unter Zwang eingegangen ist, genehmigt werden, es sei denn, dass die Zwangswirkung einen solchen Grad erreicht hat, dass die Person keinen freien Willen mehr besaß.[105]

Ferner kann die Ehe gemäß § 1068 IZGB nicht unter einer Bedingung eingegangen werden.

Schließen die Ehegatten eine Ehe nur zum Schein und insbesondere zur Herbeiführung bestimmter Rechtsfolgen, die sich aus einer Ehe ergeben, so ist die Ehe nichtig.[106]

Vereinbaren also zwei Personen vertraglich, dass aus einer zwischen ihnen geschlossenen Ehe keine ehelichen Rechte und Pflichten herrühren sollen und,

---

102 Vgl. Katuzian, Einführung, S. 36.
103 Vgl. Yassari, FamRZ 2011, 1, 3.
104 Vgl. Katuzian, Einführung, S. 58.
105 Vgl. Katuzian, Einführung, S. 59.
106 Vgl. Katuzian, Einführung, S. 58.

dass zwischen ihnen kein eheliches Verhältnis vorliegen soll, so ist die vereinbarte Klausel und die Ehe ungültig. Dies kann damit begründet werden, dass die Beteiligten auf diese Weise zum Ausdruck bringen, dass sie tatsächlich keinen wahren Willen haben, eine Ehe als solche miteinander einzugehen. Dies sei ein Verstoß gegen das Wesen der Ehe und sei mit den wesentlichen Vorschriften der Ehe unvereinbar.[107]

Das Motiv für die Eingehung solcher Scheinehen besteht vielfach darin, dass den Beteiligten aufgrund des Vorliegens einer Ehe bestimmte Privilegien eingeräumt werden. Z.B. erlangten in der Vergangenheit häufig Personen, die zur Ableistung des Militärdienstes verpflichtet gewesen sind, gewisse Erleichterungen, wenn sie nachweisen konnten, dass sie verheiratet waren.

2. Kundgabe des Willens

Gemäß § 1062 IZGB muss der Wille der Eheleute deutlich darauf schließen lassen, dass sie gewillt sind, die Ehe miteinander einzugehen. Dabei muss die Erklärung der Parteien gemäß § 1062 IZGB grundsätzlich in mündlicher, klarer und eindeutiger Form erfolgen und damit auf den Willen zur Eingehung der Ehe schließen lassen.[108]

Aus § 1066 IZGB ergibt sich, dass die Kundgabe des Willens nicht zwingend mündlich erfolgen muss, sondern auch durch Zeichen, die auf den Willen zur Eingehung der Ehe schließen lassen, möglich ist. Eine Eheschließung von Personen, die stumm sind, ist daher ohne weiteres möglich.[109]

Ferner kann § 1065 IZGB entnommen werden, dass das Angebot und die Annahme zur Eheschließung übereinstimmend und aufeinanderfolgend vorliegen müssen. Zwischen dem Angebot und der Annahme darf also keine außergewöhnlich lange Zeit liegen.[110]

3. Stellvertretung

Das iranische Eherecht räumt den Eheleuten im Gegensatz zum deutschen Recht einen großzügigen Anwendungsbereich hinsichtlich der Regeln der Stellvertretung ein. Es ist sowohl eine Stellvertretung bezüglich der Erklärung, als auch eine Stellvertretung des Willens zulässig. Solche Ehen sind in Deutschland der

107 Vgl. Safa'i/Emami, Grundriss Familienrecht, S. 61.
108 Vgl. Katuzian, Einführung, S. 59 f.
109 Vgl. IZGB-Kommentar-Katuzian, § 1066, S. 649.
110 Vgl. IZGB-Kommentar-Katuzian, § 1065, S. 649.

Rechtsprechung und der Rechtsliteratur unter dem Begriff der „Handschuhehe“[111] bekannt.

a) Erklärung

Gemäß § 1071 IZGB kann einer dritten Person eine Vollmacht erteilt werden, dass diese die Ehe für den Vertretenen eingehen darf.[112]

Die Stellvertretung bezüglich der Abgabe der Erklärung wird als *wekālat* bezeichnet. Der Bevollmächtigte darf aber nur im Rahmen seiner vom Vollmachtgeber erteilten Vertretungsmacht handeln. Weicht er also von der erteilten Vollmacht ab, so hängt die Wirksamkeit der Ehe nach § 1073 IZGB von der Genehmigung des Vollmachtgebers ab.[113]

b) Wille

Eine besonders weitreichende Vertretungsmacht für den bevollmächtigten Dritten ergibt sich aus der Möglichkeit, eine Person im Rahmen des Willens zu vertreten. Eine auf diese Weise geschlossene Ehe wird als *fozuli* bezeichnet. Auf diese Weise kann dem Vertretenen sogar insoweit Vertretungsmacht eingeräumt werden, als er den zukünftigen Ehegatten auswählen kann.

Allerdings besteht für den Vertretenen auch hier nach § 1073 IZGB die Möglichkeit, die Genehmigung des Rechtsgeschäfts zu verweigern, wenn dies mit seinem Willen gegenläufig ist.[114]

4. Eheschließungsalter

Wie bereits im Rahmen der Altersstufen ausgeführt, wird das Eheschließungsalter als *senn-e ezdewāğ* bezeichnet und variiert bei Personen weiblichen und männlichen Geschlechts.

Gemäß § 1041 IZGB liegt das Eheschließungsalter für Mädchen mit der Vollendung des dreizehnten Lebensjahres vor, während Jungen nach iranischem Recht, das Eheschließungsalter mit der Vollendung des fünfzehnten Lebensjahres erreichen.

111 Vgl. BGHZ 29, 137, 137; vgl. OLG Hamm, StAZ 1986, 134, 134; vgl. Jacobs, StAZ 1992, 5, 5; vgl. LG Stuttgart, StAZ 1992, 379, 379.

112 Vgl. IZGB-Kommentar-Katuzian, § 1071, S. 651.

113 Vgl. Katuzian, Einführung, S. 62.

114 Vgl. Katuzian, Einführung, S. 62.

Allerdings können Personen, die das Eheschließungsalter erreicht haben, aber noch nicht volljährig sind, zwar die Ehe eingehen, aber sie können noch nicht wirksam Vereinbarungen über eine Brautgabe treffen.

Für solche vermögensrechtlichen Angelegenheiten der noch nicht volljährigen Person, bleibt dann weiterhin nach § 1183 IZGB der *wali*, also der gesetzliche Vertreter des Kindes, zuständig. [115]

Schließlich können heiratswillige Personen sogar ausnahmsweise, vor Erreichen des Mindestalters einer Eheschließung, die Ehe eingehen. Dies ist z.B. dann der Fall, wenn die Ehe aus einem bestimmten Grunde für die Person erforderlich sein sollte.

Die Eheschließung bedarf dann allerdings gemäß § 1041 IZGB der Bewilligung des Gerichts.

Das iranische Recht sieht in § 3 des *ġānun-e rāǧe' be ezdewāǧ* (Gesetz über die Eheschließung) eine Freiheitsstrafe für denjenigen vor, der die Ehe mit einer Person schließt, die das Eheschließungsalter noch nicht erreicht hat. Ebenso sieht diese Vorschrift eine Freiheitsstrafe für die Person vor, die die Registrierung einer solchen Ehe vornimmt.

5. Einwilligung zur Eheschließung bei unverheirateten Mädchen und Frauen

Nach iranischem Eherecht bedürfen Mädchen bzw. Frauen, die zwar das Eheschließungsalter erreicht haben, aber bislang noch keine Ehe eingegangen sind, und daher als jungfräulich gelten, vor der Eingehung der Ehe gemäß § 1043 IZGB der Einwilligung des Vaters bzw. des Großvaters väterlicherseits.[116] Sollte der Vater bzw. der Großvater seine Einwilligung verweigern, so kann das Mädchen bzw. die Frau eine gerichtliche Bewilligung beantragen.

Das Erfordernis zur Erteilung einer Einwilligung besteht daher für Mädchen bzw. Frauen im Iran unabhängig davon, welches Alter sie haben.

6. Ehehindernisse

Eine Ehe ist dann wirksam geschlossen, wenn die Eheschließungsvoraussetzungen vorliegen und keine Ehehindernisse der Eingehung der Ehe entgegenstehen.[117]

---

115 Vgl. IZGB-Kommentar-Katuzian, § 1183, S. 713.

116 Vgl. Safa'i/Emami, Grundriss Familienrecht, S. 80.

117 Vgl. Safa'i/Emami, Grundriss Familienrecht, S. 41, 69.

Ehehindernisse können aus verschiedenen Gründen gegeben sein.

Die wichtigsten Ehehindernisse entstehen durch eine Bluts- oder die sog. Milchverwandtschaft sowie durch die Schwägerschaft. Daneben existieren nach dem iranischen Recht noch weitere Ehehindernisse. Diese werden durch das Gesetz ausdrücklich bestimmt.

Aufgrund der Blutsverwandtschaft verbietet das iranische Recht in § 1045 IZGB die Ehe mit den Eltern, den übrigen Vorfahren sowie allen Abkömmlingen in gerader Linie, mit den Geschwistern und deren Abkömmlinge, also den Neffen und Nichten, mit den Tanten und Onkel sowie mit den Tanten und Onkel der Eltern und der Großeltern.[118]

Eine bestimmte Form der Verwandtschaft, die als solche der deutschen Rechtsordnung fremd ist, ist nach iranischem Recht die bereits oben genannte Milchverwandtschaft.

Eine Milchverwandtschaft entsteht nach § 1046 IZGB u.a. dann, wenn eine Frau ein Kind entweder einen Tag und eine Nacht oder fünfzehn Mal in Folge gestillt hat. Ein auf diese Weise gestilltes Kind wird in Bezug auf die Ehehindernisse wie ein leibliches Kind behandelt.[119]

Ebenso bestehen Ehehindernisse zu Personen, zu denen eine Schwägerschaft besteht.

So regelt § 1047 Nr. 1 IZGB, dass die Ehe zwischen einem Mann und der Mutter sowie weiteren Vorfahren seiner Frau verboten ist. Ebenso ist es einem Mann nach § 1047 Nr. 2 IZGB verboten, eine Ehe mit einer Frau einzugehen, die vorher mit einem Verwandten des Mannes – ob nun in auf- oder absteigender Linie verwandt – also Vater, Großvater, Sohn und weiteren Abkömmlingen verheiratet war. Und schließlich darf ein Mann nach § 1047 Nr. 3 IZGB die Ehe nicht mit der Tochter seiner Frau schließen, wenn er mit seiner Frau bereits die Ehe vollzogen hat.[120]

Neben diesen quasi allgemeinen Ehehindernissen regelt das iranische Zivilgesetzbuch weitere besondere Ehehindernisse.

Im Folgenden möchte ich mich auf die in der Praxis relevantesten und damit wichtigsten Ehehindernisse beschränken und diese kurz darstellen.

Nach dem iranischen Recht ist es einem Mann grundsätzlich erlaubt, unter bestimmten Voraussetzungen, zur gleichen Zeit eine Ehe mit mehreren Frauen einzugehen.

---

118 Vgl. IZGB-Kommentar-Katuzian, § 1045, S. 638.

119 Vgl. IZGB-Kommentar-Katuzian, § 1046, S. 638, 639, 640.

120 Vgl. IZGB-Kommentar-Katuzian, § 1047, S. 640.

Allerdings ist es einem Mann nach § 1048 IZGB verboten, die Ehe zur gleichen Zeit mit zwei Schwestern zu führen. Die Ehe mit zwei Schwestern ist auch dann verboten, wenn es sich lediglich um eine zeitlich befristete Ehe handelt.[121]

Einer Frau ist es hingegen stets verboten, zur gleichen Zeit mit mehreren Männern verheiratet zu sein. Folglich ist die Ehe mit einer Frau, die bereits verheiratet ist, gemäß § 1050 IZGB nichtig und es entsteht ein Ehehindernis für die Zukunft, wenn der Mann Kenntnis von der bestehenden Ehe besitzt.[122] Dies bedeutet, dass der Mann die Frau auch zu einem späteren Zeitpunkt nicht mehr heiraten darf, selbst wenn sie dann bereits geschieden ist.

Hat ein Mann mit einer Frau unerlaubten Geschlechtsverkehr, weil die Frau entweder mit einem anderen Mann verheiratet ist oder, weil sie innerhalb einer widerruflichen Scheidung die Wartezeit, *edde*, einhalten muss, so begründet auch dies ein Ehehindernis nach § 1054 IZGB.[123]

Des Weiteren liegt ein Ehehindernis nach § 1059 IZGB vor, wenn eine muslimische Frau einen nicht-muslimischen Mann heiraten möchte.[124]

Schließlich trägt der iranische Gesetzgeber auch dem Umstand in § 1055 IZGB Rechnung, dass im Iran nicht-eheliche Beziehungen zwischen einem Mann und einer Frau nicht gebilligt werden. Nach dieser Norm können unter bestimmten Voraussetzungen Ehehindernisse entstehen, wenn ein Mann und eine Frau außerehelichen Geschlechtsverkehr miteinander haben. So kann ein Mann, der mit einer Frau verheiratet ist, mit deren Mutter keine wirksame Ehe mehr eingehen, wenn er zuvor mit dieser eine außereheliche Beziehung geführt hatte. Dies hat aber keine Konsequenzen für die Wirksamkeit der Ehe des Mannes mit seiner Ehefrau.[125]

Auch dem deutschen Familienrecht sind Eheverbote nicht unbekannt. Während in der Vergangenheit eine Vielzahl von Eheverboten im deutschen Recht existierten, so finden sich in der heutigen Zeit im BGB lediglich einige wenige Vorschriften, die der Eingehung der Ehe entgegenstehen. Faktoren wie Freiheit, Gleichheit und die Säkularisierung des Eherechts haben stark dazu beigetragen, dass „viele auf den Lehren der Kirchen beruhende Eheverbote abgestoßen und andere eingedämmt" wurden.[126]

Im Folgenden möchte ich Parallelen zwischen den Eheverboten im deutschen und dem iranischen Recht aufzeigen.

---

121 Vgl. IZGB-Kommentar-Katuzian, § 1048, S. 640.
122 Vgl. IZGB-Kommentar-Katuzian, § 1050, S. 641.
123 Vgl. IZGB-Kommentar-Katuzian, § 1054, S. 642.
124 Vgl. IZGB-Kommentar-Katuzian, § 1059, S. 644.
125 Vgl. Mohaghegh Damad, S. 122 f.
126 Vgl. Coester-Waltjen, § 10, Rn. 1.

Erstaunlicherweise kannte noch das deutsche Eherecht im Ehegesetz von 1946, das im Jahre 1998 aufgehoben worden ist, noch bis zum Jahre 1977 das Eheverbot der Geschlechtsgemeinschaft (§ 4 Abs. 2 EheG) und das Eheverbot des Ehebruchs (§ 6 EheG).

Ebenso gab es, wie auch im iranischen Recht, das Eheverbot der Schwägerschaft (§ 4 EheG), das erst im Jahre 1998 abgeschafft worden ist. Ferner gab es das Eheverbot der Wartezeit (§ 8 EheG).

Auch das geltende deutsche Eherecht kennt noch einige Eheverbote wie z.B. das Bestehen einer Ehe mit einer dritten Person zum Zeitpunkt der Eheschließung, § 1306 BGB.

Aus der Systematik des Eherechts ergibt sich aber, dass eine gegen dieses Eheverbot geschlossene Ehe wirksam, aber nach § 1314 Abs. 1 BGB aufhebbar ist. Nach § 1316 Abs. 3 BGB steht es im Ermessen der Verwaltungsbehörde einen Antrag auf Aufhebung der Ehe zu stellen.

Im Übrigen ist ein Verstoß gegen die Einehe im deutschen Recht nach § 172 StGB strafbar.

Damit erfüllt diesen Tatbestand, wer vor Rechtskraft einer Ehescheidung eine weitere Ehe eingeht.[127]

Im Übrigen verbietet § 1307 BGB die Ehe zwischen Verwandten der geraden Linie und zwischen vollbürtigen und halbbürtigen Geschwistern.[128]

Ebenso stellt auch die rechtliche Verwandtschaft neben der biologischen Verwandtschaft ein Ehehindernis dar, so dass bei einem Auseinanderfallen von rechtlicher und biologischer Vaterschaft eine Tochter weder ihren biologischen noch ihren rechtlichen Vater heiraten darf.[129] Auch die Annahme eines Kindes begründet eine Verwandtschaft und Schwägerschaft im rechtlichen Sinne und damit ein Eheverbot, das in § 1308 BGB ausdrücklich genannt ist.[130] Allerdings besteht die Möglichkeit, dass das Familiengericht bei einer Adoption eine Befreiung vom Verbot der Ehe zwischen Adoptivgeschwistern erteilen kann.[131]

7. Ehewirkungen

Im achten Abschnitt des siebenten Buches des IZGB sind die Rechte und Pflichten der Ehegatten während der Ehe geregelt.

---

127 Vgl. Dölling, Duttge, Rössner-Rotsch/Gasa, § 172, Rn. 3.

128 Vgl. Coester-Waltjen, § 10, Rn. 21.

129 Vgl. Coester-Waltjen, § 10, Rn. 22.

130 Vgl. Coester-Waltjen, § 10, Rn. 24.

131 Vgl. Rauscher, § 10, Rn. 170.

Hierbei unterscheidet das Gesetz zwischen Rechten und Pflichten der Ehegatten, die vermögensrechtlicher- und nicht-vermögensrechtlicher Art sind.

Der Gesetzgeber räumt den Ehegatten während der Ehe je nach Geschlecht unterschiedliche Rechte ein und legt ihnen unterschiedliche Pflichten auf.

a) Nicht-vermögensrechtliche Folgen der Ehe – Rechte und Pflichten der Ehegatten

aa) Gemeinsamer Wohnsitz

Nach iranischem Recht müssen die Ehegatten gemäß § 1114 IZGB einen gemeinsamen Wohnsitz beziehen. Dabei steht grundsätzlich dem Mann das Recht zu, den Wohnsitz zu bestimmen, es sei denn, dass dieses Recht im Rahmen einer vertraglichen Regelung der Frau eingeräumt worden ist.[132]

Eine vergleichbare Regelung ist dem heutigen deutschen Recht nicht bekannt. Durch das deutsche Gleichberechtigungsgesetz aus dem Jahre 1957 wurde der gesetzliche Wohnsitz der Ehefrau abgeschafft. So bestehen im heutigen deutschen Recht für die Ehegatten keine Beschränkungen, einvernehmlich zu regeln, dass getrennte Haushalte geführt werden sollen. Nach der Auffassung von Rauscher bedürfe eine solche Regelung auch keiner Rechtfertigung. Eine Ehe ohne häusliche Gemeinschaft unterscheide sich auch dogmatisch klar von der Zweckehe des § 1314 Abs. 2 Nr. 5 BGB. Denn für eine Zweckehe werde der fehlende Wille zur ehelichen Lebensgemeinschaft vorausgesetzt.[133]

Hingegen nennt das iranische Recht die Pflicht des Mannes, bei seiner Ehefrau zu wohnen, nicht ausdrücklich. Dies begründet sich damit, dass das gemeinsame Bewohnen der Ehewohnung gewohnheitsrechtlich anerkannt ist. Aus diesem Grunde können die Eheleute auch nicht wirksam ehevertraglich regeln, dass sie getrennt voneinander leben wollen.[134] Eine solche ehevertragliche Vereinbarung würde nämlich gemäß § 1119 IZGB dem Wesen einer Ehe entgegenstehen.

Allerdings hat das iranische Recht bestimmte Ausnahmen gesetzlich geregelt, in denen die Eheleute getrennt voneinander leben dürfen.

So regelt § 1115 IZGB das Recht der Frau, von ihrem Mann in einer anderen Wohnung getrennt leben zu dürfen, wenn sie durch das Zusammenleben mit dem Mann einen Schaden körperlicher Art, für ihr Vermögen oder für ihre Ehre befürchten müsste.

---

132 Vgl. IZGB-Kommentar-Katuzian, § 1114, S. 670.

133 Vgl. Rauscher, § 14, Rn. 246.

134 Vgl. Katuzian, Familienrecht I, S. 214.

In der Zeit, in der die Frau daher aus berechtigten Gründen die eheliche Wohnung verlässt, bleibt der Mann ihr weiterhin zur Zahlung des Unterhalts verpflichtet. Die Ehefrau muss aber dann in die Ehewohnung zurückkehren, wenn sie keinen Schaden mehr für ihre Rechte und Rechtsgüter befürchten muss.[135] Sollte sie jedoch ihrer Pflicht zur Rückkehr in die Ehewohnung nicht nachkommen, verweigert sie damit auch zugleich den Gehorsam gegenüber ihrem Mann, so dass der Mann dann seinerseits die Zahlung des ehelichen Unterhalts an die Frau verweigern darf.[136]

Verweigert hingegen der Mann der Frau den Zutritt zur gemeinsamen Ehewohnung, dann könnte darin ein Scheidungsgrund für die Frau gesehen werden.[137]

Nach der Ansicht des Rechtswissenschaftlers Katuzian habe allerdings der Mann dann das Recht, seiner Ehefrau den Zugang zur Ehewohnung zu verweigern, wenn er seinerseits durch ein gemeinsames Zusammenleben einen Schaden für seine Rechte und Rechtsgüter befürchten müsste.

Nach seiner Auffassung gebiete dies die Vernunft und die Gleichberechtigung der Geschlechter. Ferner sei ein Schadenseintritt der oben genannten Art auch für einen Mann nicht ausgeschlossen.[138]

Im deutschen Recht existiert seit dem 11. Dezember 2001 das Gewaltsschutzgesetz.[139] Dieses Gesetz ermöglicht, dem Täter von Körperverletzungsdelikten das Betreten und den Aufenthalt im Umkreis der Wohnung zu verbieten und damit – in der Regel die Ehemänner – aus der Ehewohnung zu verweisen. Rauscher erscheinen solche Regelungen „bedenklich“, da seiner Auffassung nach Tätlichkeiten auf Provokationen beider Ehegatten beruhen und eine richterliche Verweisung aus der Wohnung gerade den Konflikt verschärfe. Ferner würden solche Regelungen dazu beitragen, insbesondere Männer mit dem Vorwurf von Gewalt in der Ehe zu diskriminieren. Seiner Auffassung nach reichen die bestehenden Strafgesetze bei konsequenter Anwendung aus, um den Opfern von Gewalttaten zu helfen.[140]

Ferner ist nach dem deutschen Recht weiterhin die Zuweisung der ehelichen Wohnung nach § 1361 b BGB bei Trennung bzw. Trennungsabsicht möglich. Hierfür ist nach § 1361 b BGB erforderlich, dass eine unbillige Härte vorliegt. So können z.B. Alkohol- und Drogensucht des Ehepartners eine unbillige Härte für den antragstellenden Ehegatten darstellen.[141]

---

135 Vgl. IZGB-Kommentar-Katuzian, § 1115, S. 670 f.

136 Vgl. Fahimi, S. 116 f.

137 Vgl. Katuzian, Familienrecht I, S. 215 f.

138 Vgl. Katuzian, Familienrecht I, S. 217.

139 BGBl. 2001, Teil I, Nr. 67, S. 3513.

140 Vgl. Rauscher, § 4, Rn. 100.

141 Vgl. Rauscher, § 15, Rn. 348.

bb) Pflicht zu gutem Verhalten und zur gegenseitigen Unterstützung

Nach dem iranischen Recht sind die Ehegatten einander zu gutem Verhalten, *hosn-e moāšerat* und zur gegenseitigen Unterstützung gesetzlich verpflichtet. Dies regelt § 1103 IZGB.[142]

Sollte der Mann dieser Pflicht nicht nachkommen, so könnte dies einen Scheidungsgrund nach § 1130 IZGB für die Frau darstellen, wenn die Fortsetzung der Ehe für sie eine Härte bedeuten würde.

Da sich der Mann hingegen jederzeit und ohne Angabe eines berechtigten Grundes von seiner Frau scheiden lassen kann, hat der Vortrag des Mannes zu einer Pflichtverletzung der Frau rechtlich kaum eine Relevanz.

Hingegen ist im deutschen Eherecht keine Pflicht zu gutem Verhalten und Unterstützung im Gesetz ausdrücklich erwähnt. Lediglich aus der Generalklausel des § 1353 Abs. 1 S. 2 BGB, wonach die Ehegatten einander zur ehelichen Lebensgemeinschaft verpflichtet sind und füreinander Verantwortung übernehmen sollen, lässt sich ein solches Rücksichtnahme- und Beistandsgebot ableiten.[143]

cc) Pflicht zur gegenseitigen Unterstützung bei Angelegenheiten der Familie und der Kindererziehung

Auch die gegenseitige Unterstützung im Hinblick auf die Angelegenheiten der Familie und der Kindererziehung ist im iranischen Recht nach § 1104 IZGB die gesetzliche Pflicht beider Ehegatten. Nach dieser Vorschrift müssen sich die Eheleute gegenseitig bei den Belangen der Familie und der Erziehung der gemeinsamen Kinder unterstützen.[144]

Allerdings sieht das Gesetz für den Fall der Verletzung dieser Pflicht keine Rechtsfolge bzw. Sanktion vor. Daraus resultiert, dass die Norm eine Zielvorstellung des Gesetzgebers widerspiegelt und keine Anspruchnorm darstellt.

Nach der Auffassung des Rechtswissenschaftlers Katuzian könnte aber eine Verletzung der Pflicht zur gegenseitigen Unterstützung bei Familienangelegenheiten seitens der Ehefrau bedeuten, dass sie ihrer Gehorsamspflicht nicht ausreichend nachgekommen ist, so dass sie dann mit einem Verlust ihres Unterhaltsanspruchs rechnen müsste. Komme der Mann hingegen dieser Pflicht nicht nach, so könne die Verletzung dieser Pflicht, für die Frau einen Scheidungsgrund nach § 1130 IZGB darstellen.[145]

---

142 Vgl. IZGB-Kommentar-Katuzian, § 1103, S. 665.

143 Vgl. Palandt-Brudermüller, § 1353, Rn. 5.

144 Vgl. IZGB-Kommentar-Katuzian, § 1104, S. 665.

145 Vgl. Katuzian, Familienrecht I, S. 220.

dd) Pflicht zur Treue

Das iranische Familienrecht sieht zwar nicht explizit vor, dass sich die Eheleute zur gegenseitigen Treue verpflichtet sind. Allerdings könnte eine Pflicht zur Treue möglicherweise aus den geltenden strengen iranischen Strafgesetzen abgeleitet werden.[146]

Das iranische Strafgesetzbuch stellt für außerehelichen Geschlechtsverkehr empfindliche Strafen bis hin zur Todesstrafe in Aussicht.

Als *zenā'* wird der unerlaubte Geschlechtsverkehr zwischen einem Mann und einer Frau bezeichnet und in § 63 IStGB näher definiert. Der verheirateten Person, ob Mann oder Frau droht in solch einem Fall die Todesstrafe durch Steinigung.

Im Übrigen kann man davon ausgehen, dass die Pflicht zur Treue der Ehegatten gewohnheitsrechtlich und entsprechend des iranischen Sittlichkeits- und Anstandsgefühls weitestgehend anerkannt ist.

Allerdings muss an dieser Stelle auch gesagt werden, dass der Mann trotz bestehender Ehe bis zu vier dauerhafte Ehen und unbeschränkt viele zeitlich befristete Ehen eingehen darf.[147]

Das Eingehen weiterer Ehen steht allerdings unter dem Vorbehalt, dass der Mann zuvor die Einwilligung seiner Frau eingeholt hat. In § 16 des Gesetzes zum Schutze der Familie aus dem Jahre 1975, *ġānun-e hemājat-e xānewāde*[148], stellt die Einwilligung der Frau eine Bedingung für das Eingehen einer weiteren Ehe dar.

Nur unter bestimmten gesetzlichen Voraussetzungen kann die Einwilligung der Frau durch eine gerichtliche Bewilligung ersetzt werden.

Schließt der Mann hingegen ohne die Einwilligung seiner ersten Frau und ohne eine gerichtliche Bewilligung eine weitere Ehe, so ist die zweite Ehe dennoch wirksam.[149] Damit hat die zweite Frau gegenüber dem Mann sämtliche Rechte und Pflichten. Gehen aus der Ehe also später Kinder hervor, dann gelten diese auch als eheliche Kinder, mit sämtlichen Rechten und Pflichten.

Die einzige Strafsanktion gegen den Ehemann, der ohne Einwilligung seiner Frau und ohne gerichtliche Bewilligung die Ehe mit einer weiteren Frau eingeht, war in § 17 des Gesetzes zum Schutze der Familie aus dem Jahre 1975, *ġānun-e hemājat-e xānewāde*, geregelt. Dieses Gesetz sah eine Freiheitsstrafe von sechs Monaten bis zu einem Jahr für den Mann vor. Allerdings wurde diese Strafsanktion

146 Vgl. Safa'i/Emami, Grundriss Familienrecht, S. 123.

147 Vgl. Yassari, Länderbericht Iran, 2010, S. 2379; vgl. Safa'i/Emami, Grundriss Familienrecht, S. 93; vgl. Gorji-Ghasemzadeh, S. 120 f.

148 Mansour, Gesetzessammlung I, *ġānun-e hemājat-e xānewāde* (Gesetz zum Schutze der Familie).

149 Vgl. Safa'i/Emami, Grundriss Familienrecht, S. 105 f.

durch einen Beschluss des Wächerrats vom 31.07.1984 außer Kraft gesetzt.[150] Der Frau bleibt es jedoch unbenommen sich ehevertraglich von ihrem Mann eine Vollmacht erteilen zu lassen, wonach sie die Scheidung der Ehe beantragen kann, für den Fall, dass der Mann ohne ihre Einwilligung eine weitere Ehe eingeht.[151]

Im deutschen Recht wird der außereheliche Geschlechtsverkehr nicht sanktioniert. Die Eingehung der Ehe mit einem weiteren Ehepartner, während einer bereits bestehenden Ehe, ist hingegen mit dem deutschen Recht unvereinbar. Dies ergibt sich bereits aus § 1306 BGB und § 172 StGB.

Das Eheversprechen ist im deutschen Eherecht zugleich ein Versprechen darüber, dass sich die Eheleute treu sein werden. Die Treuepflicht bezieht sich damit auf die „Ausschließlichkeit der Geschlechtsgemeinschaft".[152]

b) Besondere Rechte des Ehemannes

aa) Der Mann als Familienoberhaupt

Im iranischen Familienrecht steht dem Mann nach § 1105 IZGB das Recht zu, das Oberhaupt der Familie zu sein, die Familie zu leiten und sie zu führen.[153]

Khodadadi Tahashi spricht in diesem Zusammenhang begrifflich von der „Führerschaft des Mannes"[154], Yassari vom „Haushaltsvorstand"[155].

Die Zielsetzung des iranischen Gesetzgebers war es, dass jede Familie ein Oberhaupt haben soll, das für die Belange der Familie zuständig und auch verantwortlich ist.

Ferner sah es der Gesetzgeber zur Vorbeugung von Streitigkeiten und Meinungsverschiedenheiten innerhalb der Familie als erforderlich an, dass nur einer Person die Rolle des Familienoberhaupts zukommen soll. Auf diese Weise sollte Streit und letztendlich der Auflösung des Familienverbundes entgegenwirkt werden.[156]

Nun könnte man sich auch die Frage stellen, warum der iranische Gesetzgeber diese Rolle dem Mann und nicht der Frau zugewiesen hat.

Der wichtigste und entscheidende Grund liegt in der patriarchalichen Gesellschaftsstruktur des Iran und den damit zusammenhängenden Traditionen und Gewohnheiten. Seit jeher wurden Männern in der iranischen Gesellschaft mehr

---

150 Vgl. Beschluss des Wächterrats vom 31.07.1984 zitiert bei Yassari, Länderbericht Iran, 2010, S. 2379.

151 Vgl. Safa'i/Emami, Grundriss Familienrecht, S. 69.

152 Vgl. Staudinger-Voppel, § 1353, Rn. 29.

153 Vgl. IZGB-Kommentar-Katuzian, § 1105, S. 666.

154 Vgl. Khodadadi Tahashi, S. 99.

155 Vgl. Yassari, Länderbericht Iran, 2010, S. 2377.

156 Vgl. Safa'i/Emami, Grundriss Familienrecht, S. 124.

Rechte eingeräumt als Frauen. Dies wurde unter anderem mit ihrer Erfahrung, aber auch mit ihrer körperlichen Kraft, Stärke und Überlegenheit begründet.[157] Insbesondere kann die Position des Mannes als Oberhaupt und Führer der Familie vertraglich nicht wirksam abbedungen werden.[158]

bb) Funktion als Familienoberhaupt

Nach der Auffassung des iranischen Gesetzgebers stellen die dem Mann eingeräumten Rechte vor allem Pflichten dar.[159]

Die Einräumung bestimmter Rechte für den Mann begründe für diesen eine größere gesellschaftliche Verantwortung und stelle damit mehr eine Pflicht als ein Recht dar. Die Tatsache, dass den Frauen diese Befugnisse nicht zustehen, bedeute nach der Auffassung des Gesetzgebers indes nicht, dass die Frauen von diesen Pflichten befreit seien. Keineswegs sei die Funktion des Mannes als Familienoberhaupt eine Schlechterstellung der Frau gegenüber dem Mann oder gar eine Besserstellung des Mannes gegenüber der Frau.[160]

Eine der vielen Aufgaben des Familienoberhauptes ist es, den Wohnsitz der Familie zu bestimmen. Dies ist in § 1114 IZGB ausdrücklich geregelt. Eine ehevertragliche Vereinbarung, wonach der Frau dieses Recht zustehen soll, ist dennoch möglich.[161]

cc) Widerspruchsrecht gegen die Berufsausübung der Frau

Gemäß § 1117 IZGB steht dem Mann das Recht zu, seiner Ehefrau die Ausübung ihres Berufes zu untersagen.[162] Dieses Recht steht dem Mann unter der Voraussetzung zu, dass der Beruf der Frau entweder ihrer gesellschaftlichen Stellung, *hejsijjat*, entgegensteht oder die Ausübung dieses Berufs den Interessen und Werten der Familie, *maslahat-e xānewāde*, entgegensteht.

Das Widerspruchsrecht des Mannes ist dabei von einem berechtigten Grund abhängig. Insbesondere soll der Mann sein Recht nicht willkürlich ausüben können. Im Streitfall hat daher das Gericht zu entscheiden, ob die Gründe, die der Mann vorträgt, ihn zur Ausübung des Widerspruchsrechts berechtigen.[163] Das Gericht legt seiner Entscheidung verschiedene Aspekte, insbesondere die konkreten

157 Vgl. Katuzian, Familienrecht I, S. 224; vgl. Safa'i/Emami, Grundriss Familienrecht, S. 124.
158 Vgl. IZGB-Kommentar-Katuzian, § 1105, S. 666.
159 Vgl. Safa'i/Emami, Grundriss Familienrecht, S. 124.
160 Vgl. Katuzian, Familienrecht I, S. 226.
161 Vgl. Katuzian, Familienrecht I, S. 231.
162 Vgl. IZGB-Kommentar-Katuzian, § 1117, S. 671 f.
163 Vgl. IZGB-Kommentar-Katuzian, § 1117, S. 672.

Belange der Familie aber auch das Gewohnheitsrecht, Brauch und Tradition zu Grunde.[164]

Das Widerspruchsrecht des Mannes ist zwingendes Recht und kann z.B. in einem Ehevertrag zwischen den Eheleuten nicht wirksam abbedungen werden. Dies lässt sich unter Hinweis auf § 959 IZGB begründen, wonach bestimmte Rechte einer Person nicht zu ihrer Dispostion stehen, da anderenfalls die gesellschaftliche Ordnung des Staates gefährdet werden könnte.

Entscheidet also ein Gericht, dass die Berufsausübung der Frau, der Familienordnung widerspricht, so hat die Frau ihre Berufsausübung zu beenden. Eine gerichtliche Entscheidung führt in solch einem Fall automatisch zur Beendigung des Arbeitsverhältnisses der Frau. Entsteht einem Dritten, also z.B. dem Arbeitgeber der Frau, durch die Beendigung des Arbeitsverhältnisses ein Schaden, so hat die Frau diesem den Schaden zu ersetzen.[165]

Ein vergleichbares Recht steht der Frau gegen ihren Mann gemäß § 18 des Gesetzes zum Schutze der Familie, *ġānun-e hemājat-e xānewāde*, zu. Hiernach kann die Ehefrau die Beendigung einer Tätigkeit des Ehemannes verlangen, wenn die Berufsausübung des Mannes der gesellschaftlichen Stellung, *hejsijjat*, der Frau entgegensteht oder die Ausübung dieses Berufs den Interessen und Werten der Familie, *maslahat-e xānewāde*, widerspricht.

Die Frau kann dann ebenfalls bei Gericht eine Entscheidung erwirken, wonach dem Mann aufgegeben wird, einen bis dahin ausgeübten Beruf nicht mehr auszuüben.

Allerdings sieht § 18 dieses Gesetzes eine Ausnahme vor. Danach kann der Mann selbst dann, wenn seine Berufsausübung der familiären Werteordnung entgegensteht, den Beruf weiter ausüben, sofern die Familie auf das Arbeitsentgelt des Mannes angewiesen ist.[166]

dd) Weitere Rechtsfolgen des Führungsrechts des Ehemannes

Als Ausfluss des Führungsrechts des Ehemannes bestehen weitere Rechtswirkungen zu seinen Gunsten gegenüber seiner Ehefrau. Eine dieser Rechtswirkungen besteht in der Pflicht der Ehefrau ihrem Ehemann gegenüber gehorsam zu sein und ihm zu gehorchen, *tamkin*.

Tamkin umfasst daher auch die Pflicht der Ehefrau zur geschlechtlichen Hingabe.[167] Ebenso leitet sich der Wohnsitz der Frau vom Wohnsitz ihres Ehemannes ab. § 1005 IZGB bestimmt daher, dass grundsätzlich dort, wo der Wohnsitz des

164 Vgl. Katuzian, Familienrecht I, S. 233.
165 Vgl. Katuzian, Familienrecht I, S. 236.
166 Vgl. Katuzian, Familienrecht I, S. 237.
167 Vgl. IZGB-Kommentar-Katuzian, § 1108, S. 667 f.; vgl. Gorji-Borzoui, S. 196, 199.

Ehemannes ist, auch die Ehefrau ihren Wohnsitz zu nehmen hat. Wie oben bereits erwähnt, kann hiervon bei Vorliegen bestimmter Umstände, mittels gerichtlicher Entscheidung eine Ausnahme erteilt werden.

Ferner wird auch im Rahmen des iranischen Staatsangehörigkeitsrechts das Führungsrecht des Mannes erkennbar. Denn die Staatsangehörigkeit der Ehefrau richtet sich im iranischen Recht grundsätzlich nach der Staatsangehörigkeit ihres Ehemannes. Bei Eheleuten, die die iranische Staatsangehörigkeit besitzen, ist dies irrelevant. Von Bedeutung wird dies aber, wenn die Eheleute Inhaber verschiedener Staatsangehörigkeiten sind. So richtet sich die Staatsangehörigkeit einer ausländischen Frau, die die Ehe mit einem iranischen Mann eingeht, nach der Staatsangehörigkeit des Mannes. Das bedeutet, dass nach § 976 Nr. 6 IZGB die Frau automatisch aufgrund der Ehe mit einem Iraner die iranische Staatsangehörigkeit erwirbt.[168] Ob die Frau dadurch ihre eigene Staatsangehörigkeit verliert, richtet sich nach der jeweiligen Rechtsordnung, deren Staatsangehörigkeit sie bei Eheschließung besitzt. § 976 IZGB ist zwingendes Recht und kann zwischen den Eheleuten nicht ehevertraglich abbedungen werden.

Das deutsche Recht enthielt in der Vergangenheit ähnliche staatsangehörigkeitsrechtliche Regelungen bei Eheschließungen von Deutschen und Ausländern im Reichs- und Staatsangehörigkeitsgesetz vom 22.07.1913 (RuStAG[169]). So regelte § 6 dieses Gesetzes, dass eine Ausländerin durch die Eheschließung mit einem Deutschen die deutsche Staatsangehörigkeit erwarb. Nach § 17 Nr. 6 RuStAG wiederum, verlor eine Deutsche die deutsche Staatsangehörigkeit, wenn sie die Ehe mit einem Ausländer einging.

Das deutsche Staatsangehörigkeitsrecht sieht seit einer Änderung vom 01.01.1970 vor, dass die staatsangehörigkeitsrechtlichen Folgen einer Eheschließung geschlechtsneutral sind.

Das heutige Staatsangehörigkeitsrecht ist im Staatsangehörigkeitsgesetz (StAG[170]) geregelt und sieht neben der Möglichkeit des Erwerbs der deutschen Staatsangehörigkeit durch Einbürgerung nach § 8 StAG auch vor, dass Ehegatten Deutscher nach § 9 StAG unter erleichterten Voraussetzungen die deutsche Staatsangehörigkeit erwerben können.

Im iranischen Recht ist eine weitere Rechtsfolge des Führungsrechts des Ehemannes im Rahmen des Kindschaftsrechts zu finden. Es handelt sich dabei um das ausschließliche Recht und die Pflicht des Vaters gemäß §§ 1180, 1181 IZGB für das Vermögen des Kindes zu sorgen, *velājat*, und das Kind gemäß § 1183 IZGB gesetzlich zu vertreten.

---

168 Vgl. IZGB-Kommentar-Katuzian, § 976, S. 579.

169 RGBl. 1913, Nr. 46, S. 583.

170 BGBl. 1999, Teil I, Nr. 38, S. 1618.

Diese gesetzliche Vertretungsbefugnis hat ein Vater für Kinder bis zum Erreichen des Pubertätsalters, *senn-e boluġ*, in allen Angelegenheiten, ob vermögensrechtlicher oder nicht-vermögensrechtlicher Art. Nach Erreichen des Pubertätsalters, bis zum Erreichen der Volljährigkeit, *senn-e rošd*, kann der Vater seine Kinder dann nur noch in vermögensrechtlichen Angelegenheiten vertreten.[171]

Bei den Regelungen über die Vertretungsbefugnis des Vaters für seine Kinder handelt es sich um zwingendes Recht, so dass sie daher zwischen den Ehegatten ehevertraglich nicht abbedungen werden können.[172]

c) Vermögensrechtliche Folgen der Ehe – Rechte und Pflichten der Ehegatten

aa) Eigentumslage

Das iranische Recht regelt in § 1118 IZGB, dass die Frau innerhalb der Ehe frei über ihr Vermögen verfügen kann. Hieraus kann geschlossen werden, dass die Ehefrau Eigentümerin ihrer in die Ehe eingebrachten Sachen sowie der ihr während der Ehe übereigneten Sachen bleibt.[173] Diese güterrechtliche Trennung gilt auch zu Gunsten des Ehemannes. Mithin bleiben die Eheleute auch nach Eingehung der Ehe Eigentümer ihres eigenen Vermögens und können allein und unabhängig vom anderen Ehegatten darüber verfügen.[174]

Diese güterrechtliche Regelung im iranischen Recht entspricht auch der deutschen Rechtslage, wonach durch eine Eheschließung kein automatisches Miteigentum an den Sachen des anderen Ehegatten entsteht, die dieser mit in die Ehe einbringt. Dies bestimmt § 1363 Abs. 2 BGB sowohl für in die Ehe eingebrachtes Vermögen der Ehegatten, als auch für Errungenschaften, die während der Ehe von einem Ehegatten erworben werden.

Allerdings legt der deutsche Gesetzgeber Ehegatten, die im gesetzlichen Güterstand der Zugewinngemeinschaft leben, bestimmte Verfügungsbeschränkungen auf. So können die Ehegatten nach § 1365 BGB nicht ohne die Zustimmung des anderen Ehegatten über ihr Vermögen im Ganzen wirksam verfügen. Hierunter können nach der sog. Einzeltheorie auch Rechtsgeschäfte über einzelne Gegenstände, wie z.B. ein Grundstück, fallen.[175] Ebenso dürfen Ehegatten nach § 1369 BGB nicht über Hausratsgegenstände des ehelichen Haushalts, deren Alleineigentümer sie sind, ohne Genehmigung des anderen Ehegatten wirksam verfügen.

---

171 Vgl. IZGB-Kommentar-Katuzian, § 211, S. 205; § 1183, S. 713.

172 Vgl. Safa'i/Emami, Grundriss Familienrecht, S. 60.

173 Vgl. Fahimi, S. 81 f.

174 Vgl. Katuzian, Einführung, S. 114.

175 Vgl. Coester-Waltjen, § 35, Rn. 25.

Hingegen sind dem iranischen Recht Verfügungsbeschränkungen dieser Art nicht bekannt. Die Verfügungsbefugnis beurteilt sich lediglich nach der Eigentümerstellung des verfügenden Ehegatten.[176] Im Hinblick auf eine güterrechtliche Zuordnung kann man daher sagen, dass das iranische Güterrecht eine strikte Gütertrennung darstellt.

Relevant wird die Eigentumslage an Sachen insbesondere dann, wenn sich die Ehegatten trennen bzw. scheiden lassen wollen. Im Iran entspricht es der Tradition, dass die Frau vor der Eheschließung von ihrer Familie bestimmte Sachen als Mitgift, *ğahizijeh*, erhält und sie dann in die Ehewohnung verbringt. Diese Mitgift umfasst bestimmte Hausratsgegenstände, die für ein gemeinsames eheliches Zusammenleben erforderlich sind, wie z.B. Teppiche, Möbel, Schränke sowie Elektroartikel wie einen Kühlschrank oder einen Herd. Der Sinn und Zweck einer solchen Mitgift kann darin gesehen werden, dass die Eltern der Braut auf diese Weise einen Beitrag zur Gründung einer neuen Familie leisten und sie auf diese Weise materiell unterstützen. Die Gewährung einer Mitgift kann aber auch als ein finanzieller Ausgleich dafür gesehen werden, dass nach dem iranischen Erbrecht eine Tochter im Vergleich zu einem Sohn nur die Hälfte erbt.[177]

Die Bereitstellung einer Mitgift durch die Eltern der Braut gehört auch noch heutzutage zu den üblichen Gewohnheiten, Sitten und Bräuchen im Iran. Es besteht aber weder ein Anspruch der Frau gegenüber ihren Eltern auf Übereignung bestimmter Hausratsgegenstände, noch hat der Mann gegenüber seiner Frau einen Anspruch darauf, dass diese eine Mitgift mit in die Ehe bringt.

Erhält die Frau eine Mitgift, dann wird grundsätzlich nur sie Eigentümerin der Sachen, der Mann erwirbt an ihnen keinerlei Eigentum, sondern lediglich ein Nutzungsrecht während der Ehe. Aus diesem Grunde kann die Frau diese Sachen nach Beendigung der Ehe von ihrem Mann herausverlangen, sofern sie sich noch in der gemeinsamen Ehewohnung befinden. Im Übrigen darf der Mann über diese Sachen ohne die Einwilligung der Frau nicht verfügen.[178]

Regelmäßig streiten sich die Eheleute während eines Scheidungsverfahrens auch über die Hausratsgegenstände und damit darüber, in welchem Eigentum sich die Sachen befinden.

Besteht im Falle der Trennung der Eheleute Streit darüber, welchem Ehegatten bestimmte Sachen gehören, so müssen die Eheleute ihr Eigentumsrecht an den Sachen beweisen. Dies wird üblicherweise mittels Urkunden, aus denen sich die Eigentümerstellung ergibt, vorgetragen. Können die Parteien eine solche Urkunde nicht beibringen, so wird vermutet, dass die Sachen im gemeinsamen Eigentum

176 Vgl. Katuzian, Familienrecht I, S. 138; vgl. Fahimi, S. 70.

177 Vgl. Katuzian, Einführung, S. 151.

178 Vgl. Katuzian, Einführung, S. 151 f.

der Ehegatten stehen. Diese Vermutung gilt aber gemäß § 63 des *ġānun-e eğrā'-e ahkām-e madani*[179] aus dem Jahre 1977 dann nicht, wenn es sich bei den Sachen um persönliche Gegenstände handelt, wie z.B. einen Rasierapparat des Mannes oder Schmuck der Frau. Im Rahmen der Eigentumsprüfung kann das Gericht aber auch andere Umstände berücksichtigen, z.B., ob es sich bei der Frau bereits vor der Eheschließung um eine vermögende Frau und bei dem Mann um einen nicht-vermögenden Mann handelte. In solch einem Falle wird dann üblicherweise vermutet, dass die Sachen im Eigentum der Frau stehen, wenn der Mann nicht in der Lage sein sollte, sein Eigentumsrecht an den Sachen nachzuweisen.[180]

Auf schuldrechtlicher Ebene möchte ich nur kurz darauf hinweisen, dass das iranische Recht keine Vorschrift kennt, die eine Entsprechung zu § 1357 BGB besitzt. So ist nach iranischem Recht stets derjenige Schuldner eines Vertrages, der einen Vertrag wirksam geschlossen hat. Insbesondere kommt es, im Gegensatz zum deutschen Recht, nicht darauf an, dass das Geschäft zur Deckung des Lebensbedarfs der Familie geschlossen worden ist.

bb) Unterhaltsrecht der Frau

Im iranischen Familienrecht hat nur die Frau gegenüber dem Mann das Recht Unterhalt zu verlangen. Dieses einseitige Unterhaltsrecht ist insbesondere losgelöst davon, ob die Frau bedürftig ist, so dass auch eine Frau mit eigenem Vermögen gegenüber ihrem Mann ein Recht auf Unterhalt besitzt.[181] Das Recht auf Unterhalt besteht allerdings nur insoweit, als die Frau ihrem Mann gegenüber gehorsam ist, also ihren ehelichen Pflichten nachkommt. Kommt die Frau, ohne einen berechtigten Grund, ihren ehelichen Pflichten nicht nach, so kann der Mann nach § 1108 IZGB die Zahlung des ehelichen Unterhalts an die Frau verweigern.[182]

Im deutschen Recht sind die Ehegatten einander nach § 1360 S. 1 BGB zum Familienunterhalt verpflichtet. Dieser Pflicht können sie entweder durch ihre Arbeit oder durch ihr Vermögen nachkommen.

cc) Brautgabe

Das Rechtsinstitut der Brautgabe, das dem deutschen Recht als solches nicht bekannt ist, taucht in der deutschen Rechtsliteratur und Rechtsprechung auch unter den Begriffen der „Morgengabe“, „Mahr“, „Mehriye“ und „Brautgeld“ auf.

179 Vgl. *ġānun-e eğrā'-e ahkām-e madani* (Gesetz betreffend die Ausführung zivilrechtlicher Ansprüche), http://www.dastour.ir/brows/?lid=95499 (zuletzt aufgerufen am 13.12.2011).

180 Vgl. Katuzian, Einführung, S. 152-154.

181 Vgl. Mohaghegh Damad, S. 289.

182 Vgl. Mohaghegh Damad, S. 289.

Der heilige Koran enthält diverse Fundstellen für die Zahlung einer Brautgabe, z.B. in Sure 4, Vers 4, Vers 24 und Vers 25.[183]

Im iranischen Recht wird die Brautgabe als *mahrijje* bezeichnet. Regelungen zur Brautgabe finden sich in den §§ 1078-1101 IZGB.

Nach § 1078 IZGB kann als Brautgabe jede Sache, die einen Vermögenswert hat und zudem veräußerungsfähig ist, bestimmt werden. Vereinbaren die Eheleute die Zahlung einer bestimmten Sache als Brautgabe, so besteht der Anspruch der Frau nur auf diese Sache unabhängig von der Bedürftigkeit der Frau.[184] Bei der Brautgabe handelt es sich um eine Leistung, die der Ehemann an die Braut selbst und nicht an ihre Verwandten schuldet.[185]

Die Zahlung einer Brautgabe ist sowohl bei der dauerhaften als auch bei der befristeten Ehe geschuldet. Allerdings ist die Bestimmung einer Brautgabe bei der dauerhaften Ehe gerade keine Wirksamkeitsvoraussetzung für die Ehe selbst.[186]

Vereinbaren die Eheleute ausdrücklich die Zahlung einer bestimmten Brautgabe, so wird dies als *mahr-ol-mosammā* bezeichnet.

Treffen die Eheleute hingegen keine Vereinbarung über die Zahlung einer Brautgabe oder schließen sie die Zahlung einer solchen ausdrücklich aus, so hat die Frau nach § 1087 IZGB dennoch einen Anspruch auf die Zahlung einer Brautgabe, die üblich ist. Dies wird im iranischen Recht als *mahr-ol-mesl* bezeichnet.

Die Frau wird gemäß § 1082 IZGB stets zur Eigentümerin der Brautgabe, die ihr im Rahmen einer Eheschließung oder während der Ehe übereignet wird, und kann jederzeit frei über diese verfügen.[187]

dd) Verschiedene Arten der Brautgabe bei der dauerhaften Ehe

Wie oben bereits erwähnt, wird im iranischen Familienrecht zwischen verschiedenen Arten der Brautgabe differenziert.

Bei der dauerhaften Ehe muss dabei zwischen drei verschiedenen Formen unterschieden werden. Diese möchte ich im Folgenden näher erläutern.

(a) *mahr-ol-mosammā*

Diese Art der Brautgabe wird in § 1100 IZGB zwar genannt, aber vom Gesetzgeber nicht definiert. Bei dieser Form der Brautgabe handelt es sich um eine von den Eheleuten vereinbarte Brautgabe oder um eine, von einer dritten Person

---

183 Vgl. Der Koran, Aus dem Arabischen übersetzt von Max Henning, S. 69, 72, 73.

184 Vgl. IZGB-Kommentar-Katuzian, § 1078, S. 653.

185 Vgl. Safa'i/Emami, Grundriss Familienrecht, S. 147.

186 Vgl. Safa'i/Emami, Grundriss Familienrecht, S. 147.

187 Vgl. Safa'i/Emami, Grundriss Familienrecht, S. 147.

bezeichnete Brautgabe, die die Eheleute hierzu ausgewählt haben.[188] Gegenstand einer solchen Vereinbarung können z.B. körperliche Sachen wie ein Pkw, nichtkörperliche Sachen wie das Nutzungsrecht an einer Sache oder sonstige Rechte sein. Als Brautgabe können die Eheleute aber auch bestimmte Tätigkeiten, die einen dienstleistungsrechtlichen Charakter haben, wie z.B. das Beibringen einer Fremdsprache, vereinbaren. Hierbei kommt es vor allem darauf an, dass die vereinbarte Brautgabe einen wirtschaftlichen Wert hat.[189]

Einigen sich die Eheleute über eine ganz bestimmte Sache als Brautgabe, so besteht der Anspruch der Frau nur hinsichtlich genau dieser Sache. Im Falle des Untergangs der Sache vor der Übergabe besteht der Anspruch hinsichtlich des Wertes des Objektes.[190] Den Eheleuten ist es aber unbenommen, dass sie sich später über eine andere Sache einigen und eine einmal bestimmte Brautgabe durch eine andere ersetzen. Diese Änderung hinsichtlich des Gegenstandes der Brautgabe muss allerdings im Einvernehmen der Eheleute erfolgen und kann nicht einseitig durch einen Ehegatten vorgenommen werden.[191]

Wie oben bereits erwähnt, müssen die Gegenstände, die als Brautgabe vereinbart werden, einen Vermögenswert haben und zudem übertragbar sein. Ferner dürfen Dritte in Bezug auf den vereinbarten Gegenstand keine Rechte haben.[192]

Bei der Vereinbarung einer Brautgabe handelt es sich um einen von der Ehe losgelösten, selbständigen Vertrag, der im Zusammenhang mit der Eingehung einer Ehe geschlossen wird.[193] Da ein solcher Vertrag ein vermögensrechtlicher Vertrag ist, kann es vorkommen, dass die Eheleute zwar das Heiratsalter erreicht haben, aber noch nicht wirksam einen Vertrag über eine Brautgabe schließen können. Denn um selbst wirksam einen Vertrag über die Brautgabe schließen zu können, müssen die Eheleute volljährig sein und damit das Volljährigkeitsalter, *senn-e rošd*, erreicht haben. Dies hat seinen Grund darin, dass der Vertrag über die Brautgabe ein vermögensrechtlicher Vertrag ist und solche Verträge, wie oben dargestellt, erst mit der Volljährigkeit einer Person wirksam geschlossen werden können.

Sollten die Eheleute also noch nicht volljährig sein, so bedarf der Vertrag zu seiner Wirksamkeit der Zustimmung des *wali*, als Inhaber des Vermögenssorgerechts und gesetzlichen Vertreter. Mithin hat z.B. der Vater seiner minderjährigen Tochter seine Zustimmung hinsichtlich einer Brautgabe-Vereinbarung zu erteilen.

188 Vgl. Safa'i/Emami, Grundriss Familienrecht, S. 148.
189 Vgl. Safa'i/Emami, Grundriss Familienrecht, S. 148.
190 Vgl. Safa'i/Emami, Grundriss Familienrecht, S. 161.
191 Vgl. Safa'i/Emami, Grundriss Familienrecht, S. 180; vgl. Katuzian, Familienrecht I, S. 140.
192 Vgl. Safa'i/Emami, Grundriss Familienrecht, S. 149 f.; vgl. Mohaghegh Damad, S. 224 f.
193 Vgl. Safa'i/Emami, Grundriss Familienrecht, S. 149; vgl. Katuzian, Familienrecht I, S. 141.

Da es sich bei dem Vertrag über eine Brautgabe von seiner Rechtsnatur her um einen regulären Vertrag handelt, müssen gemäß § 190 IZGB auch alle Voraussetzungen vorliegen, welche auch sonst für die Wirksamkeit eines Vertrages erforderlich sind, wie der Wille und die Absicht zum Vertragsabschluss, die Bestimmtheit des Vertragsgegenstandes und die Legalität des Geschäftes.[194] Ist der Vertrag über die Brautgabe nichtig, so lässt dies bei der dauerhaften Ehe die Wirksamkeit der Ehe unberührt.[195] Ist allerdings die Ehe aufgrund eines Fehlers nichtig, dann ist auch der Vertrag über die Brautgabe nichtig. Die Frau kann in diesem Fall vom Mann nicht die vertraglich vereinbarte Brautgabe, *mahr-ol-mosammā*, verlangen.[196]

Der Mann ist allerdings gemäß § 1099 IZGB im Falle der Nichtigkeit der Ehe der Frau zur Zahlung einer üblichen Brautgabe, der *mahr-ol-mesl*, verpflichtet. Dies setzt voraus, dass die Frau keine Kenntnis über den Nichtigkeitsgrund der Ehe besaß und damit über die Wirksamkeit der Ehe einem Irrtum unterlag und aus diesem Grunde gutgläubig den Geschlechtsverkehr mit dem Mann vollzogen hat.[197]

Ferner ist der Mann zur Zahlung der *mahr-ol-mesl* an die Frau gemäß § 1100 IZGB verpflichtet, wenn die vereinbarte Brautgabe entweder zu unbestimmt war, keinen Vermögenswert hatte oder einer dritten Person gehörte.[198]

(b) *mahr-ol-mesl*

Gemäß § 1091 IZGB ist die *mahr-ol-mesl*-Brautgabe eine Art übliche Brautgabe, deren Höhe sich nach der Lebensstellung der Frau, ihrer Stellung in der Gesellschaft, ihrer akademischen Vorbildung und ihrem gesellschaftlichen familiären Status bestimmt.[199]

Haben die Eheleute bei der dauerhaften Ehe keine Vereinbarung über die Zahlung einer Brautgabe getroffen, so steht dies der Wirksamkeit der Ehe nicht entgegen. Dabei spielt es auch keine Rolle, ob sich die Eheleute bewusst gegen die Zahlung einer Brautgabe geeinigt haben oder die Vereinbarung von ihnen versehentlich nicht getroffen worden ist. In solch einem Fall kann die Frau trotzdem nach § 1087 IZGB die Zahlung einer Brautgabe verlangen. Haben die Eheleute den Geschlechtsakt schon vollzogen, dann besteht der Anspruch der Ehefrau auf die übliche Brautgabe, *mahr-ol-mesl*.[200]

---

194 Vgl. Safa'i/Emami, Grundriss Familienrecht, S. 149.

195 Vgl. Safa'i/Emami, Grundriss Familienrecht, S. 158; vgl. Katuzian, Familienrecht I, S. 143.

196 Vgl. Safa'i/Emami, Grundriss Familienrecht, S. 170.

197 Vgl. Safa'i/Emami, Grundriss Familienrecht, S. 170; vgl. IZGB-Kommentar-Katuzian, § 1099, S. 663.

198 Vgl. Safa'i/Emami, Grundriss Familienrecht, S. 158.

199 Vgl. Safa'i/Emami, Grundriss Familienrecht, S. 158.

200 Vgl. Safa'i/Emami, Grundriss Familienrecht, S. 182, 183, 184.

Sofern die Ehe durch den Tod der Ehefrau aufgelöst wird, geht das Recht der Frau auf die Zahlung einer Brautgabe auf ihre Erben über. Dies wird damit begründet, dass die Frau mit dem Vollzug des Geschlechtsaktes dieses Recht erworben hat, welches auch durch den Tod der Frau nicht untergegangen ist.[201]

Ist die Ehe aus irgendeinem Grund nichtig, dann kann die Frau vom Mann gemäß § 1099 IZGB nur dann die übliche Brautgabe verlangen, wenn sie den Geschlechtsakt bereits vollzogen hat und sich über die Wirksamkeit der Ehe in einem Irrtum befand.

Befand sich die Frau hingegen nicht in einem Irrtum über die Wirksamkeit der Ehe, so hat sie dementsprechend auch keinen Anspruch auf die Zahlung einer Brautgabe.

Dies hat seinen Grund darin, dass die Frau im Falle der Kenntnis von der Nichtigkeit der Ehe bösgläubig gewesen ist und sich eine Unzucht hat zu schulden kommen lassen. Da die Frau im Falle einer Unzucht auch kein Recht auf eine Brautgabe hat, könne sie diese nach Mohaghegh Damad auch im Falle einer Bösgläubigkeit nicht verlangen.[202]

Im Übrigen ist § 1099 IZGB auch im Falle einer unwirksamen, befristeten Ehe zu Gunsten der Frau anwendbar und gibt einer gutgläubigen Frau einen Anspruch auf die Zahlung einer üblichen Brautgabe.[203]

(c) *mahr-ol-mot'a*

Die *mahr-ol-mot'a*-Brautgabe ist eine Art Brautgabe, die sich in Bezug auf die Höhe nach der Lebensstellung des Mannes, insbesondere seinen Einkommensverhältnissen, richtet.[204]

Der Anspruch der Frau ergibt sich aus § 1093 IZGB i.V.m. § 1094 IZGB. Danach hat die Ehefrau einen Anspruch auf die Zahlung einer Brautgabe, die dem Anspruch der Frau in einer zeitlich befristeten Ehe entspricht.[205] Diese Art der Brautgabe kann die Frau dann von dem Mann verlangen, wenn die Ehe wirksam ist und die Eheleute keine Vereinbarung über eine bestimmte Höhe der Brautgabe, *mahr-ol-mosammā*, getroffen haben und der Mann sich vor dem Geschlechtsakt von der Frau scheiden lässt.[206]

---

201 Vgl. Safa'i/Emami, Grundriss Familienrecht, S. 184.

202 Vgl. Mohaghegh Damad, S. 272 f.

203 Vgl. Mohaghegh Damad, S. 273.

204 Vgl. Safa'i/Emami, Grundriss Familienrecht, S. 183.

205 Vgl. IZGB-Kommentar-Katuzian, § 1093, S. 662; § 1094, S. 662.

206 Vgl. Katuzian, Familienrecht I, S. 149, 150, 151; vgl. Safa'i/Emami, Grundriss Familienrecht, S. 182 f.

Ein Anspruch auf die Zahlung einer *mahr-ol-mot'a*-Brautgabe besteht grundsätzlich aber dann nicht, wenn die Ehe der Eheleute durch den Tod oder durch Aufhebung der Ehe aufgelöst worden ist. Denn ein Anspruch auf Zahlung dieser Art von Brautgabe besteht nur für den Fall der Scheidung vor einem Geschlechtsverkehr und soweit die Eheleute keine Bestimmung über eine Brautgabe getroffen haben. Dies kann aus § 1101 IZGB geschlossen werden, wonach nur ausnahmsweise für den Fall der Aufhebung der Ehe aufgrund einer Impotenz des Ehemannes die Ehefrau einen Anspruch auf die Häfte der Brautgabe haben soll.[207]

d) Können die Eheleute Ehewirkungen durch Ehevertrag regeln und welche Rechte stehen nicht zu ihrer Disposition?

Es stellt sich nun die Frage, ob die Eheleute nach iranischem Recht Ehewirkungen ehevertraglich regeln können und welche Rechte nicht zu ihrer Disposition stehen.

Im deutschen Recht ist die Art und Weise der Begründung und Beendigung familienrechtlicher Verhältnisse zwingendes Recht. So kann z.B. auf andere Weise als nach §§ 1564 ff. BGB eine Ehe nicht geschieden werden. Jedoch steht die Ausgestaltung der Ehegattenbeziehung überwiegend zur Disposition der Eheleute. Ebenso besteht für das Vermögensrecht der Ehegatten Privatautonomie, so dass die Eheleute ihre Vermögensverhältnisse bis zu den Grenzen von § 138 BGB und § 242 BGB regeln können.[208]

Damit besteht im deutschen Güterrecht eine grundsätzliche Vertragsfreiheit. Gemäß § 1408 Abs. 1 BGB können die Ehegatten ihre güterrechtlichen Verhältnisse durch einen Ehevertrag regeln, sowie gemäß § 1408 Abs. 2 BGB einen Versorgungsausgleich gänzlich ausschließen.

Ein Ehevertrag bezweckt im deutschen Recht die Regelung der güterrechtlichen Verhältnisse. Vereinbarungen über persönliche Ehewirkungen sind damit keine Eheverträge.[209] Die Regelung güterrechtlicher Verhältnisse liegt nur vor, wenn durch den Vertrag der Güterstand der Ehegatten verändert wird. Dabei kann eine Veränderung sowohl einen ganz bestimmten Gegenstand als auch das ganze Vermögen der Ehegatten betreffen.[210]

Anders als im deutschen Recht regeln die iranischen Eheverträge größtenteils die persönlichen Wirkungen der Ehe.

Da die Ehe nach iranischem Recht selbst ein Vertrag ist, der die öffentliche und gesellschaftliche Ordnung der Gemeinschaft berührt, und das Gesetz selbst

207 Vgl. Safa'i/Emami, Grundriss Familienrecht, S. 183.
208 Vgl. Rauscher, § 3, Rn. 66.
209 Vgl. Rauscher, § 16, Rn. 358.
210 Vgl. Rauscher, § 16, Rn. 358.

an die Ehe Rechtsfolgen von erheblichem Gewicht knüpft, können die bestehenden Vorschriften über die Ehe durch Regelungen in einem Vertrag nur in einem begrenzten Umfange aufgehoben oder durch andere Regelungen ersetzt werden. Das es den Eheleuten aber überhaupt erlaubt sein soll, einen Ehevertrag zu schließen, folgt aus § 1119 IZGB.

Dieser regelt ausdrücklich, dass die Eheleute keine Vereinbarungen treffen dürfen, die im Widerspruch zum Wesen der Ehe stehen. Beispielhaft zählt § 1119 IZGB bestimmte Fälle auf, die die Eheleute in einem Ehevertrag regeln können, wie die Eheschließung des Mannes mit einer weiteren Frau.[211]

Es steht zwei Personen zwar frei, die Entscheidung zu treffen, ob sie die Ehe miteinander eingehen wollen, jedoch knüpft das Gesetz, unabhängig vom Willen der Eheleute, bestimmte Rechtsfolgen an das Vorliegen einer Ehe an. Damit kann grundsätzlich nur das Gesetz die Ehewirkungen festlegen. Zwingende Ehewirkungen sind der Disposition der Eheleute entzogen und Vereinbarungen hierüber wären unwirksam.[212] Hieraus folgt, dass nur in bestimmten Fällen die Möglichkeit besteht Ehewirkungen übereinstimmend zu vereinbaren. Nur soweit der Gesetzgeber es erlaubt und anerkennt, dass die Eheleute Bestimmungen treffen können, ist es ihnen in diesem Umfange erlaubt, Regelungen zu treffen, so dass nicht jede von den Eheleuten übereinstimmend getroffene Vereinbarung zulässig ist.[213]

Aus dem Umstand, dass den Eheleuten die Möglichkeit eröffnet wird, überhaupt einen Ehevertrag zu schließen, wird deutlich, dass das islamische Recht durchaus zwischen zwingendem und dispositivem Recht unterscheidet und dass der Geltungsanspruch des islamischen Familienrechts keineswegs ein absoluter ist.[214]

Ein Ehevertrag muss von den Eheleuten nicht in unmittelbarem Zusammenhang zur Ehe geschlossen werden. Die Eheleute können den Ehevertrag zu jedem denkbaren Zeitpunkt, also sowohl vor als auch nach der Eheschließung treffen. Ebenso kann der Ehevertrag, was in der Praxis üblich ist, gleichzeitig mit der Eheschließung selbst geschlossen werden.[215]

Bei den zwischen den Eheleuten vereinbarten Klauseln muss grundsätzlich zwischen solchen differenziert werden, die im Falle ihrer Unwirksamkeit die Wirksamkeit der Ehe unberührt lassen sowie solchen, die im Falle einer Unwirksamkeit auch zu einer Unwirksamkeit der Ehe an sich führen und diese quasi „infizieren".

So sind z.B. zwar solche Klauseln nicht wirksam, die eine unmögliche, sinnlose oder ungesetzliche Handlung durch einen der Ehepartner vorsehen. Sollten

211 Vgl. IZGB-Kommentar-Katuzian, § 1119, S. 680 f.
212 Vgl. Katuzian, Einführung, S. 179 f.; vgl. IZGB-Kommentar-Katuzian, § 1119, S. 680.
213 Vgl. Katuzian, Einführung, S. 180.
214 Vgl. Rauscher, JR 1994, 184, 185.
215 Vgl. Katuzian, Einführung, S. 179.

die Eheleute eine solche Klausel im Rahmen eines Ehevertrages vereinbart haben, so bleibt die Ehe dennoch wirksam. Ein Lehrbuchbeispiel für solch unmögliche Klauseln ist die ehevertragliche Vereinbarung, dass der Mann einen toten Menschen zum Leben erwecken soll oder der Frau eine Fremdsprache innerhalb eines Tages beibringen soll.[216] Ebenso sind Klauseln, die gegen das geltende Gesetz verstoßen, unwirksam, da der Gesetzgeber es verhindern wollte, dass die Eheleute gegen Recht und Ordnung des Staates verstoßen. So können sich die Eheleute beispielsweise nicht ehevertraglich eine Rücktrittsmöglichkeit von der Ehe einräumen. Dies würde nämlich gegen § 1069 IZGB verstoßen. Sollten die Eheleute dennoch eine solche Klausel, die ungesetzlich ist, vereinbaren, so lässt dies grundsätzlich aber die Wirksamkeit der Ehe unberührt.[217]

aa) Keine Vereinbarungen über zwingendes Eheschließungsrecht

Den Eheleuten ist es verwehrt, im Rahmen des Eheschließungsrechts ehevertragliche Regelungen über Vorschriften zu treffen, die einen zwingenden Charakter haben. So ist eine Ehe nach iranischem Recht nur dann wirksam, wenn bestimmte Voraussetzungen, die das Gesetz bestimmt, erfüllt sind und keine Ehehindernisse vorliegen.[218]

Diese Eheschließungsvoraussetzungen und die Ehehindernisse als zwingendes Recht können von den Eheleuten nicht abbedungen werden. Treffen also ein Mann und eine Frau übereinstimmend Vereinbarungen, die im Widerspruch zu diesen Vorschriften stehen, so sind diese Vereinbarungen unwirksam und es liegt überhaupt keine Ehe vor.[219]

bb) Unzulässige Vereinbarungen über Ehewirkungen

Die Parteien können über bestimmte Ehewirkungen, die den gesetzlichen Vorschriften widersprechen würden, keine Vereinbarungen treffen. Der Grund hierfür liegt darin, dass es sich bei einigen Ehewirkungen um solche handelt, die das Gesetz ausdrücklich bestimmt und die Eheleute eben keine Vereinbarungen treffen können, die diesen Ehewirkungen widersprechen würden. Sollten die Eheleute aber dennoch solche widersprechende Klauseln vereinbaren, so wären diese unwirksam.[220]

---

216 Vgl. Safa'i/Emami, Grundriss Familienrecht, S. 59.
217 Vgl. Safa'i/Emami, Grundriss Familienrecht, S. 59 f.
218 Vgl. Safa'i/Emami, Grundriss Familienrecht, S. 41, 69.
219 Vgl. Katuzian, Einführung, S. 58 f.
220 Vgl. Safa'i/Emami, Grundriss Familienrecht, S. 59.

Beispielsweise können die Eheleute das Führungsrecht des Mannes nicht aufheben und es auf die Ehefrau übertragen, da dies gegen die zwingende Vorschrift des § 1105 IZGB verstoßen würde.[221]

Ebenso können die Eheleute es nicht vertraglich ausschließen, dass der Mann das Recht haben darf, mehrere Ehefrauen zu ehelichen. Dies wird zum einen mit der islamischen Rechtsmeinung begründet, zum anderen wird aber auch auf § 959 IZGB verwiesen, wonach bestimmte Rechte nicht zur Disposition des Rechtsträgers stehen. Selbst wenn man davon ausginge, dass eine solche Klausel wirksam sei, könnte es der Frau dennoch kein Aufhebungsrecht für die Ehe geben, da die Aufhebungsgründe im iranischen Zivilgesetzbuch abschließend geregelt seien. Ferner sei auch zu berücksichtigen, dass eine solche Klausel dann auch der Wirksamkeit der zweiten Ehe nicht entgegenstehen könnte.[222]

Ebenso können die Eheleute nicht wirksam ehevertraglich vereinbaren, dass die Frau dauerhaft einen getrennten Wohnsitz bewohnen soll oder dass der Mann der Frau keinen Unterhalt schuldet. Auch solche Vereinbarungen würden dem Sinn und Zweck der Familie sowie dem Wesen der Ehe widersprechen, jedoch die Wirksamkeit der Ehe unberührt lassen.[223]

cc) Keine Vereinbarungen über das Verfahren der Beendigung der Ehe

Treffen die Eheleute bestimmte Vereinbarungen über das Verfahren der Beendigung der Ehe, dann sind auch diese nicht wirksam. Denn eine Ehe kann nur im Rahmen der bestehenden Gesetze aufgelöst werden. Die Eheleute können nicht entgegen dieser Vorschriften nach Belieben eigene Vereinbarungen treffen.[224] So kann eine dauerhafte Ehe nur durch Scheidung oder durch Aufhebung der Ehe aufgelöst werden.[225] Der Gesetzgeber hat sowohl für eine Scheidung seitens des Mannes als auch für eine Scheidung seitens der Ehefrau ganz bestimmte Regelungen getroffen, die die Eheleute nicht ehevertraglich umgehen können. Ebenso verhält es sich mit den Vereinbarungen über die Aufhebung der Ehe, *fasx-e nekāh*.[226]

Der iranische Gesetzgeber zählt bestimmte Gründe auf, wann eine Ehe durch *fasx-e nekāh* aufgelöst werden kann. Die Vorschriften, die die Aufhebung einer Ehe regeln, sind die §§ 1121-1132 IZGB und geben sowohl dem Mann als auch der Frau unter bestimmten Voraussetzungen das Recht eine Ehe aufheben zu lassen.

221 Vgl. Safa'i/Emami, Grundriss Familienrecht, S. 60 f.
222 Vgl. Safa'i/Emami, Grundriss Familienrecht, S. 61.
223 Vgl. Safa'i/Emami, Grundriss Familienrecht, S. 60.
224 Vgl. Safa'i/Emami, Grundriss Familienrecht, S. 60.
225 Vgl. IZGB-Kommentar-Katuzian, § 1120, S. 681.
226 Vgl. Safa'i/Emami, Grundriss Familienrecht, S. 60 f.

Zum Beispiel bestimmt § 1121 IZGB, dass die Ehe wegen einer nicht nur vorübergehenden Geisteskrankheit, *ǧonun*, eines Ehegatten aufgehoben werden kann. Damit ist es den Eheleuten nur insoweit möglich, ihre Ehe aufheben zu lassen. Andere, diesen Regelungen widersprechende Vereinbarungen, wären damit unwirksam. Beispielsweise können die Eheleute nicht vereinbaren, dass die Ehe aufgehoben werden kann, wenn der Mann seiner Pflicht zur Zahlung der Brautgabe nicht nachkommt. Dies kann aus § 1069 IZGB geschlossen werden, wonach die Einräumung eines Rechts, die Ehe aufheben zu können, nichtig ist.

Nun könnte man sich fragen, warum der Gesetzgeber den Eheleuten ein solches Rücktrittsrecht verwehrt, bei anderen Vertragsformen jedoch einräumt. Der Grund hierfür könnte darin gesehen werden, dass die Ehe im Vergleich zu anderen Vertragsarten ein ganz bedeutender und wichtiger Vertrag zur Bildung einer Familie ist. Eine Rücktrittsmöglichkeit könnte der Dauerhaftigkeit und der Stabilität dieses besonderen Vertrages entgegenstehen.[227]

Eine andere Auffassung vertritt hingegen der Rechtswissenschaftler Katuzian. Danach sollen die Eheleute selbst bestimmen können, in welchen vom Gesetz nicht vorgesehenen Fällen die Aufhebung der Ehe möglich sein soll.[228]

Die Eheleute können auch keine Vereinbarung darüber treffen, dass die Ehe unwirksam sein soll, falls der Mann seiner Pflicht zur Zahlung der Brautgabe innerhalb einer ganz bestimmten Frist nicht nachkommt. Sollten sie dennoch bei der Eheschließung eine solche Klausel vereinbart haben, so ist diese Klausel unwirksam, die Ehe aber wirksam.[229]

In Bezug auf das Scheidungsrecht ermöglicht das iranische Recht, dass sich ein Mann jederzeit und ohne Angabe eines Scheidungsgrundes von seiner Frau scheiden lassen kann. Über dieses Recht kann der Mann insoweit nicht verfügen, als er darauf vertraglich verzichtet oder der Frau das ausschließliche Recht auf eine Scheidung einräumt. Auch dann wäre die Klausel unwirksam und die Ehe weiterhin wirksam.[230] Allerdings kann der Mann über sein umfassendes Scheidungsrecht insoweit disponieren, als er der Frau eine Vollmacht erteilen kann, sich von ihm, ohne Angabe eines gesetzlich bestimmten Scheidungsgrundes, scheiden zu lassen. Diese Art von Scheidungs-Vollmacht wird als *wekālat dar talāġ* bezeichnet.[231]

In einem solchen Fall können dann sowohl der Mann als auch die Frau, ohne Angabe eines Scheidungsgrundes die Scheidung der Ehe beantragen.

---

227 Vgl. Safa'i/Emami, Grundriss Familienrecht, S. 60.
228 Vgl. Katuzian, Familienrecht I, S. 257.
229 Vgl. Safa'i/Emami, Grundriss Familienrecht, S. 60.
230 Vgl. Safa'i/Emami, Grundriss Familienrecht, S. 60.
231 Vgl. Katuzian, Familienrecht I, S. 266 f.; vgl. Safa'i/Emami, Grundriss Familienrecht, S. 60.

dd) Gegenstand von Eheverträgen

Während deutsche Eheverträge regelmäßig das Güterrecht und die vermögensrechtlichen Verhältnisse eines Paares regeln, liegt der Fokus bei iranischen Paaren auf den Scheidungsgründen und den Ehewirkungen.[232] Im Folgenden möchte ich einige Vereinbarungen nennen, die üblicherweise Gegenstand von iranischen Eheverträgen sind.

(a) Brautgabe

Vereinbarungen über die Art und Weise sowie die Höhe der Brautgabe sind regelmäßig Gegenstand iranischer Eheverträge.

Aus § 1069 IZGB, wonach ein vertragliches Rücktrittsrecht hinsichtlich einer bereits vereinbarten Brautgabe übereinstimmend bestimmt werden kann, kann geschlossen werden, dass die Parteien auch die Brautgabe zum Gegenstand eines Ehevertrages machen können.

Da Vereinbarungen über die Brautgabe von der Ehe unabhängig sind und diese auch nicht unmittelbar beeinflussen, sind die Eheleute bezüglich etwaiger Vereinbarungen hinsichtlich der Vertragsgestaltung und damit in der Ausübung ihrer Privatautonomie – ähnlich wie bei jedem anderen Vertragstyp – im Rahmen der bestehenden Vorschriften relativ frei. So können die Vertragsparteien im Rahmen eines Brautgabe-Vertrages keine Vereinbarungen treffen, die gegen die §§ 232, 233 IZGB verstoßen und z.B. unmöglich, unsittlich oder gesetzeswidrig sind.[233] Sollten die Ehegatten dennoch eine Brautgabe-Vereinbarung treffen, die unwirksam ist, so gilt, dass bei der dauerhaften Ehe die Bestimmung einer Brautgabe keine Wirksamkeitsvoraussetzung für die Ehe selbst ist.[234]

Bei einer Vereinbarung über die Brautgabe sind auch Regelungen über die Fälligkeit der Brautgabe üblich. Solche werden getroffen, da die Brautgabe anderenfalls gemäß § 1085 IZGB sofort nach Eheschließung fällig werden würde. Solange in dieser Situation der Mann die Brautgabe noch nicht an die Frau bezahlt hat, steht ihr gegenüber dem Mann eine Einrede in Form eines Leistungsverweigerungsrechts, hinsichtlich der Erfüllung ihrer ehelichen Pflichten, zu.[235] Aus diesem Grunde ist es nach § 1083 IZGB möglich, dass die Eheleute vereinbaren können, dass die Zahlung einer Brautgabe in Raten oder innerhalb einer bestimmten Frist erfolgen kann.[236]

232 Vgl. Yassari, FamRBint 2009, 26, 27.

233 Vgl. IZGB-Kommentar-Katuzian, § 232, S. 221; § 233, S. 222.

234 Vgl. Safa'i/Emami, Grundriss Familienrecht, S. 147.

235 Vgl. IZGB-Kommentar-Katuzian, § 1085, S. 658 f.

236 Vgl. Safa'i/Emami, Grundriss Familienrecht, S. 161.

(b) Sonstige Vereinbarungen

In § 1119 IZGB steht, dass die Eheleute in einem Ehevertrag jeden Sachverhalt vereinbaren können, der dem Wesen der Ehe nicht widerspricht.

Bei den folgenden Vereinbarungen handelt es sich um solche, die mit der Eingehung der Ehe, den Ehewirkungen und der Auflösung der Ehe nicht in einem Zusammenhang stehen. Es handelt sich insbesondere um zusätzliche, vertraglich vereinbarte Rechte und Pflichten der Eheleute.

Da diese Vereinbarungen nicht in unmittelbarem Zusammenhang zur Ehe stehen, werden sie wie alle anderen vertraglichen Vereinbarungen behandelt, so dass auf sie die allgemeinen vertraglichen Regeln Anwendung finden.

Beispielsweise können die Eheleute ehevertraglich vereinbaren, dass in der Person eines Ehegatten ganz bestimmte Eigenschaften beruflicher oder wirtschaftlicher Art vorliegen sollen. Etwa, dass der Mann eine bestimmte akademische Vorbildung haben oder vermögend sein soll. Aber auch bestimmte Eigenschaften der Frau können wirksam ehevertraglich geregelt werden, z.B., dass sie jungfräulich in die Ehe geht. Sollten die Eheleute eine solche Vereinbarung treffen und sollte sich nachträglich herausstellen, dass die vereinbarte Eigenschaft fehlt, so steht den Beteiligten nach § 1128 IZGB das Recht zu, die Ehe aufheben zu lassen.[237]

Die Eheleute können aber nicht jeden Sachverhalt zum Gegenstand eines Ehevertrages machen. So ist es z.B. dem Regelungsbereich eines Ehevertrages gänzlich entzogen, dass die Eheleute Vereinbarungen treffen, die die Rechte von Kindern berühren, etwa Vereinbarungen über das Sorgerecht, Umgangsrecht oder das Unterhaltsrecht treffen. Da solche Vereinbarungen in Rechte Dritter eingreifen und auch den Schutz der Familie gefährden könnten, würden sie unzulässig und damit unwirksam sein.

Damit sind die Regelungen des Kindschaftsrechts zwingende Voraussetzungen und durch die Eheleute nicht änderbar. So wäre eine ehevertragliche Klausel, wonach der Mann z.B. auf die Personen-, Vermögenssorge oder auf die gesetzliche Vertretung für die Kinder verzichtet, nicht wirksam, gleichwohl dies die Wirksamkeit der Ehe unberührt lassen würde.[238] Zugleich kann die Personensorge für gemeinsame Kinder der Kindesmutter nicht ehevertraglich abbedungen werden.[239] Ebenso wäre eine Klausel unwirkam, wonach es einem Mann, der eine Zweitfrau hat, ehevertraglich verboten sein soll, die Wohnung der Zweitfrau aufzusuchen,

237 Vgl. Safa'i/Emami, Grundriss Familienrecht, S. 62.

238 Vgl. Safa'i/Emami, Grundriss Familienrecht, S. 60.

239 Vgl. Katuzian, Einführung, S. 179.

um dort mit dieser den ehelichen Beischlaf zu vollziehen. Auch eine solche Klausel ließe die Wirksamkeit der Ehe unberührt.[240]

Allerdings können die Eheleute vereinbaren, dass für den Fall, dass der Mann eine weitere Ehe eingeht, die erste Frau eine bestimmte Geldsumme als Abfindung erhalten soll. Eine Abfindungsklausel wäre auch dann wirksam, wenn die Eheleute vereinbaren, dass die Frau im Falle einer Scheidung eine finanzielle Entschädigung bekommen soll.[241] Schließlich kann sich die Frau hinsichtlich des Rechts des Mannes eine weitere Ehe eingehen zu dürfen, auf die Weise schützen, dass sie sich z.B. ehevertraglich eine Vollmacht erteilen lässt, wonach sie in einem solchen Falle die Scheidung der Ehe beantragen kann.[242]

e) Eheverträge zwischen in Deutschland lebenden muslimisch-nichtmuslimischen Paaren

Die im Folgenden verwendete Kategorisierung einer ehelichen Beziehung resultiert aus dem Bewusstsein, dass in der gängigen Rechtsliteratur eine Differenzierung unter dem Aspekt der Staatsangehörigkeit der Beteiligten regelmäßig nicht vorgenommen wird.

Üblicherweise sehen die meisten muslimisch-nichtmuslimischen Paare in Deutschland erst dann eine Veranlassung zum Abschluss eines speziellen Ehevertrages mit persönlichen Rechten und Pflichten, wenn sie einen gemeinsamen Aufenthalt mit den Kindern in der früheren Heimat eines der Ehepartner, üblicherweise der Heimat des Mannes, planen. In der Regel beginnen sich in dieser Situation einige Frauen, nicht zuletzt durch gut gemeinte Ratschläge und Hinweise von Verwandten und Freunden, Gedanken und Sorgen zu machen. Die häufigsten Motive, die Rieck aus der Praxis seiner ca. 600 Ehevertragsberatungen nennt, sind eine mögliche Übersiedlung in die islamisch geprägte Heimat des Mannes und die damit in Verbindung stehende Angst vor einer Rechtlosigkeit und Benachteiligung der Frau.[243]

An dieser Stelle möchte ich daher auf die von Rieck vorgeschlagenen möglichen ehevertraglichen Klauseln hinsichtlich des Sorgerechts hinweisen. Wichtige Punkte eines Ehevertrages sind danach unter anderem eine Vereinbarung über die gemeinsame elterliche Sorge im Falle der Trennung und Scheidung, die Vereinbarung über den Aufenthalt der Kinder, die Einräumung eines überobligatorischen Umgangsrechts, die Vereinbarung über den Umgang auch im Ausland

240 Vgl. Safa'i/Emami, Grundriss Familienrecht, S. 60.
241 Vgl. Safa'i/Emami, Grundriss Familienrecht, S. 64.
242 Vgl. Safa'i/Emami, Grundriss Familienrecht, S. 69.
243 Vgl. Rieck, Leipziger Beiträge zur Orientforschung, 2000, 69, 72.

sowie die Zurückbringung der Kinder an den Ort des gewöhnlichen Aufenthaltes, an dem die Kinder bis zum Reiseantritt gelebt haben.[244]

Auch andere Autoren haben sich dem Thema der islamischen Eheverträge gewidmet. So enthält das Handbuch von Langenfeld zu Eheverträgen und Scheidungsvereinbarungen einen eigenen Abschnitt, der sich mit der Ausgestaltung der Rechtsbeziehungen in einem islamischen Ehevertrag befasst und zudem einen Formulierungsvorschlag für einen islamischen Ehevertrag enthält. Danach wird insbesondere dann der Abschluss eines Ehevertrages empfohlen, wenn eine nicht-muslimische Frau mit deutscher Staatsangehörigkeit einen muslimischen Mann heiratet und die Eheleute eine Ausreise in das Ursprungsland des Mannes beabsichtigen.[245]

Durch den Abschluss eines Ehevertrages zwischen einem muslimisch-nichtmuslimischen Paar, vor allem in Angelegenheiten des Kindschaftsrechts, müssen sich die Beteiligten stets im Klaren darüber sein, dass sich eine absolute Rechtssicherheit nicht erreichen lässt. Dies begründet sich darin, dass letztlich die Geltendmachung der Vereinbarungen nichtzuletzt auch davon abhängig ist, in welcher Rechtsordnung sich die Beteiligten im Streitfalle bewegen und ob ein in Deutschland vor einem Notar geschlossener islamischer Ehevertrag überhaupt in der „fremden" Rechtsordnung eine Wirksamkeit entfalten kann.

8. Die Ehe auf Zeit

Die Ehe auf Zeit ist im iranischen Recht unter dem Namen *siġe, mot'a, monġate'* oder als *aġd-e mowaġġat* bekannt.

Nach islamisch-schiitischem Recht ist eine befristete Ehe anerkannt und zulässig. Da das iranische Recht vom islamisch-schiitischen Recht beeinflusst ist, ist damit auch das Rechtsinstitut der befristeten Ehe zulässig.[246] So enthält der heilige Koran in Sure 4, Vers 24 Hinweise für die Möglichkeit der Eingehung einer befristeten Ehe.[247] Ebenso bestehen im iranischen Zivilgesetzbuch Vorschriften, die Regelungen für eine zeitlich befristete Ehe enthalten. Im sechsten Abschnitt des siebenten Buches des iranischen Zivilgesetzbuches gibt es drei Paragraphen, die sich mit der Ehe auf Zeit befassen. Diese sind die §§ 1075, 1076, 1077 IZGB. Ferner sind in den Vorschriften über die Brautgabe ausdrückliche Regelungen über die zeitlich befristete Ehe zu finden, so z.B. in §§ 1094-1098 IZGB.

---

244 Vgl. Rieck, Leipziger Beiträge zur Orientforschung, 2000, 69, 85.

245 Vgl. Langenfeld, § 14, Rn. 993.

246 Vgl. Mohaghegh Damad, S. 213; vgl. Gorji-Ghasemzadeh, S. 145.

247 Vgl. Der Koran, Aus dem Arabischen übersetzt von Max Henning, S. 72.

Weitere Regelungen, die die Ehe auf Zeit betreffen, sind § 1113 IZGB und § 1139 IZGB.

In § 1075 IZGB definiert der Gesetzgeber, wann eine zeitlich befristete Ehe vorliegt. Danach ist eine Ehe zeitlich befristet, wenn sie für eine bestimmte Dauer geschlossen worden ist. Eine Mindest- oder Höchstdauer ergibt sich nicht aus dem Gesetz. Daher kann selbst eine Dauer von einer Stunde von den Parteien vereinbart werden. Wichtig ist dabei nur, dass überhaupt eine Befristung getroffen wird.

Haben die Parteien es versäumt eine Regelung über die Dauer der zeitlichen Ehe zu treffen und streiten sie sich im Nachhinein über diesen Punkt, so besteht ein Meinungsstreit, ob die Ehe ungültig sein soll oder zu einer dauerhaften Ehe wird.

Diejenigen, die der Auffassung sind, dass die Ehe ungültig sein soll, begründen dies damit, dass die Bestimmung einer Frist gerade zu der elementaren Voraussetzung einer zeitlich befristeten Ehe gehört, so dass die Dauer der Ehe bestimmt sein muss. Andere sind widerrum der Auffassung, dass eine dauerhafte Ehe vorliegt, wenn die Parteien keine Befristung getroffen haben. Dies wird damit begründet, dass sie anderenfalls eine solche Befristung vereinbart hätten. Streiten sich die Eheleute nach der Eheschließung über die Dauer der Ehe und behauptet ein Ehegatte, dass es sich um eine dauerhafte Ehe handelt und der andere Ehegatte, dass lediglich eine befristete Ehe vorliegt, so muss grundsätzlich derjenige, der behauptet, dass die Ehe befristet ist, die Befristung beweisen. Gelingt ihm das nicht, so wird vermutet, dass es sich bei der Ehe um eine dauerhafte Ehe handelt. Ist hingegen zwischen den Beteiligten unstreitig, dass eine Befristung gewollt war, so kann eine dauerhafte Ehe nicht angenommen werden.[248]

Die Frist für eine zeitlich befristete Ehe kann entsprechend der Bestimmung der Parteien ab einem bestimmten Tage in der Zukunft beginnen zu laufen. Sollte für den Beginn der Frist keine Vereinbarung getroffen worden sein, so beginnt die Frist ab dem Tag, ab welchem die Ehe geschlossen worden ist. Hierbei wird auf die mietrechtliche Vorschift des § 469 IZGB Bezug genommen, wonach die Mietzeit grundsätzlich zum vereinbarten Zeitpunkt beginnt und für den Fall, dass ein solcher zwischen den Vertragsparteien nicht vereinbart worden ist, diese zum Zeitpunkt des Vertragsschlusses beginnt.[249]

Die zeitlich befristete Ehe endet automatisch mit dem Ablauf der Frist, ohne dass es einer Scheidung bedarf. Dies ist in § 1139 IZGB ausdrücklich geregelt.

248 Vgl. Mohaghegh Damad, S. 216 f.
249 Vgl. IZGB-Kommentar-Katuzian, § 1076, S. 653.

Eine weitere zwingende Voraussetzung für eine zeitlich befristete Ehe, neben der Bestimmung der Ehedauer, ist die Vereinbarung der Eheleute über eine Brautgabe.

Denn im Gegensatz zur dauerhaften Ehe führt bei der befristeten Ehe die fehlende Bestimmung einer Brautgabe gemäß § 1095 IZGB stets zur Unwirksamkeit der Ehe.[250]

Da die Vereinbarung über die Brautgabe eine zwingende Voraussetzung für die Wirksamkeit der zeitlich befristeten Ehe ist, führt auch ein Fehler hinsichtlich der Auswahl der Brautgabe zu deren Unwirksamkeit und hat zur Folge, dass dann auch die zeitlich befristete Ehe unwirksam wird. Ein Fehler könnte z.B. dann vorliegen, wenn der Gegenstand, der von den Parteien als Brautgabe bestimmt worden ist, keinen Vermögenswert hat oder nicht veräußerungsfähig ist, wie z.B. alkoholische Getränke und Drogen.[251] Auch wenn die Brautgabe einen Gegenstand darstellt, der zum Vermögen eines Dritten gehört, ist die Vereinbarung über die Brautgabe ungültig und somit die Ehe unwirksam.[252]

Dies ist gemäß § 1079 IZGB auch dann der Fall, wenn der Gegenstand der Brautgabe nicht bestimmt genug ist, so dass ein Zweifel hierüber besteht.

Die Bestimmung der Brautgabe ist eine zwingende Voraussetzung für die zeitlich befristete Ehe, ohne deren Vorliegen die Ehe keine Wirksamkeit hat.[253]

Dem Ehemann steht ein Zurückbehaltungsrecht hinsichtlich der Brautgabe zu, solange die Ehefrau den Geschlechtsakt noch nicht vollzogen hat. Sollte der Mann die Frau allerdings von der geschlechtlichen Hingabe befreit haben, indem er vor dem Geschlechtsverkehr auf die befristete Ehe verzichtet, so ist er gem. § 1097 IZGB lediglich zur Zahlung der Hälfte der Brautgabe verpflichtet.[254] Grundsätzlich spielt der Wert der Brautgabe keine Rolle, entscheidend ist lediglich, dass die Sache überhaupt einen Vermögenswert hat und verkehrsfähig ist.

Bei der zeitlich befristeten Ehe kann die Frau gemäß § 1094 IZGB eine Brautgabe nur in Form der *mahr-ol-mot'a*-Brautgabe verlangen. Dabei werden die finanziellen Verhältnisse des Mannes zu Grunde gelegt.[255]

Eine einseitige Aufhebung der Brautgabe, um diese durch eine andere Sache zu ersetzen, ist nicht möglich. Dies hätte nämlich zur Folge, dass durch die Ersetzung der Brautgabe, z.B. durch eine andere Sache, die Brautgabe unwirksam und damit eine zwingende Voraussetzung der zeitlich befristeten Ehe wegfallen würde.

---

250 Vgl. Mohaghegh Damad, S. 218; vgl. Katuzian, Familienrecht I, S. 138.
251 Vgl. Katuzian, Familienrecht I, S. 174.
252 Vgl. Katuzian, Einführung, S. 136.
253 Vgl. IZGB-Kommentar-Katuzian, § 1095, S. 662.
254 Vgl. Katuzian, Familienrecht I, S. 174; vgl. IZGB-Kommentar-Katuzian, § 1096, S. 662.
255 Vgl. IZGB-Kommentar-Katuzian, § 1094, S. 662.

Im Gegensatz dazu führt die Ersetzung der Brautgabe bei der dauerhaften Ehe durch eine andere Sache nicht zur Unwirksamkeit der Brautgabe, soweit die Ersetzung im gegenseitigen Einvernehmen erfolgte. Denn dann ist die Vereinbarung über die Brautgabe ein selbständiger und unabhängig von der Ehe bestehender Vertrag.[256]

Ist die zeitlich befristete Ehe unwirksam und sollten die Parteien den Geschlechtsakt noch nicht vollzogen haben, so hat die Frau keinen Anspruch gegen den Mann auf Zahlung der Brautgabe. Dies folgt aus § 1098 IZGB. Hat der Mann die Brautgabe bereits bezahlt, so steht ihm gegen die Frau ein Rückforderungsanspruch zu.

Sollte die Frau aber gutgläubig und in Unkenntnis der Fehlerhaftigkeit der Ehe den Geschlechtsakt vollzogen haben, so hat sie nach § 1099 IZGB einen Anspruch auf die übliche Brautgabe. Ferner hat sie keine Unzucht, *zenā'*, begangen und es handelte sich bei der Beziehung um eine von Gesetzes wegen erlaubte Beziehung, also um eine *rābete mašru'*.[257]

Ein Anspruch der Frau auf Zahlung der Brautgabe besteht bei der zeitlich befristeten Ehe gemäß § 1096 IZGB auch dann in voller Höhe, wenn die Frau vor der Vollziehung des Geschlechtsaktes verstirbt.[258]

Allerdings kann die Frau den Mann nach § 940 IZGB bei der zeitlich befristeten Ehe nicht beerben.[259]

Ferner hat die Frau bei der zeitlich befristeten Ehe gem. § 1113 IZGB keinen Anspruch auf Unterhalt gegenüber dem Mann. Ein Unterhaltsanspruch kann aber vertraglich zwischen den Parteien vereinbart werden.[260]

Sollte dies der Fall sein und sollte der Mann seiner Unterhaltsverpflichtung nicht nachkommen, so muss er die Frau von der verbleibenden Zeit der befristeten Ehe freistellen.[261]

Nach Beendigung der Ehe auf Zeit muss die Frau nach § 1152 IZGB eine Wartezeit, *edde*, von zwei Monaten einhalten, bevor sie eine erneute Ehe eingehen kann.[262]

Interessant ist auch die Beantwortung der Frage, welche rechtliche Stellung Kinder haben, die innerhalb einer zeitlich befristeten Ehe geboren oder gezeugt worden sind.

---

256 Vgl. Katuzian, Familienrecht I, S. 175-177.
257 Vgl. IZGB-Kommentar-Katuzian, § 1099, S. 663.
258 Vgl. IZGB-Kommentar-Katuzian, § 1096, S. 662.
259 Vgl. Mohaghegh Damad, S. 218.
260 Vgl. IZGB-Kommentar-Katuzian, § 1113, S. 669 f.
261 Vgl. IZGB-Kommentar-Katuzian, § 1113, S. 669 f.
262 Vgl. IZGB-Kommentar-Katuzian, § 1152, S. 697.

Diese werden von Gesetzes wegen als legitime Kinder angesehen und genießen die gleichen Rechte, z.B. in Bezug auf das Unterhalts-, das Namens- und das Erbrecht, wie Kinder aus einer dauerhaften Ehe.

Diese Rechte haben die Kinder auch dann, wenn sich die Eltern des Kindes hinsichtlich der Wirksamkeit der befristeten Ehe in einem Irrtum befunden haben. Der Grund hierfür liegt darin, dass sie hinsichtlich der Wirksamkeit ihrer Ehe gutgläubig waren und ihnen aus diesem Grunde kein schuldhafter Vorwurf gemacht werden kann. Selbst wenn sich nur ein Elternteil über die Wirksamkeit der zeitlich befristeten Ehe irrte, so gilt das Kind dann diesem gegenüber nach § 1165 IZGB als ein eheliches und damit gesetzliches Kind.[263]

Es stellt sich die Frage, was überhaupt Sinn und Zweck einer zeitlich befristeten Ehe ist. Warum gibt es Menschen, die die Ehe nur innerhalb eines bestimmten Zeitfensters miteinander eingehen wollen und was sind die Motive und Beweggründe des iranischen Gesetzgebers, eine solche Form von Ehe zu erlauben?

Um die Motive und Beweggründe des iranischen Gesetzgebers besser verstehen zu können, ist es erforderlich, sich mit den gesellschaftlichen und kulturellen Strukturen des Irans auseinanderzusetzen.

Der Iran ist ein religiöser Staat, der im Gegensatz zu den westlichen Staaten, wie oben bereits ausführlich dargestellt, freie Beziehungen zwischen Mann und Frau außerhalb einer bestehenden Ehe nicht erlaubt. Ein Mann und eine Frau können nur innerhalb einer Ehe legal eine sexuelle Beziehung miteinander eingehen.

Auf der einen Seite wollte der iranische Gesetzgeber dieses wichtige Element der iranischen Gesellschaft bewahren, auf der anderen Seite wollte und konnte er aber auch die menschlichen körperlichen Bedürfnisse eines Mannes und einer Frau nicht gänzlich außer Acht lassen, so dass er mit der Ehe auf Zeit einen Mittelweg fand.

So hat der iranische Gesetzgeber zur Vorbeugung und Verhinderung von unerlaubten und ungesetzlichen, freien, geschlechtlichen Beziehungen zwischen einem Mann und einer Frau zum Schutze der Gesellschaft vor Unsittlichkeit und Sittenverfall durch die gesetzlich eingeräumte Möglichkeit, eine befristete Ehe einzugehen, versucht eine Lösung zu finden, damit auch die geschlechtlichen Bedürfnisse des Menschen im Rahmen der Gesetze und damit auf gesetzlich erlaubte Art und Weise befriedigt werden können.[264]

Nach der Auffassung des Rechtswissenschaftlers Mohaghegh Damad sei das Rechtsinstitut der befristeten Ehe aus gesellschaftlicher Sicht für den Iran erforderlich und dürfe nicht verdammt werden. Dabei sei insbesondere das Ziel des Gesetzgebers, Ordnung für die Gesellschaft zu schaffen, berücksichtigungswert.

---

263 Vgl. IZGB-Kommentar-Katuzian, § 1165, S. 704.

264 Vgl. Mohaghegh Damad, S. 211.

Ebenso habe der Gesetzgeber auf diese Weise auch für finanziell schwächere Personen, die sich die Unkosten einer Hochzeit nicht leisten können, eine Möglichkeit geschaffen, ihre menschlichen Bedürfnisse im Rahmen einer befristeten Ehe zu befriedigen, ohne dass sie sich dem Vorwurf einer Straftat aussetzen müssten.[265]

Trotz bestehender Regelungen, die der Gesetzgeber für eine befristete Ehe getroffen hat, kann eine befristete Ehe aber dennoch zu gesellschaftlichen Problemen führen.

Durch das Rechtsinstitut der befristeten Ehe besteht zumindest die Möglichkeit, dass Männer auf eine gesetzlich erlaubte Art und Weise eine Ehe mit mehreren Frauen eingehen und für sich auf diese Weise einen Harem bilden.

Ferner besteht die Gefahr, dass Männer, die dieses Rechtsinstitut an Stelle einer dauerhaften Ehe für sich wählen, dies aus dem Grunde tun, weil sie nicht über die Fähigkeit verfügen, dauerhaft für einen anderen Menschen Verantwortung zu übernehmen und dieses Rechtsinstitut wählen, um ihrer Verantwortung und den Pflichten, die eine dauerhafte Ehe mit sich bringt, zu entgehen.[266]

Um dem Missbrauch einer befristeten Ehe nicht Tür und Tor zu öffnen, hat der iranische Gesetzgeber daher diverse Regelungen geschaffen. So besteht etwa gemäß § 993 IZGB sowohl eine Eintragungspflicht für dauerhafte als auch für befristete Ehen.[267]

Nach dem geltenden deutschen Eherecht ist eine Ehe auf Zeit nicht möglich. Gemäß § 1353 Abs. 1 S. 1 BGB wird die Ehe nämlich auf Lebenszeit geschlossen.

9. Ausländische Ehen im Iran

a) Ehe zwischen einem Iraner und einer Nicht-Iranerin

Jeder Iraner darf die Ehe mit einer Nicht-Iranerin eingehen, ohne hierfür die Erlaubnis des iranischen Staates einholen zu müssen.[268]

Ist der iranische Mann ein Muslim, dann darf er die Ehe mit einer Nicht-Muslimin, die einer Buchreligion angehört, nur zeitlich befristet eingehen. Eine dauerhafte Ehe ist dann nur möglich, wenn die Frau zum Islam konvertiert.[269]

---

265 Vgl. Mohaghegh Damad, S. 212 f.

266 Vgl. Gorji-Ghasemzadeh, S. 159.

267 Vgl. IZGB-Kommentar-Katuzian, § 993, S. 590.

268 Vgl. Gorji-Ghasemzadeh, S. 143.

269 Vgl. Gorji-Ghasemzadeh, S. 135.

Anders verhält es sich, wenn es sich bei dem Mann um einen Angestellten des iranischen Staates handelt. Denn in § 1061 IZGB ist geregelt, dass die Ehe von einer bestimmten staatlichen Erlaubnis abhängig gemacht werden kann.[270]

Ferner regelt ein bestimmtes Gesetz die Eheschließung von Angestellten des Außenministeriums mit Ausländern, *ġānun-e man'-e ezdewāǧ-e kārmandān-e wezārat-e omur-e xāreǧe bā atbā' bigāne*[271], aus dem Jahre 1967. Danach dürfen Angestellte, *kārmandān*, des *wezārat-e omur-e xāreǧe*, also des Außenministeriums, nicht die Ehe mit Nicht-Iranerinnen eingehen. Sollten sie das dennoch tun, so führt der Gesetzesverstoß zwar nicht zur Nichtigkeit der Ehe, jedoch droht den Personen der Verlust ihrer Anstellung.[272]

Die Ehe eines Iraners mit einer Nicht-Iranerin berührt auch die Staatsangehörigkeit. Denn gemäß § 976 Nr. 6 IZGB erwirbt eine ausländische Frau, die eine Ehe mit einem Iraner eingeht, die iranische Staatsangehörigkeit.

Dies gilt auch dann, wenn die Frau nach dem Recht ihres Staates ihre ursprüngliche Staatsangehörigkeit behält.

b) Ehe zwischen einer Iranerin und einem Nicht-Iraner

Gemäß § 1060 IZGB bedarf die Ehe einer Iranerin mit einem Nicht-Iraner der Erlaubnis des iranischen Staates.[273]

Ferner darf eine Frau die Ehe nicht mit einem Mann eingehen, der nicht zum Islam konvertiert ist, da es einer muslimischen Frau gemäß § 1059 IZGB verboten ist, die Ehe mit einem Nicht-Muslim einzugehen.[274]

Hingegen ist es einem muslimischen Mann jedenfalls gestattet, eine befristete Ehe mit einer nicht-muslimischen Frau, die einer Buchreligion angehört, einzugehen.[275]

Für den Fall, dass eine iranische Frau die Eheschließung mit einem nicht-iranischen Mann beabsichtigt, ist folgendes zu beachten: Die zukünftigen Eheleute müssen zunächst vom iranischen Innenministerium, *wezārat-e kešwar*, die Erlaubnis einholen, dass sie die Ehe miteinander eingehen dürfen. Dem Antrag müssen verschiedene Bescheinigungen beigefügt werden. Dabei handelt es sich insbesondere um eine Bescheinigung, dass für den Mann nach seiner Rechtsord-

---

270 Vgl. IZGB-Kommentar-Katuzian, § 1061, S. 647.

271 Mansour, Gesetzessammlung I, *ġānun-e man'-e ezdewāǧ-e kārmandān-e wezārat-e omur-e xāreǧe bā atbā' bigāne* (Gesetz betreffend die Eheschließung der Angestellten des Außenministeriums mit Ausländern).

272 Vgl. Gorji-Ghasemzadeh, S. 143.

273 Vgl. IZGB-Kommentar-Katuzian, § 1060, S. 644.

274 Vgl. IZGB-Kommentar-Katuzian, § 1059, S. 644.

275 Vgl. Gorji-Ghasemzadeh, S. 135.

nung kein Ehehindernis besteht, eine weitere, die belegt, dass er zum islamischen Glauben übergetreten ist, eine darüber, ob er noch ledig oder bereits verheiratet ist, eine Bescheinigung darüber, dass er nicht straffällig geworden ist sowie auch eine Bescheinigung seines Heimatstaates darüber, dass er die finanziellen Fähigkeiten besitzt, um sich zu unterhalten.[276]

Diesen Verfahrensablauf begründet der iranische Staat unter anderem damit, dass die Befürchtung bestehe, dass eine iranische Frau im Falle der Eheschließung mit einem Ausländer ihre Staatsangehörigkeit verlieren könnte.[277]

Da diese Sorge bei einem Mann nicht besteht, da der Mann durch eine Eheschließung mit einer ausländischen Frau seine iranische Staatsangehörigkeit nicht verlieren kann, vielmehr eine ausländische Frau durch die Eheschließung mit einem iranischen Mann die iranische Staatsangehörigkeit erwirbt, ist eine staatliche Erlaubnis grundsätzlich für den Mann nicht erforderlich.

Ferner besteht der automatische Erwerb der iranischen Staatsangehörigkeit durch eine Eheschließung mit einer iranischen Frau für einen ausländischen Mann nicht.

Allerdings besteht für einen ausländischen Mann nach §§ 979, 980 IZGB die Möglichkeit, die iranische Staatsangehörigkeit zu beantragen.

Die Voraussetzungen hierfür sind unter anderem davon abhängig, ob der Mann und die Frau gemeinsame Kinder haben.

Haben die Eheleute gemeinsame Kinder, dann muss der Mann das achtzehnte Lebensjahr vollendet, den Militärdienst in seinem Heimatstaat absolviert und sich in keinem Land strafbar gemacht haben.

Haben die Eheleute hingegen keine gemeinsamen Kinder, so muss der Mann neben den genannten drei Voraussetzungen zusätzlich fünf Jahre im Iran gelebt haben.

Allerdings besteht die Möglichkeit, dass der Mann statt fünf Jahre im Iran gelebt zu haben, im Ausland gelebt und für den Iran von dort aus gearbeitet haben kann.[278]

Der Antrag ist nach § 983 IZGB an das iranische Außenministerium, *wezārat-e omur-e xāreğe*, zu richten. Mit dem Antrag sind bestimmte Nachweise einzureichen wie Geburtsurkunden von dem Antragsteller, seiner Frau sowie den gemeinsamen Kindern, Nachweise aus denen sich z.B. ergibt, dass er sich nicht strafbar gemacht hat, Nachweise über die Dauer seines Aufenthalts im Iran bzw. seiner Tätigkeit für den Iran sowie einen Nachweis darüber, dass er finanziell in der Lage ist, sich selbst zu unterhalten.[279]

---

276 Vgl. Gorji-Ghasemzadeh, S. 141 f.

277 Vgl. Gorji-Ghasemzadeh, S. 141.

278 Vgl. IZGB-Kommentar-Katuzian, § 979, S. 581; § 980, S. 581 f.

279 Vgl. IZGB-Kommentar-Katuzian, § 983, S. 584.

II. Trennung der Ehegatten

Im Folgenden stellt sich die Frage, welche Rechte und Pflichten die Eheleute im iranischen Recht während der Trennungzeit haben.

In Bezug auf das Sorgerecht und die Pflicht zur Zahlung von Unterhalt gegenüber den Kindern hat die Trennung der Eheleute keinerlei Auswirkungen.

Allerdings hat die Frau gegenüber ihrem Mann nur dann einen Anspruch auf Unterhalt, wenn sie sich von diesem aus berechtigten Gründen getrennt hat. Nur in solch einem Fall muss der Ehemann für die Kosten der Unterkunft seiner Frau aufkommen.[280] Sollte die Ehefrau jedoch keinen berechtigten Grund für die Trennung von ihrem Ehemann haben, so ist der Ehemann ihr auch nicht mehr zu Unterhalt verpflichtet, da die Ehefrau ab dem Zeitpunkt auch ihren ehelichen Pflichten nicht mehr nachkommt und dem Ehemann gegenüber nicht mehr gehorsam ist.[281] Steht die Wohnung jedoch im Eigentum der Ehefrau, so kann sie vom Ehemann verlangen, dass er die Wohnung verlässt. Das Nutzungsrecht des Ehemannes an der Ehewohnung hindert die Ehefrau nicht an ihrem Herausgabeverlangen.

Üblicherweise ist es aber so, dass die Ehefrau nach einer Trennung, die eheliche Wohnung verlässt und zu ihren Eltern zieht, während der Ehemann in der Ehewohnung verbleibt.

Im deutschen Familienrecht hat ein Ehegatte während der Trennungzeit einen Anspruch auf Trennungsunterhalt nach § 1361 Abs. 1 BGB gegenüber dem anderen Ehegatten, sofern er sich nicht selbst unterhalten kann. Dieser Anspruch besteht auch unabhängig davon, dass der Ehegatte, der den Unterhalt fordert, selbst für die Trennung ursächlich geworden ist.

280 Vgl. IZGB-Kommentar-Katuzian, § 1115, S. 670 f.

281 Vgl. IZGB-Kommentar-Katuzian, § 1108, S. 667 f.; § 1115, S. 670 f.

F. Iranisches Scheidungsrecht

Die Scheidung wird in der persischen Sprache mit *talāġ* übersetzt. Hierbei wird in der persischen Umgangssprache üblicherweise nicht unterschieden, ob die Initiative zur Scheidung vom Ehemann oder von der Ehefrau ausgeht.

Das iranische Scheidungsrecht unterscheidet zwischen verschiedenen Arten von Scheidungen.

Das Recht sich von seinem Ehepartner scheiden zu lassen, steht sowohl dem Mann als auch der Frau zu. Allerdings können ein Mann und eine Frau nicht unter den gleichen Voraussetzungen einen Antrag auf Scheidung der Ehe stellen.

I. Arten von Scheidungen

§ 1143 IZGB ist zu entnehmen, dass das iranische Recht zwischen zwei verschiedenen Scheidungsarten unterscheidet. Zum einen sind dies die unwiderrufliche, *bāen*, und zum anderen die widerrufliche, *roǧ'ai*, Scheidung.[282] Die unwiderrufliche Scheidung ist in § 1144 IZGB und die widerrufliche Scheidung ist in § 1145 IZGB geregelt.

Nach der Systematik des iranischen Gesetzgebers handelt es sich bei der widerruflichen Scheidung um den „Normalfall". Denn nur wenn bestimmte Voraussetzungen nach § 1145 IZGB erfüllt sind, ist die Scheidung unwiderruflich. Die vom Gesetz genannten Fälle sind abschließend geregelt, z.B. bei einer Scheidung vor dem Vollzug des Geschlechtsverkehrs oder im Falle der Scheidung von einer Frau, die sich in der Menopause befindet.

Liegt eine *roǧ'ai*-Scheidung vor, dann hat der Mann nach § 1148 IZGB das Recht während der dreimonatigen Wartezeit der Frau die Scheidung zu widerrufen und das eheliche Zusammenleben fortzusetzen. Ein solches Recht steht der Frau allerdings nicht zu.[283]

---

282 Vgl. Mohaghegh Damad, S. 419.
283 Vgl. Mohaghegh Damad, S. 437.

II. Allgemeine Scheidungsvoraussetzungen

Damit eine Scheidung überhaupt wirksam vollzogen werden kann, müssen bestimmte Voraussetzungen erfüllt sein.

Diese Voraussetzungen sind der Wille und die Absicht, sich scheiden zu lassen.[284]

Sollte ein Ehegatte z.B. betrunken sein, so ist die Scheidung in diesem Fall nicht wirksam.

Hat der Ehegatte hingegen unter Zwang gehandelt, dann ist die Scheidung zwar fehlerhaft, aber nach Wegfall der Zwangslage hat der Ehegatte, der einem Zwang ausgesetzt war, die Möglichkeit die Scheidung zu genehmigen.[285] Ferner muss der Wille zur Scheidung unmissverständlich und deutlich zum Ausdruck gebracht werden. So bestimmt § 1134 IZGB, dass der Wille mündlich und in Anwesenheit von mindestens zwei männlichen Zeugen, die gerecht, rechtstreu und weise sind, nach außen kundgetan werden soll. Hierbei muss der Mann einen bestimmten Satz, *siġe*, verwenden, der ausdrücklich das Wort *talāġ* enthält. Ist der Mann beispielsweise stumm, so besteht die Möglichkeit für ihn, dass er mittels eines Rechtsanwalts durch Zeichen seinen Willen zur Scheidung nach außen kundtut. Der bevollmächtigte Rechtsanwalt kann sodann anstelle des Mannes die Scheidungsformel aussprechen.[286]

Obwohl es bei der vom Mann initiierten Scheidung für die Wirksamkeit nicht auf den Willen der Frau ankommt, müssen in ihrer Person ganz bestimmte Voraussetzungen erfüllt sein. Diese Eigenschaften müssen bei ihr auch dann vorliegen, wenn ihr das Scheidungsrecht ehevertraglich zugesichert worden ist. Diese bestimmten Eigenschaften, die von Khodadadi Tahashi auch als „Frauenmerkmale"[287] bezeichnet werden, müssen vorliegen, damit eine Scheidung wirksam vollzogen werden kann.[288] So ist nach § 1140 IZGB die Scheidung unter anderem dann nicht wirksam, wenn die Frau ihre Menstruation hat. Eine Ausnahme hiervon ist dann möglich, wenn die Scheidung vor einem Geschlechtsverkehr zwischen den Eheleuten erfolgen soll.[289]

284 Vgl. Katuzian, Einführung, S. 221.
285 Vgl. Katuzian, Einführung, S. 222.
286 Vgl. Katuzian, Einführung, S. 242 f.
287 Vgl. Khodadadi Tahashi, S. 131.
288 Vgl. Katuzian, Einführung, S. 222.
289 Vgl. Katuzian, Einführung, S. 222.

III. Formvoraussetzungen der Scheidung

Wie bereits erwähnt, setzt die Auflösung der Ehe durch eine Scheidung gemäß § 1134 IZGB das Aussprechen einer bestimmten Scheidungsformel, *siġe talāġ*, durch den Mann in Anwesenheit zweier Männer voraus. Hierbei muss die Scheidungsformel das Wort *talāġ*, worunter in der persischen Sprache Scheidung zu verstehen ist, enthalten.

Um sich scheiden lassen zu können, muss sich der Mann zunächst einmal an das Familiengericht wenden.

Bei einer Scheidung, die durch einen Mann initiiert wird, erteilt das Gericht, nach Prüfung der Sach- und Rechtslage, dem Mann eine Bescheinigung über die Unmöglichkeit einer Versöhnung, mit der dann die Scheidung registriert werden kann.[290] Durch das Gesetz zur Reformierung der Scheidungsgesetze, *ġānun-e eslāhāt-e moġarrarāt-e marbut be talāġ*, ist eine solche Bescheinigung erforderlich.Vorher war es bis 1967 so, dass sich der Mann jederzeit, ohne Angabe eines Grundes und ohne gerichtliche Anrufung von seiner Frau scheiden lassen konnte, indem er in Anwesenheit zweier Männer die Scheidungsformel aussprach und sie verstieß.[291] Eine solche Scheidung ohne vorherige Anrufung des Gerichts führte zu Rechtsunsicherheit und zu Rechtsmissbrauch und viele Frauen waren der Willkür ihrer Männer ausgesetzt.[292] Sehr eindrucksvoll und zutreffend beschreibt daher Yassari, dass in der patriarchalischen Gesellschaft des Iran eine unglückliche Ehefrau eine bessere gesellschaftliche Stellung genoß, als eine glücklich geschiedene Frau.[293] Mit der Verabschiedung eines Gesetzes zum Schutze der Familie, das Familienschutzgesetz aus dem Jahr 1967, *ġānun-e hemājat-e xānewāde*, schaffte der Gesetzgeber den für die Frauen unsicheren Rechtszustand ab. Der Gesetzgeber bezweckte mit diesem Gesetz zum einen die Beseitigung der willkürlichen außergerichtlichen Scheidungen durch den Mann und zum anderen die Angleichung der Rechte von Männern und Frauen auf dem Gebiet des Scheidungsrechts.[294]

Nach dem geltenden Recht muss das Gericht also auch bei der Scheidung seitens des Mannes nach Gründen fragen, warum sich der Mann von seiner Frau scheiden lassen möchte. Sind diese Gründe nach der Auffassung des Gerichts berechtigt, erteilt es sodann die Bewilligung zur Ehescheidung.

---

290 Vgl. Katuzian, Einführung, S. 240.

291 Vgl. Yassari, FamRZ 2002, 1088, 1089.

292 Vgl. Yassari, FamRZ 2002, 1088, 1089.

293 Vgl. Yassari, FamRZ 2002, 1088, 1089.

294 Vgl. Yassari, FamRZ 2002, 1088, 1089.

Geht das Scheidungsbegehren hingegen von der Frau aus, so kann das Gericht den Mann zwingen, die Scheidungsformel auszusprechen. Weigert sich der Mann, die Scheidung registrieren zu lassen, dann kann die Registrierung der Scheidung auf gerichtlichem Wege durch den *namājande*, einen Repräsentanten des Gerichts, ersetzt werden.[295]

Unabhängig davon, ob nun die Frau oder der Mann sich scheiden lassen wollen, also in beiden Fällen, muss zunächst das Gericht angerufen werden. Erst nach einem gerichtlichen Verfahren darf die Scheidung in einem amtlichen Eheschließungs- und Ehescheidungsbüro, *daftar-xāne ezdewāǧ wa talāġ*, registriert werden.[296]

In § 1 des Gesetzes zur Reformierung der Scheidungsgesetze, *ġānun-e eslāh-e moġarrarāt-e marbut be talāġ*, ist geregelt, dass eine Scheidung registriert werden muss. Sollte gegen diese zwingende Registrierungsvorschrift verstoßen werden, so ist dies für den Mann mit einer Freiheitsstrafe bis zu sechs Monaten bewehrt. Ebenso ist die Vornahme einer Registrierung ohne die erforderliche amtliche Erlaubnis mit der gleichen Strafe bedroht.

Denn gemäß § 10 des Gesetzes zum Schutze der Familie, *ġānun-e hemājat-e xānewāde*, ist die Registrierung der Scheidung ohne die erforderliche gerichtliche Bescheinigung bezüglich der Unmöglichkeit eines weiteren ehelichen Zusammenslebens mit einer Freiheitsstrafe von sechs Monaten bis zu einem Jahr bedroht.[297]

IV. Scheidung auf Antrag des Ehemannes

Der Mann hat nach § 1133 IZGB das Recht sich jederzeit und ohne Angabe eines Scheidungsgrundes von seiner Ehefrau scheiden zu lassen.

Dieses umfassende Recht des Mannes bedeutet aber keineswegs, dass ein gerichtliches Scheidungsverfahren entbehrlich ist. Möchte sich ein Mann also von seiner Frau scheiden lassen, so muss er zunächst beim Familiengericht einen Antrag auf Ehescheidung stellen. Das Gericht bestimmt dann einen Termin, zu dem es die Beteiligten anhört. Der Ehegatte, der den Scheidungsantrag gestellt hat, bekommt die Möglichkeit vorzutragen, warum das Festhalten an der Ehe für ihn unmöglich geworden ist und der andere Ehegatte bekommt die Gelegenheit, hierzu Stellung zu beziehen.

---

295 Vgl. Gorji-Sadeghi, S. 359; vgl. Safa'i/Emami, Grundriss Familienrecht, S. 232.
296 Vgl. Mohaghegh Damad, S. 380; vgl. Katuzian, Einführung, S. 234.
297 Vgl. Safa'i/Emami, Grundriss Familienrecht, S. 231.

Im Iran ist es üblich, dass bei solchen Verfahren Familienmitglieder anwesend sind. Nicht selten werden diese Personen dann vom Gericht als Schlichter bestellt und damit „beauftragt“ zwischen den Parteien als Schiedsrichter, *dāwar*, vermittelnd aufzutreten, zu schlichten und bestenfalls die Ehegatten wieder miteinander zu versöhnen.[298] Sodann bestimmt das Gericht eine Frist zu einer erneuten Verhandlung. Zu diesem Verhandlungstermin werden dann wieder die Eheleute und die Personen, die zu Schlichtern bestellt worden sind, geladen und berichten dann über den aktuellen Stand. Kommt der Richter dann aufgrund der Stellungnahmen der Schlichter sowie der Eheleute zu dem Schluss, dass die Versöhnung der Eheleute ausgeschlossen ist, erstellt das Gericht eine Bescheinigung mit dem Inhalt, dass eine Versöhnung der Eheleute unmöglich ist.

Eine rechtsgestaltende Entscheidung, wie den Scheidungsbeschluss im deutschen Recht, gibt es nach iranischem Recht nicht. Vielmehr liegt es schließlich an den Eheleuten selbst, die Scheidung durch Vorlage der Bescheinigung über die Unmöglichkeit einer Versöhnung in einem amtlichen Registrierungsbüro für Ehescheidungen eintragen zu lassen.

Wird die Eintragung der Scheidung nicht innerhalb von drei Monaten nach Ausstellung der Bescheinigung veranlasst, so verliert sie gemäß des einzigen Paragraphen des Gesetzes betreffend die Gültigkeitsdauer der Versöhnungsbescheinigung, *ġānun-e ta'jin-e moddat-e e'tebār-e gowāhi adam-e emkān-e sāzeš*, aus dem Jahre 1997 ihre Gültigkeit.[299]

Schließlich kann der Ehemann bei einer widerruflichen Scheidung diese innerhalb von drei Monaten, also innerhalb der Wartezeit der Frau, *edde*, widerrufen. Erst nach Ablauf dieser Frist ist ein Widerruf der Scheidung nicht mehr möglich.[300] Ein Widerruf kann gemäß § 1149 IZGB auch konkludent erfolgen, soweit daraus auf den Willen zum Widerruf geschlossen werden kann.[301] All diese genannten Regelungen bezwecken, für die Eheleute eine Art „goldene Brücke“ zurück zur Ehe zu bauen und zu vermeiden, dass sich die Eheleute unüberlegt und im Eifer eines Streits für die Scheidung ihrer Ehe entscheiden.

298 Vgl. Safa'i/Emami, Grundriss Familienrecht, S. 203.

299 Mansour, Gesetzessammlung I, *ġānun-e ta'jin-e moddat-e e'tebār-e gowāhi adam-e emkān-e sāzeš* (Gesetz betreffend die Gültigkeitsdauer der Versöhnungsbescheinigung).

300 Vgl. IZGB-Kommentar-Katuzian, § 1148, S. 696.

301 Vgl. Safa'i/Emami, Grundriss Familienrecht, S. 259.

V. Scheidung auf Antrag der Ehefrau

Auch der Ehefrau steht das Recht zu, einen Antrag auf Scheidung der Ehe zu stellen. Allerdings kann die Frau diesen Antrag nicht ohne Angabe von berechtigten Scheidungsgründen stellen. [302]

Als Scheidungsgrund kann sich die Frau entweder auf die in §§ 1029, 1129 und 1130 IZGB genannten gesetzlichen Scheidungsgründe oder auf die der Ehefrau ehevertraglich eingeräumten Scheidungsgründe berufen. Dass dies gesetzlich möglich ist, kann § 1119 IZGB entnommen werden.

1. Gesetzliche Scheidungsgründe

Eine Frau hat das Recht zur Scheidung der Ehe, sofern ein gesetzlicher Scheidungsgrund vorliegt.

Als ein solcher kommt die Verschollenheit des Ehemannes nach § 1029 IZGB in Betracht. Danach kann die Frau die Scheidung beantragen, wenn der Mann seit mindestens vier Jahren spurlos verschwunden ist.[303]

Nach Registrierung der Scheidung muss die Frau nach § 1156 IZGB i.V.m. § 1154 IZGB zusätzlich noch eine Wartezeit von vier Monaten und zehn Tagen einhalten.[304] Kehrt der Ehemann vor Ablauf dieser Frist zurück, so steht ihm gemäß § 1030 IZGB das Recht zu, die Scheidung zu widerrufen.[305]

Als weiterer gesetzlicher Scheidungsgrund für die Frau kommt § 1129 IZGB in Betracht.

Danach hat die Frau das Recht, sich von ihrem Mann scheiden zu lassen, wenn er seiner Pflicht zur Zahlung des ehelichen Unterhalts nach § 1106 IZGB nicht nachkommt. Bevor die Frau dann aber tatsächlich die Scheidung von ihrem Mann beantragen kann, muss sie ihren Unterhaltsanspruch nach § 1111 IZGB gerichtlich geltend machen. Erst nach erfolgloser Vollstreckung in das Vermögen des Mannes steht der Frau das Recht auf Scheidung zu.[306]

Schließlich nennt das iranische Zivilgesetzbuch in § 1130 IZGB einen Katalog von Umständen, die es der Frau bei Vorliegen ermöglichen, sich von ihrem Mann scheiden zu lassen. Der Scheidungsgrund des § 1130 IZGB ermöglicht es der Frau sich von ihrem Mann scheiden zu lassen, wenn das Eheleben für sie eine Härte darstellt.

---

302 Vgl. Katuzian, Einführung, S. 245.

303 Vgl. IZGB-Kommentar-Katuzian, § 1029, S. 624.

304 Vgl. IZGB-Kommentar-Katuzian, § 1154, S. 698; § 1156, S. 698.

305 Vgl. IZGB-Kommentar-Katuzian, § 1030, S. 625.

306 Vgl. IZGB-Kommentar-Katuzian, § 1129, S. 684 f.; § 1111, S. 669.

Yassari verwendet hier den Begriff „Bedrängnis der Frau“[307], Khodadadi Tahashi spricht von einer „Drucksituation“[308]. Der Begriff, den das Gesetz verwendet ist „*osr wa harağ*“. Dieser Begriff stammt aus dem Koran und bedeutet „in Not geraten“. Hierunter wird eine starke Zerrüttung des Ehelebens verstanden.[309] Konkret bedeutet dies „eine starke Erschwernis, eine große Mühsal, ein Leben unter Umständen, die dem Wesen einer Ehe nicht entsprechen“, so dass die Frau ihren Pflichten nicht nachkommen kann.[310]

Der Katalog des § 1130, 1. Anmerkung IZGB zählt fünf verschiedene Gründe auf, in denen grundsätzlich eine Härtefallsituation für die Frau vorliegt. Zwar sind diese Gründe nicht abschließend, aber hinsichtlich der Schwere der Härte bieten sie für ein Gericht eine gute Orientierung.[311]

Beispielsweise ist der Tatbestand von *osr wa harağ* erfüllt, wenn der Mann an einer Drogen- oder Alkoholsucht leidet und sich weigert, einen Entzug zu machen oder ein Entzug nicht möglich ist. Ferner, wenn der Mann Gewalt gegen seine Frau anwendet oder zu einer Freiheitsstrafe von mindestens fünf Jahren verurteilt worden ist. Auch das unentschuldigte dauerhafte Verlassen der gemeinsamen Ehewohnug von sechs Monaten in Folge oder von insgesamt neun Monaten in einem Jahr stellt einen Härtefallgrund für die Frau dar. Schließlich können auch Geisteskrankheiten oder ansteckende Krankheiten des Mannes das eheliche Zusammenleben erschweren, so dass auch in solchen Fällen der Frau ein Scheidungsrecht zusteht.[312]

Die Beweislast für die Härtefallgründe, die die Frau zur Scheidung von ihrem Mann berechtigen, trägt die Frau. Sie hat vor Gericht die Gründe vorzutragen und darzustellen, dass diese eine Härtefallsituation für sie begründen. Gelingt der Frau der Nachweis vor Gericht, so kann sie sich von ihrem Mann scheiden lassen. Sollte sich der Ehemann weigern die Scheidung auszusprechen, dann kann an seiner Stelle das Gericht die Scheidung der Ehe aussprechen.[313]

Es ist aber zu berücksichtigen, dass ein iranisches Familiengericht das Vorliegen der Gründe, welche die Frau zu einer Scheidung nach § 1130 IZGB berechtigen, restriktiv auslegt. Erst dann, wenn das Gericht zu der Überzeugung gelangt, dass die Fortsetzung der Ehe im Vergleich zur Scheidung einen größeren

307 Vgl. Yassari, Länderbericht Iran, 2010, S. 2380.
308 Vgl. Khodadadi Tahashi, S. 151.
309 Vgl. Yassari, Länderbericht Iran, 2010, S. 2380.
310 Vgl. Yassari, FamRZ 2002, 1088, 1091.
311 Vgl. IZGB-Kommentar-Katuzian, § 1130, S. 685 f.; vgl. Mohaghegh Damad, S. 371.
312 Vgl. IZGB-Kommentar-Katuzian, § 1130, S. 685 f.
313 Vgl. Mohaghegh Damad, S. 371; vgl. Gorji-Sadeghi, S. 364.

Schaden körperlicher oder seelischer Art für die Frau darstellt, kann das Gericht den Mann zwingen, die Scheidungsformel auszusprechen.[314]

2. Vertragliche Scheidungsgründe

Die Eheleute können auch ehevertraglich bestimmte Scheidungsgründe vereinbaren, bei deren Vorliegen, die Frau berechtigt ist, einen Antrag auf Scheidung zu stellen. Es ist sogar möglich, der Frau nach Vorbild des Scheidungsrechts des Mannes ohne Angabe von Gründen das Recht auf Scheidung einzuräumen.

Wie oben bereits genannt, ermöglicht § 1119 IZGB die Vereinbarung vertraglicher Scheidungsgründe wie die Verletzung der ehelichen Unterhaltspflicht des Mannes oder die Eheschließung mit einer weiteren Frau.

Die Einräumung eines Scheidungsrechts für die Frau bei Verletzung der ehelichen Unterhaltspflicht ist von enormer praktischer Bedeutung für die Frau. Denn für eine Scheidungsmöglichkeit nach § 1129 IZGB bedarf es stets eines Vollstreckungsverfahrens in das Vermögen des Mannes sowie einer gerichtlichen Feststellung, dass der Mann leistungsunfähig ist. Wird der Frau hingegen vertraglich das Recht eingeräumt, sich scheiden zu lassen, wenn der Mann seine eheliche Unterhaltspflicht verletzt, so reicht der Nachweis aus, dass der Mann kein Einkommen hatte, um seiner Unterhaltspflicht nachzukommen.[315]

Zwar können die Eheleute ehevertraglich vereinbaren, dass sich die Frau ohne Angabe von Gründen scheiden lassen kann, allerdings können die Eheleute nicht ehevertraglich das Recht des Mannes, sich jederzeit und ohne Angabe von Gründen von seiner Frau scheiden lassen zu können, abbedingen.[316]

Bei den vertraglich eingeräumten Scheidungsgründen ist daher zu beachten, dass sie dem Wesen der Ehe nicht widersprechen und insbesondere nicht gegen das Gesetz oder die guten Sitten verstoßen dürfen.[317]

In der Praxis ist es so, dass die Ehegatten bei der Eheschließung einen amtlichen Vordruck erhalten, auf dem vorformulierte Klauseln hinsichtlich der ehelichen Rechte und Pflichten aufgelistet sind.

Durch die Unterschrift beider Ehegatten unter die jeweilige Klausel bestätigen die Eheleute, dass die Klausel für ihre Ehe Geltung haben soll. Eine dieser Klauseln ist z.B., dass die Frau unter bestimmten Voraussetzungen vom Mann bevollmächtigt wird, die Scheidung der Ehe zu beantragen. Es gibt aber auch Klauseln, die finanzieller Art sind und z.B. regeln, dass die Frau im Falle einer

314 Vgl. Yassari, FamRZ 2002, 1088, 1092.
315 Vgl. OLG Koblenz, FamRZ 2009, 611, 614; vgl. Yassari, FamRBint 2009, 26, 26.
316 Vgl. Safa'i/Emami, Grundriss Familienrecht, S. 60.
317 Vgl. Safa'i/Emami, Grundriss Familienrecht, S. 59.

Scheidung, die von ihr nicht verschuldet worden ist, bis zur Hälfte am Vermögen des Mannes partizipieren soll.[318] Die Formulierung „bis zur Hälfte" sei dabei aus dem Grunde problematisch, da die Klausel keine Mindestgrenze bestimme.[319]

Bei den Klauseln, die die Scheidung der Ehe betreffen, kann zu Gunsten der Frau vereinbart werden, dass sie das Recht haben soll, sich von ihrem Mann scheiden zu lassen, wenn er seiner Pflicht zur Zahlung des ehelichen Unterhalts für sechs Monate nicht nachkommt und eine Verurteilung des Mannes hierzu nicht erfolgsversprechend wäre.[320]

VI. Einvernehmliche Scheidung

Neben den genannten Möglichkeiten können die Eheleute die Beendigung ihrer Ehe auch durch eine einvernehmliche Scheidung herbeiführen.

Die Vorschriften, die eine einvernehmliche Scheidung regeln, sind die §§ 1146, 1147 IZGB. Bei dieser Art von Scheidung muss die Frau keinen Scheidungsgrund angeben. Um sich scheiden lassen zu können, kann sie sich praktisch von ihrem Mann „freikaufen".[321]

Hierbei wird unterschieden, ob das Scheidungsverlangen ausschließlich von der Frau oder von beiden Parteien ausgeht.

Geht das Scheidungsverlangen ausschließlich von der Frau aus, wird dies als *xol'* bezeichnet und es findet § 1146 IZGB Anwendung. Als Vermögenswert, den die Frau dann an den Mann zahlen muss, wird in der Praxis häufig der Wert der Brautgabe genommen. Allerdings kann es sich auch um einen Betrag handeln, der den Wert der Brautgabe übersteigt.[322]

Stimmt hingegen auch der Mann dem Scheidungsverlangen der Frau zu, nennt man dies *mobārāt*, § 1147 IZGB. In solch einem Fall kann der Mann als Vermögenswert nicht mehr als den Wert der Brautgabe verlangen.[323]

Bei der *mobārāt*-Scheidung sowie der *xol'*-Scheidung handelt es sich nach § 1145 Nr. 3 IZGB grundsätzlich um unwiderrufliche Scheidungen. Verlangt die Frau allerdings den Vermögenswert, den sie im Zuge der Scheidung an den Mann zahlen muss, heraus, dann wird aus der unwiderruflichen Scheidung eine widerrufliche Scheidung.[324]

---

318 Vgl. Safa'i/Emami, Grundriss Familienrecht, S. 65.

319 Vgl. Safa'i/Emami, Grundriss Familienrecht, S. 66.

320 Vgl. Safa'i/Emami, Grundriss Familienrecht, S. 68.

321 Vgl. Katuzian, Einführung, S. 274; vgl. Mohaghegh Damad, S. 423.

322 Vgl. IZGB-Kommentar-Katuzian, § 1146, S. 695.

323 Vgl. IZGB-Kommentar-Katuzian, § 1147, S. 695 f.

324 Vgl. IZGB-Kommentar-Katuzian, § 1145, S. 694.

Nach der Auffassung von Khodadadi Tahashi verstoßen die einvernehmlichen Scheidungen nach dem iranischen Scheidungsrecht nicht gegen den Grundsatz der Gerechtigkeit. Nach seiner Auffassung müsse der Mann gegenüber der Frau eine Fülle von Pflichten finanzieller Art erfüllen, die von dem Verzicht auf die Brautgabe unberührt bleiben. Ferner könne die Frau nach seiner Auffassung die vielen materiellen Pflichten des Mannes während der Ehe und auch nach der Trennung gegen den Mann als eine Art Druckmittel einsetzen, wenn sie sich jederzeit und ohne Angabe eines Grundes von ihrem Mann scheiden lassen könnte.[325]

VII. Rechtsfolgen der Scheidung

Mit einer Scheidung ist im Iran neben der Beendigung der Ehe eine Fülle von weiteren Rechtsfolgen für die Eheleute verbunden. Im Folgenden möchte ich die wesentlichen Rechtsfolgen darstellen.

1. Wartezeit

Vorschriften über die Wartezeit, *edde*, sind in den §§ 1150-1157 IZGB zu finden.

§ 1150 IZGB bestimmt, was unter einer Wartezeit zu verstehen ist. Danach handelt es sich bei *edde* um die Zeit, die eine Frau nach Auflösung der Ehe warten muss, bevor sie eine neue Ehe eingehen darf.[326]

Im Falle der Auflösung der Ehe durch Scheidung beträgt die Wartezeit gemäß § 1151 IZGB grundsätzlich drei Monate.[327]

Ist die Frau bei der Scheidung schwanger, so dauert die Wartezeit nach § 1153 IZGB bis zur Geburt des Kindes.[328]

Sollte sich die Frau in der Menopause befinden oder hat zwischen den Eheleuten keine geschlechtliche Beziehung vorgelegen, so muss die Frau nach § 1155 IZGB keine Wartezeit bei Scheidung und Aufhebung der Ehe einhalten.[329]

---

325 Vgl. Khodadadi Tahashi, S. 175.

326 Vgl. IZGB-Kommentar-Katuzian, § 1150, S. 696.

327 Vgl. IZGB-Kommentar-Katuzian, § 1151, S. 697.

328 Vgl. IZGB-Kommentar-Katuzian, § 1153, S. 697.

329 Vgl. IZGB-Kommentar-Katuzian, § 1155, S. 698.

2. Unterhalt für die Frau

Die Frau hat gegenüber ihrem Mann nach einer Scheidung grundsätzlich keinen Anspruch auf Unterhalt.

Lediglich in zwei Fällen hat die Frau gemäß § 1109 IZGB gegen den Mann während der Wartezeit einen Anspruch auf Unterhalt. Zum einen ist dies während der Wartezeit bei einer widerruflichen Scheidung, wenn die Frau die Scheidung nicht verschuldet hat, indem sie z.B. ihre ehelichen Pflichten verletzt hat.[330] Zum anderen hat eine schwangere Frau auch bei einer unwiderruflichen Scheidung bis zur Geburt des Kindes einen Unterhaltsanspruch gegen den Mann.[331]

Die Tatsache, dass der Frau kein weitergehender nachehelicher Unterhaltsanspruch zusteht, ist meiner Auffassung nach sehr bedenklich. Denn angesichts der Tatsache, dass eine Frau im Falle der Betreuung von kleinen Kindern keiner Arbeit nachgehen kann, führt eine fehlende nacheheliche Unterhaltspflicht des früheren Ehemannes und Kindesvaters letzendlich dazu, dass das Wohl der Kinder durch einen fehlenden nachehelichen Unterhaltsanspruch der Frau gefährdet werden könnte. In der Praxis wird es dann nämlich nicht selten darauf hinauslaufen, dass die Mütter in ihrer Not und gezwungenermaßen den Kindesunterhalt für ihr eigenes Überleben antasten müssen.

3. Finanzieller Ausgleich

a) Abfindungsanspruch der Frau, oğrat-ol-mesl

Eine Ehefrau kann von ihrem Ehemann anlässlich einer Scheidung eine Abfindung verlangen.

Dieser Abfindungsanspruch wird als *oğrat-ol-mesl* bezeichnet und bezweckt den vermögensrechtlichen Schutz der Frau, die nach iranischem Recht, außer in den oben genannten Ausnahmefällen, grundsätzlich keinen nachehelichen Unterhaltsanspruch anlässlich der Scheidung der Ehe hat.

Da sich auch im heutigen modernen Iran immer noch die Mehrheit der iranischen Frauen während einer Ehe hauptsächlich um den Haushalt und die Betreuung der gemeinsamen Kinder kümmern und aus diesen Gründen einer Berufstätigkeit nicht nachgehen, haben diese Frauen kein eigenes Einkommen und sind in der Regel auch finanziell stark von ihren Ehemännern abhängig.

Hieraus begründet sich der Anspruch der Frau gegen den Mann, dass dieser ihr für die Zeiten der Haushaltsführung und Kinderbetreuung eine angemessene

330 Vgl. IZGB-Kommentar-Katuzian, § 1109, S. 668; vgl. Katuzian, Einführung, S. 283.
331 Vgl. Katuzian, Einführung, S. 286.

Abfindung für solche Tätigkeiten, zu denen die Frau gesetzlich nicht verpflichtet gewesen ist, zahlen muss. Ursprünglich verlangte § 1, 6. Anmerkung des Gesetzes zur Reformierung der Scheidungsgesetze, *ġānun-e eslāh-e moġarrarāt-e marbut be talāġ*, für die Bejahung eines Abfindungsanspruchs, dass die Frau keine Schuld am Scheitern der Ehe traf, sie also ihre ehelichen Pflichten nicht verletzt und der Mann seinerseits die Scheidung beantragt hatte. Seit 2007 regelt § 336, 1. Anmerkung IZGB den Abfindungsanspruch einer Frau viel weiter. Seinem Wortlaut nach verlangt er nicht, dass die Frau keine Schuld am Scheitern der Ehe trifft.

§ 336 IZGB regelt nämlich, dass einer Person, welche für eine andere Person in deren Auftrage tätig wird, für eine üblicherweise geldwerte Tätigkeit ein angemessener Lohnanspruch zusteht, auch wenn er nicht ausdrücklich zwischen den Parteien vereinbart worden ist.[332]

Wie hoch die Abfindung im Einzelfall ist, hängt auch davon ab, was für Arbeiten die Frau konkret ausgeführt hat und wie lange das Eheband zwischen den Eheleuten bestanden hat.

In der Regel wird stets ein Gutachter bestellt, der den Wert der Arbeitsleistungen festlegt.[333]

Der Abfindungsanpruch der Frau soll damit die Unterstützungsleistungen der Frau gegenüber ihrem Mann honorieren, wodurch dieser sowohl berufliche als auch finanzielle Erfolge genossen hat.[334]

b) Zahlung der Brautgabe

Schließlich hat die Frau gegen den Mann stets einen Anspruch auf die Zahlung einer Brautgabe. Zwar ist dieser Anspruch bereits mit der Eheschließung fällig. Allerdings ist es üblich, dass die Zahlung entweder gestundet oder in Raten beglichen wird. Dass dies rechtlich zulässig ist, kann § 1083 IZGB entnommen werden. Hat der Ehemann die Brautgabe während der Ehe noch nicht vollständig bezahlt, steht der Frau damit anlässlich der Scheidung ein Anspruch auf die Zahlung der restlichen Brautgabe zu.

4. Erbrecht

Die Eheleute können sich bei einer unwiderruflichen Scheidung nach § 943 IZGB nicht gegenseitig beerben. Lediglich bei einer widerruflichen Scheidung

332 Vgl. Katuzian, Einführung, S. 290.

333 Vgl. Safa'i/Emami, Grundriss Familienrecht, S. 248 f.

334 Vgl. Yassari, Leipziger Beiträge zur Orientforschung, 2004, 59, 69.

können sich die Eheleute noch bis zum Ablauf der Wartezeit gegenseitig beerben. Nach Ablauf der Wartezeit endet dann das gegenseitige Erbrecht.[335]

Hiervon macht der Gesetzgeber nach § 944 IZGB dann eine Ausnahme, wenn die Scheidung zwar unwiderruflich ist, der Mann jedoch innerhalb eines Jahres nach der Scheidung an einer Krankheit versterben sollte und die Frau während dieser Zeit nicht erneut geheiratet hat.[336]

5. Sorgerecht

Es stellt sich die Frage, welche Auswirkungen eine Scheidung in Bezug auf das Sorgerecht für gemeinsame Kinder hat.

Das iranische Familienrecht differenziert beim Sorgerecht zwischen dem Sorgerecht über die Person der Kinder und dem Sorgerecht über das Kindesvermögen.

Das Vermögenssorgerecht, *velājat*, bleibt von einer Scheidung unberührt. Das bedeutet, dass grundsätzlich der Elternteil, dem das Vermögenssorgerecht während der Ehe gesetzlich zugestanden hat, auch nach einer Scheidung weiterhin Träger des Vermögenssorgerechts bleibt. Da dies, wie oben festgestellt, regelmäßig der Vater ist, kann die Mutter auch im Falle der Scheidung nicht Inhaberin des Vermögenssorgerechts für die Kinder werden.[337]

Beim Personensorgerecht ist dies anders. Innerhalb einer bestehenden Ehe steht den Eltern das Personensorgerecht gemeinsam zu.[338] Dies kann insbesondere aus § 1168 IZGB geschlossen werden.[339] Im Falle einer Trennung bzw. Scheidung differenziert das Gesetz gemäß § 1169 IZGB danach, welches Alter die Kinder haben. Haben die Kinder das siebente Lebensjahr noch nicht vollendet, so steht der Mutter das Personensorgerecht zu. Bei Kindern, die das siebente Lebensjahr vollendet haben, ist grundsätzlich der Vater personensorgeberechtigt. Die Mutter kann jedoch beim Familiengericht beantragen, dass ihr das Personensorgerecht älterer Kinder übertragen wird, wenn sie Gründe vorträgt, die beweisen, dass eine Übertragung des Personensorgerechts auf sie dem Kindeswohl dient.[340]

335 Vgl. IZGB-Kommentar-Katuzian, § 943, S. 561.
336 Vgl. IZGB-Kommentar-Katuzian, § 944, S. 561 f.
337 Vgl. Safa'i/Emami, Familienrecht II, S. 197.
338 Vgl. Gorji-Emami, S. 448.
339 Vgl. IZGB-Kommentar-Katuzian, § 1168, S. 704 f.
340 Vgl. Gorji-Emami, S. 448 f.

6. Kindesunterhalt

Das Recht des Kindes auf Unterhalt regelt § 1199 IZGB. Danach ist grundsätzlich der Vater eines Kindes diesem zu Unterhalt verpflichtet.[341]

§ 1172 IZGB regelt, dass kein Elternteil die Zahlung des Kindesunterhalts verweigern kann, solange er Inhaber des Personensorgerechts ist.[342]

Das Recht des Kindes auf Unterhalt bleibt also auch nach einer Scheidung grundsätzlich gegenüber dem Vater bestehen. Sollte der Vater bereits verstorben oder nicht leistungsfähig sein, so hat das Kind einen Unterhaltsanspruch gegenüber den väterlichen Vorfahren, also vorrangig dem Großvater und nachrangig dem Urgroßvater gegenüber. Erst, wenn auch diese Personen für den Unterhalt des Kindes nicht aufkommen können, muss die Mutter für den Unterhalt des Kindes aufkommen.[343]

341 Vgl. IZGB-Kommentar-Katuzian, § 1199, S. 723.

342 Vgl. IZGB-Kommentar-Katuzian, § 1172, S. 707.

343 Vgl. IZGB-Kommentar-Katuzian, § 1199, S. 723.

G. Aufhebung der Ehe

Neben der Scheidung kann eine Ehe nach iranischem Recht auch durch eine Aufhebung aufgelöst werden. Die Scheidung und die Aufhebung der Ehe sind sich in vielerlei Hinsicht sehr ähnlich.

So muss der Mann der Frau grundsätzlich auch bei der Aufhebung der Ehe eine Brautgabe zahlen. Haben die Eheleute aber die Ehe noch nicht vollzogen, so steht der Frau nach § 1101 IZGB kein Anspruch auf die Brautgabe zu, es sei denn, dass der Mann an Impotenz leidet. In diesem Fall ist der Mann der Frau zur Zahlung der Hälfte der Brautgabe verpflichtet.[344]

Ferner können die Eheleute die Aufhebung der Ehe nicht widerrufen, wie sie dies bei der widerruflichen Scheidung tun können.[345]

Die Länge der Wartezeit entspricht bei der Aufhebung der Ehe derjenigen, welche die Frau auch bei der Scheidung einzuhalten hat.[346]

Für die Aufhebung der Ehe müssen bestimmte gesetzlich geregelte Aufhebungsgründe vorliegen. Die im IZGB genannten Aufhebungsgründe sind z.B. gewisse „Defizite“ in der Person des Ehepartners zum Zeitpunkt der Eheschließung, wenn der andere Ehegatte nach § 1126 IZGB hierüber keine Kenntnis besaß.[347]

Diese „Defizite“ können z.B. körperlicher Art sein, wie z.B. die Unfähigkeit zum Geschlechtsverkehr, in § 1122 IZGB für das Aufhebungsrecht der Frau und in § 1123 IZGB für das Aufhebungsrecht des Mannes geregelt, oder geistiger Art, wie z.B. eine nicht nur vorübergehende Geisteskrankheit, § 1121 IZGB.[348]

Ausnahmsweise steht der Frau nach § 1125 IZGB auch dann ein Aufhebungsrecht zu, wenn der Mann nach der Eheschließung eine Geisteskrankheit erleidet oder impotent wird.[349]

Ebenso ist die Aufhebung der Ehe dann möglich, wenn ein Ehepartner den anderen über bestimmte Eigenschaften in seiner Person vorsätzlich getäuscht hat, § 1128 IZGB.[350]

---

344 Vgl. IZGB-Kommentar-Katuzian, § 1101, S. 664.

345 Vgl. Katuzian, Einführung, S. 202.

346 Vgl. Katuzian, Einführung, S. 201.

347 Vgl. IZGB-Kommentar-Katuzian, § 1126, S. 684; vgl. Katuzian, Einführung, S. 202 f.

348 Vgl. IZGB-Kommentar-Katuzian, § 1121, S. 681 f.; § 1122, S. 682 f.; § 1123, 683.

349 Vgl. IZGB-Kommentar-Katuzian, § 1125, S. 684.

350 Vgl. IZGB-Kommentar-Katuzian, § 1128, S. 684.

Nach § 1131 IZGB kann die Ehe nur dann aufgehoben werden, wenn der hierzu berechtigte Ehegatte unverzüglich nach Kenntnis vom Aufhebungsgrund von seinem Recht Gebrauch macht.[351]

Auch nach dem deutschen Recht kann eine Ehe nur aufgehoben werden, wenn hierfür die vom Gesetzgeber bestimmten Aufhebungsgründe vorliegen. Diese sind in den §§ 1314 Abs. 1 und Abs. 2 Nr. 1-5, 1319, 1320 BGB geregelt und umfassen beispielsweise das Recht auf Aufhebung der Ehe dann, wenn ein Ehegatte durch arglistige Täuschung oder durch Drohung zur Eingehung der Ehe bestimmt worden ist.

351 Vgl. IZGB-Kommentar-Katuzian, § 1131, S. 687.

H. Iranisches Abstammungsrecht

I. Verwandtschaft

Das iranische Familienrecht unterscheidet in den §§ 1031-1033 IZGB zwischen drei verschiedenen Arten von Verwandtschaft.

Diese sind die Verwandtschaft durch Abstammung, *nasabi*, durch Heirat, *sababi*, sowie die Milchverwandtschaft, *rezā'i*.

§ 1032 IZGB zählt die Personen auf, die durch Abstammung miteinander verwandt sind, wie Eltern und ihre Abkömmlinge, Großeltern und Urgroßeltern und deren Abkömmlinge sowie Geschwister und deren Abkömmlinge.[352]

Gemäß § 1033 IZGB entsteht zwischen den Verwandten eines Ehegatten und dem anderen Ehegatten ein Schwägerschaftsverhältnis.[353]

Dem iranischen Familienrecht ist eine weitere Verwandtschaftsform bekannt, die dem deutschen Familienrecht fremd ist, die Milchverwandtschaft.

Die Milchverwandtschaft ist zwar nicht im sechsten Buch des IZGB, dass die Verwandtschaftsverhältnisse gesetzlich regelt, genannt, jedoch wird sie in § 1046 IZGB, im siebenten Buch, das sich mit der Ehe und der Scheidung befasst, bei den Ehehindernissen geregelt.

Gemäß § 1046 IZGB ist die Milchverwandtschaft der Verwandtschaft durch Abstammung rechtlich gleichzusetzen, wenn es um die Ehehindernisse geht. Der iranische Gesetzgeber zählt eine Vielzahl von Voraussetzungen für die Begründung eines Verwandtschaftsverhältnisses durch Milchverwandtschaft auf. Eine dieser Voraussetzungen ist, dass die Milch der Frau, die ein fremdes Kind stillt, aus einer erlaubten Schwangerschaft stammen muss.[354]

Folglich bedeutet dies, dass die Milch entweder aus einer Schwangerschaft im Rahmen einer dauerhaften Ehe oder einer Ehe auf Zeit herrühren muss.

Selbst wenn eine dieser beiden Voraussetzungen nicht erfüllt sein sollte, so lässt sich meines Erachtens aus dem Schutzzweck des § 1165 IZGB ableiten, dass die Milch der Frau aus einer erlaubten Schwangerschaft herrührt, sofern sie

352 Vgl. IZGB-Kommentar-Katuzian, § 1032, S. 629 f.

353 Vgl. Safa'i/Emami, Grundriss Familienrecht, S. 269 f.

354 Vgl. IZGB-Kommentar-Katuzian, § 1046, S. 638, 639, 640; vgl. Safa'i/Emami, Grundriss Familienrecht, S. 275 f.

sich irrümlich in dem Glauben befand, dass ihre Ehe wirksam war und sie gutgläubig den Geschlechtsverkehr vollzogen hat.

II. Elternschaft

1. Elternschaft nach deutschem Recht

Im deutschen Recht ist es gesetzlich geregelt, wer die Eltern eines Kindes sind. § 1591 BGB regelt die Mutterschaft und § 1592 Nr. 1-3 BGB regeln die Vaterschaft.

Nach § 1591 BGB ist Mutter eines Kindes immer die Frau, die ein Kind gebärt. Keine andere Frau kann für sich die Mutterschaft zu einem Kind beanpruchen, selbst wenn sie aufgrund einer sog. Leihmutterschaft, tatsächlich die biologische Mutter des Kindes ist.

Nach § 1592 Nr. 1-3 BGB nennt das BGB drei Möglichkeiten, wie ein Mann rechtlicher Vater eines Kindes sein bzw. werden kann.

So ist nach § 1592 Nr. 1 BGB Vater eines Kindes, „der Mann, der zum Zeitpunkt der Geburt mit der Mutter des Kindes verheiratet ist", oder nach § 1592 Nr. 2 BGB, „der die Vaterschaft anerkannt hat" oder nach § 1592 Nr. 3 BGB der Mann, dessen Vaterschaft gerichtlich festgestellt ist.

2. Elternschaft nach iranischem Recht

Im Folgenden möchte ich darstellen, wie sich die Elternschaft nach dem iranischen Familienrecht regelt.

a) Vater eines Kindes kraft Ehe

Damit ein Mann als rechtlicher Vater eines Kindes angesehen werden kann, müssen nach iranischem Recht bestimmte Voraussetzungen erfüllt sein.

aa) Ehe

Zunächst einmal muss zwischen dem Mann und der Frau eine Ehe vorliegen.[355] Bei der Ehe kann es sich entweder um eine Ehe auf Zeit oder um eine dauerhafte Ehe handeln.

355 Vgl. Katuzian, Einführung, S. 326.

Nun sind im iranischen Recht bestimmte Situationen geregelt, in denen es rechtlich nicht zulässig ist, dass die Ehegatten einen Geschlechtsverkehr miteinander haben.

Ein solches Verbot ist z.B. in der *ehrām*-Zeit gegeben. Dies ist die Zeit während einer Wallfahrt nach Mekka zum Zwecke der Hadsch.[356] Ebenso ist eine während dieser Zeit geschlossene Ehe gemäß § 1053 IZGB stets nichtig. Dabei spielt es auch keine Rolle, ob es sich bei der geschlossenen Ehe um eine dauerhafte oder nur um eine zeitlich befristete Ehe handelt.[357]

Nun stellt sich die Frage, wie es sich auf den rechtlichen Status eines Kindes auswirkt, wenn die Eheleute entgegen dieses Verbots trotzdem in dieser Zeit Geschlechtsverkehr miteinander haben und ein Kind zeugen.

Handelt es sich dann bei einem in dieser Zeit gezeugten Kind aufgrund des Bestandes der Ehe um ein gesetzliches Kind oder wird das Kind wegen des Verstoßes gegen die genannte Verbotsvorschrift als ungesetzlich angesehen?

Nach der Auffassung des Rechtswissenschaftlers Katuzian handele es sich bei dem Kind um ein gesetzliches Kind, da es in erster Linie darauf ankomme, dass zwischen den Ehegatten zum Zeitpunkt der Zeugung des Kindes eine gültige Ehe bestand. Insbesondere komme es nicht darauf an, ob zum Zeitpunkt der Zeugung des Kindes Ehehindernisse vorliegen.[358]

bb) Geschlechtliche Beziehung zwischen dem Mann und der Frau

Eine weitere Voraussetzung dafür, dass ein Kind als ein gesetzliches eheliches Kind, einem Mann und einer Frau zugeordnet werden kann, ist, dass zwischen dem Mann und der Frau tatsächlich eine geschlechtliche Beziehung vorgelegen hat.

Für das Vorliegen einer geschlechtlichen Beziehung zwischen dem Mann und der Frau reicht *irgendeine* geschlechtliche Beziehung aus. Sollten die Eheleute aufgrund einer dauerhaften örtlichen Entfernung keine geschlechtliche Beziehung gehabt haben, so kann ein gezeugtes Kind nicht diesen Eheleuten als rechtlichen Eltern zugewiesen werden.[359]

Eine Einschränkung von der Voraussetzung der geschlechtlichen Beziehung wird dann gemacht, wenn das Kind durch eine künstliche Befruchtung außerhalb der Gebärmutter der Frau gezeugt worden ist. Damit das Kind allerdings als ein eheliches Kind der Eheleute angesehen werden kann, muss es sich bei der befruchteten Zelle um die durch die Samenzelle des Ehemannes befruchtete Eizelle der Ehefrau handeln.[360]

---

356 Vgl. IZGB-Kommentar-Katuzian, § 1053, S. 642; vgl. Mohaghegh Damad, S. 116.

357 Vgl. Mohaghegh Damad, S. 117.

358 Vgl. Katuzian, Einführung, S. 328.

359 Vgl. Katuzian, Einführung, S. 328 f.

360 Vgl. Katuzian, Einführung, S. 329.

cc) Geschlechtliche Beziehung und Befruchtung nach der Eheschließung

Schließlich müssen die Eheleute eine geschlechtliche Beziehung erst nach der Eheschließung vollzogen haben und die Befruchtung der Eizelle muss nach der Eheschließung stattgefunden haben.[361]

Vollziehen ein Mann und eine Frau hingegen den Geschlechtsakt vor der Eheschließung und zeugen dabei ein Kind, so handelt es sich bei dem Kind um ein uneheliches Kind. Das Kind bleibt selbst dann rechtlich ein uneheliches Kind, wenn das Paar später die Ehe miteinander eingeht.[362]

Die Unehelichkeit des Kindes ist ferner auch dann gegeben, wenn ein unverheiratetes Paar keinen unmittelbaren körperlichen Kontakt hatte, z.B. weil das Kind mittels künstlicher Befruchtung entstanden ist. Auch in einem solchen Fall kann das Kind, mangels Vorliegens einer Ehe, weder dem Mann noch der Frau als rechtlichen Eltern zugeordnet werden. Bestand also zwischen dem Mann und der Frau zum Zeitpunkt der Zeugung eines Kindes keine Ehe, so handelt es sich bei dem Kind stets um ein uneheliches bzw. ungesetzliches Kind, *nasab-e namašru'*.[363]

Im Gegensatz zum deutschen Recht führt die Tatsache, dass die biologischen Eltern des Kindes nach der Zeugung, aber vor der Geburt des Kindes, die Ehe miteinander eingehen, nicht dazu, dass das Kind die rechtliche Stellung eines ehelichen Kindes erlangt.

Mithin erlangt ein Kind nur dann den Status eines gesetzlichen Kindes, wenn alle drei genannten Voraussetzungen kumulativ vorliegen. Erst dann kann ein Mann als rechtlicher Vater eines Kindes angesehen werden und das Kind besitzt die Stellung eines *nasab-e mašru'*, also eines gesetzlich anerkannten und zulässigen Abkömmlings.

b) Vater eines Kindes kraft Anerkennung, eġrār be nasab

Die Vaterschaft zu einem Kind kann im iranischen Recht auch kraft Anerkennung bestehen. Die Anerkennung der Vaterschaft ist nach § 1262 IZGB i.V.m § 1273 IZGB möglich.

Im Gegensatz zum deutschen Recht reicht es für die Wirksamkeit der Anerkennung nicht aus, dass ein Mann mit Zustimmung der Mutter erklärt, Vater eines Kindes zu sein.

361 Vgl. Katuzian, Einführung, S. 331.

362 Vgl. Katuzian, Einführung, S. 332.

363 Vgl. Katuzian, Einführung, S. 336 f.

Vielmehr muss der Anerkennende bestimmte Tatsachen vortragen und diese auch beweisen.

Bei der Anerkennung des Kindes gemäß § 1273 IZGB muss die Anerkennung aus logischen und vernünftigen Gründen möglich sein, z.B. dürfen das Alter des Kindes und des anerkennenden Mannes nicht denklogisch gegen eine Vaterschaft sprechen.

Insbesondere muss ein Kind dann nicht der Anerkennung zustimmen, wenn es noch minderjährig ist.[364]

Widerspricht ein Dritter der Anerkennung und behauptet er selbst, Vater des Kindes zu sein, dann muss die Vaterschaft im Rahmen eines Gerichtsverfahrens nachgewiesen werden. Der Beweis der Vaterschaft kann dann entweder mit Hilfe der Vaterschaftsvermutungen, § 1158 IZGB und 1159 IZGB, oder mittels medizinischen Tests erfolgen.[365]

Im iranischen Recht besteht auch die Möglichkeit, dass ein Kind erklärt, dass ein bestimmter Mann sein Vater ist.[366] Steht die Mutterschaft fest, dann kann die Vaterschaft des Mannes wie folgt bewiesen werden:

Zunächst einmal muss zwischem dem Mann und der Mutter eine Ehe bestanden haben.

Desweiteren muss das Kind während dieser Ehe gezeugt worden sein und seit dem Geschlechtsverkehr bis zur Geburt des Kindes dürfen nicht mehr als zehn Monate und nicht weniger als sechs Monate vergangen sein.

Sind diese Voraussetzungen erfüllt, dann gilt die Vaterschaft des Mannes gemäß der gesetzlichen Vermutung des § 1158 IZGB als erwiesen.[367]

Das Problem bei dieser gesetzlichen Vermutung ist, wie das Kind beweisen kann, ob und wann zwischen seiner Mutter und dem Mann ein Geschlechtsakt stattgefunden hat, falls der Mann diesen Umstand leugnen sollte.

Auch für den Vollzug des Geschlechtsaktes hat sich der iranische Gesetzgeber des Mittels der gesetzlichen Vermutung bedient. Das Zusammenleben der Ehegatten ist nämlich eine gesetzliche Vermutung dafür, dass zwischen den Eheleuten ein Geschlechtsakt vorgelegen hat.[368]

Ist hingegen auch die Mutterschaft zu einem Kind noch nicht erwiesen und trägt ein Kind vor, dass es ein Kind zweier Personen ist, so muss es zusätzlich noch weitere Voraussetzungen beweisen.

Wie auch in der obigen Konstellation muss das Kind das Vorliegen einer Ehe zwischen dem Mann und der Frau beweisen, die es als seine Eltern benennt. Das

---

364 Vgl. IZGB-Kommentar-Katuzian, § 1273, S. 759 f.

365 Vgl. Katuzian, Familienrecht II, S. 74.

366 Vgl. Katuzian, Einführung, S. 342.

367 Vgl. IZGB-Kommentar-Katuzian, § 1158, S. 700 f.

368 Vgl. Katuzian, Einführung, S. 343 f.

Vorliegen der Ehe kann das Kind auf die Weise beweisen, dass es sich der im iranischen Recht zulässigen Beweismittel bedient. In Betracht kommt hierbei insbesondere der Beweis durch Geständnis der Eheleute, die Vorlage von Urkunden oder der Aussage von Zeugen. Desweiteren muss das Kind zunächst die Mutterschaft beweisen und schließlich muss es beweisen, dass es während der Ehe seiner Mutter und dem Mann, den er als Vater benennt, gezeugt worden ist.[369]

Sind diese Voraussetzungen erfüllt, wird die Vaterschaft bewiesen.

Das deutsche Recht stellt an die Anerkennung eines Kindes relativ geringe Voraussetzungen. Die Erklärung eines Mannes, Vater eines Kindes zu sein, bedarf nach der bestehenden Gesetzeslage zu ihrer Wirksamkeit nach § 1595 Abs. 1 BGB der Zustimmung der Mutter und nach § 1595 Abs. 2 BGB ausnahmsweise dann der Zustimmung des Kindes, wenn der Mutter insoweit die elterliche Sorge nicht zusteht.

Das deutsche Recht „toleriert" dabei grundsätzlich Anerkennungserklärungen, die bewusst unrichtig abgegeben worden sind.[370] Nur in Ausnahmefällen, z.B. dann, wenn es dem Anerkennenden durch die Anerkennung eines deutschen Kindes um die Erschleichung eines aufenthaltsrechtlichen Titels, wie nach § 28 Abs. 1 Nr. 3 AufenthG, geht, steht den Behörden ein Anfechtungsrecht zu.[371]

c) Streit zwischen zwei Männern um die Vaterschaft

Nun kann es vorkommen, dass ein Kind nach der Beendigung einer Ehe, die entweder befristet oder dauerhaft sein kann, geboren wird. Denkbare Fälle sind die Geburt eines Kindes nach der Beendigung der Ehe aufgrund des Todes des Ehemannes, nach einer Scheidung der Eheleute oder nach der Aufhebung der Ehe.

In solchen Fällen stellt sich die Frage, wer nach iranischem Recht als Vater des Kindes anzusehen ist.

Wird das Kind nach der Auflösung der Ehe geboren, dann besteht die gesetzliche Vermutung des § 1159 IZGB. Nach dieser wird das Kind rechtlich dem früheren Ehemann der Frau zugewiesen. Diese gesetzliche Vermutung greift unter zwei Voraussetzungen ein: Zum einen darf die Frau seit der Auflösung der Ehe nicht erneut geheiratet haben und zum anderen dürfen seit der Auflösung der Ehe und der Geburt des Kindes nicht mehr als zehn Monate vergangen sein.

Da § 1159 IZGB lediglich eine gesetzliche Vermutung ist, greift sie nicht ein, wenn bewiesen wird, dass zwischen dem Geschlechtsverkehr und der Geburt des Kindes weniger als sechs Monate oder mehr als zehn Monate vergangen sind.[372]

369 Vgl. Katuzian, Einführung, S. 338.
370 Vgl. Coester-Waltjen, § 52, Rn. 43.
371 Vgl. Coester-Waltjen, § 52, Rn. 111.
372 Vgl. IZGB-Kommentar-Katuzian, § 1159, S. 701.

Wenn also ein Kind nach der Auflösung der Ehe geboren wird und der frühere Ehemann der Frau glaubhaft seine Unfruchtbarkeit beweisen kann, dann gilt diese gesetzliche Vermutung nicht.

Interessant ist dabei auch die Frage, wie es rechtlich zu behandeln ist, wenn z.B. eine Frau nach der Auflösung der Ehe durch Scheidung von ihrem ersten Ehemann und unter Einhaltung der Wartezeit erneut heiratet und während der zweiten Ehe ein Kind bekommt.

Es stellt sich hier dann die Frage, wer dann als rechtlicher Vater des Kindes anzusehen ist.

In solchen Fällen müssen grundsätzlich drei verschiedene Konstellationen unterschieden werden:

Die erste Konstellation ist die, dass seit der Geburt des Kindes und der Auflösung der ersten Ehe nicht mehr als zehn Monate vergangen sind, und seit der Geburt des Kindes und der Eingehung der zweiten Ehe weniger als sechs Monate vergangen sind. In diesem Fall wird das Kind gemäß § 1158 IZGB rechtlich dem Ehemann aus der ersten Ehe zugewiesen.[373]

Bei der zweiten Konstellation sind seit der Auflösung der Ehe und der Geburt des Kindes mehr als zehn Monate vergangen und zwischen der Eingehung der zweiten Ehe und der Geburt des Kindes sind mehr als sechs Monate vergangen. In diesem Fall ist das Kind gemäß § 1158 IZGB rechtlich dem zweiten Ehemann der Frau zugewiesen.[374]

Schließlich gibt es noch eine dritte Konstellation, bei der seit der Auflösung der Ehe und der Geburt des Kindes nicht mehr als zehn Monate vergangen sind und seit der Geburt des Kindes und der Eingehung der zweiten Ehe genau sechs Monate vergangen sind. In solch einem Fall könnte das Kind rein rechnerisch beiden Männern nach § 1158 IZGB rechtlich zugewiesen werden.[375]

Da ein Kind aber auch nach iranischem Recht nicht zwei Väter haben kann, weist der Gesetzgeber das Kind gemäß § 1160 IZGB in diesem Fall dem zweiten Ehemann der Frau zu, es sei denn, dass das Gegenteil bewiesen wird. Der Gesetzgeber bezweckte mit dieser Regelung die Unterstützung der Kinder, die innerhalb einer intakten Familie geboren werden.[376]

Mithin müssen diese gesetzlichen Vermutungen gemäß § 1164 IZGB für die Vaterschaft eines Mannes auch dann Gültigkeit haben, wenn die Ehe zwischen einem Mann und einer Frau aufgrund eines Fehlers nichtig ist und die vermeintli-

373 Vgl. Katuzian, Einführung, S. 348.
374 Vgl. Katuzian, Einführung, S. 348.
375 Vgl. Katuzian, Einführung, S. 348 f.
376 Vgl. Katuzian, Einführung, S. 348.

chen Eheleute gutgläubig den Geschlechtsverkehr vollzogen und ein Kind gezeugt haben.[377]

Wenn ein Vater die Vaterschaft zu einem Kind anerkennen möchte oder wenn ein Kind behauptet, dass ein Mann sein Vater ist, so kann die Vaterschaft nach der Ansicht des Rechtswissenschaftlers Katuzian nur durch ein Geständnis oder durch die gesetzliche Vermutung des § 1158 IZGB bewiesen werden.[378]

Nach der Auffassung der Rechtswissenschaftler Safa'i und Emami kann die Vaterschaft auch durch Zeugen oder durch medizinische Untersuchungen wie Bluttests und DNA-Untersuchungen bewiesen werden.[379]

Rechtsstreitigkeiten über die Abstammung fallen auch im Iran in den Zuständigkeitsbereich des Familiengerichts.[380]

d) Mutter eines Kindes

Im Folgenden stellt sich die Frage, unter welchen Voraussetzungen eine Frau nach iranischem Recht als rechtliche Mutter eines Kindes anzusehen ist.

Für den deutschen Rechtsanwender mag diese Frage auf den ersten Blick vielleicht erstaunen, da das geltende deutsche Familienrecht keinen Zweifel darüber aufkommen lässt, wer Mutter eines Kindes ist.

§ 1591 BGB stellt klar, dass Mutter eines Kindes, unabhängig von einer möglicherweise nicht bestehenden biologischen Mutterschaft, stets die Frau ist, die das Kind geboren hat. In der logischen Konsequenz ist auch das Rechtsinstitut der Anerkennung der Mutterschaft nicht existent.

Das iranische Recht kennt wiederum im Gegensatz zum deutschen Recht keine entsprechende gesetzliche Regelung, wer Mutter eines Kindes ist. Vielmehr ergibt sich aus § 1273 IZGB, dass eine Anerkennung der Mutterschaft rechtlich möglich ist.[381]

aa) Welche Voraussetzungen müssen bei einer Mutterschaft kraft Anerkennung vorliegen?

Aus § 1273 IZGB ergibt sich, dass auch die Anerkennung der Mutterschaft nach dem iranischen Familienrecht rechtlich zulässig und möglich ist.

Die Anerkennung der Mutterschaft bedarf zu ihrer Wirksamkeit zweierlei Voraussetzungen.

---

377 Vgl. IZGB-Kommentar-Katuzian, § 1164, S. 703 f.

378 Vgl. Katuzian, Einführung, S. 342 f.

379 Vgl. Safa'i/Emami, Familienrecht II, S. 59, 60, 61.

380 Vgl. Safa'i/Emami, Familienrecht II, S. 45.

381 Vgl. Katuzian, Einführung, S. 341.

Zum einen muss eine Mutterschaft mit den Gesetzen der Logik und der Vernunft vereinbar sein. So dürfen das Alter der Mutter und das Alter des Kindes nicht gegen eine Mutterschaft sprechen. Zum anderen bedarf es grundsätzlich der Zustimmung des anerkennenden Kindes. Allerdings muss ein minderjähriges Kind nicht einer Anerkennung zustimmen.[382]

bb) Gerichtliche Feststellung der Mutterschaft

Auch die gerichtliche Feststellung der Mutterschaft ist nach dem iranischen Familienrecht möglich.[383]

Ein Kind könnte z.B. ein erbrechtliches Motiv und aus diesem Grunde ein berechtigtes Interesse daran haben, dass die Mutterschaft zu einer Frau gerichtlich festgestellt wird.

Es stellt sich also die Frage, welche Voraussetzungen bei einer Feststellung der Mutterschaft vorliegen müssen.

Behauptet ein Kind, dass es das Kind einer bestimmten Frau ist, so muss es Tatsachen vortragen, die die Mutterschaft der Frau beweisen.

Das Begehren des Kindes hat dann Erfolg, wenn es zwei Voraussetzungen beweisen kann: Die erste Voraussetzung ist die Tatsache, dass die Frau einst schwanger war und ein Kind geboren hat. Die zweite Voraussetzung ist, dass es das Kind aus dieser Schwangerschaft ist.[384] Diese Tatsachen kann das Kind auf die Weise beweisen, dass es z.B. Zeugen benennt, die über die Schwangerschaft der Frau Auskunft erteilen können.[385]

Ferner kann sich aus der Geburtsurkunde des Kindes ergeben, wer die Mutter des Kindes ist, denn ist eine Frau als Mutter eines Kindes in der Geburtsurkunde des Kindes eingetragen, so kommt dieser Tatsache ein hoher Beweiswert zu. Dies begründet sich dadurch, dass Urkunden im iranischen Recht eine sehr starke Beweiskraft zukommt.[386]

Im Übrigen kann das Gericht auch ein genetisches Gutachten anordnen, aus dem sich dann die Mutterschaft einer Frau zu einem Kind ergibt.[387]

Wenn also eine Frau die Mutterschaft zu einem Kind weder anerkennt, noch Erkenntnisse über die Mutterschaft zu dem Kind in der Geburtsurkunde des Kindes gegeben sind und auch keine Zeugen vorhanden sind, die über die Schwangerschaft der Frau Auskunft erteilen können, dann kann durch ein genetisches Gutachten festgestellt werden, ob eine Frau die Mutter eines Kindes ist.

---

382 Vgl. Katuzian, Familienrecht II, S. 50.
383 Vgl. Katuzian, Einführung, S. 338 f.
384 Vgl. Katuzian, Familienrecht II, S. 40.
385 Vgl. Katuzian, Familienrecht II, S. 40.
386 Vgl. Katuzian, Familienrecht II, S. 40 f.
387 Vgl. Katuzian, Familienrecht II, S. 49.

Umgekehrt könnte auch eine Frau, z.B. aus erbrechtlichen Motiven, ein Interesse daran haben, dass die Mutterschaft zu einem Kind festgestellt wird.

Wenn nun eine Frau vorträgt, die Mutter eines Kindes zu sein, so muss sie die Mutterschaft zum Kind beweisen. Die Mittel, die ihr dabei zur Verfügung stehen, sind z.B. Zeugenaussagen und die Vorlage von Urkunden wie Geburtsurkunden. Ebenso kann die Frau beim Gericht beantragen, dass die Mutterschaft zu dem Kind durch ein genetisches Gutachten, welches dann gerichtlich angeordnet werden kann, festgestellt wird.[388]

e) Rechtsfolgen einer Anerkennung der Vaterschaft bzw. der Mutterschaft

Wenn eine Frau und ein Mann vortragen, dass sie die Eltern eines Kindes sind, bedarf die Wirksamkeit dieser Anerkennung, wie oben bereits erläutert, bei nichtminderjährigen Kindern zusätzlich noch der Zustimmung des Kindes.

Wendet sich sodann auch kein Dritter gegen die Anerkennung, der ebenfalls vorträgt, Mutter oder Vater des Kindes zu sein, so entsteht zwischen den anerkennenden Eltern und dem Kind ein Eltern-Kind-Verhältnis mit sämtlichen Rechten und Pflichten wie Erbrecht, Unterhaltsrecht und Sorgerecht. Zwischen dem Kind und den Verwandten der Eltern entsteht ebenso ein Verwandtschaftsverhältnis mit sämtlichen Rechten und Pflichten. Dies ist insbesondere für das Erbrecht von Bedeutung.[389]

3. Anfechtung der Elternschaft

Nach dem iranischen Recht ist es sowohl möglich die Vaterschaft, als auch die Mutterschaft zu einem Kind anzufechten.

a) Anfechtung der Vaterschaft, *nafj-e walad*

Im Folgenden stellt sich die Frage, wie ein Mann eine bestehende Vaterschaft anfechten kann, wenn diese aufgrund einer gesetzlichen Vermutung als bestehend gilt.

Um eine bestehende Vaterschaft anfechten zu können, muss der Vater einen berechtigten Grund vortragen.

Dieser Grund muss die gesetzliche Vermutung, dass er Vater eines Kindes ist, widerlegen können. Als berechtigter Grund wäre anzusehen, wenn z.B. Zeugen

388 Vgl. Katuzian, Einführung, S. 338; vgl. Safa'i/Emami, Familienrecht II, S. 48.
389 Vgl. Katuzian, Familienrecht II, S. 89 f.; vgl. Safa'i/Emami, Familienrecht II, S. 90.

glaubhaft vortragen können, dass die Frau während der Ehe mit dem Mann eine ungesetzliche Beziehung zu einem anderen Mann führte. Der Beweis, dass das Kind nicht von dem Mann abstammt, kann sodann z.B. durch medizinische Untersuchungen wie Bluttests erbracht werden. Berechtigt zur Anfechtung der Vaterschaft wäre in diesem Fall nur der Mann, der sich gegen die Vaterschaft wendet.[390]

Kann der Mann keinen berechtigten Grund vorbringen, dann bleibt ihm nur durch einen *le'ān* möglich die Vaterschaft anzufechten.

Die wörtliche Übersetzung von *le'ān* bedeutet, jemanden verfluchen.[391]

Rechtlich handelt es sich dabei um einen förmlichen Ausspruch des Mannes, welchen er vor Gericht als Schwur vorträgt. Der Inhalt dieses Ausspruchs ist, dass sich die Frau eines Ehebruches, also einer *zenā'* während einer dauerhaften Ehe schuldig gemacht hat.[392]

Durch solch einen *le'ān* kann der Mann damit auch die Anfechtung der Vaterschaft zu einem Kind geltend machen, wenn er keinen berechtigten Grund vortragen kann, der ihn sonst zur Anfechtung der Vaterschaft legitimieren würde.[393]

Der *le'ān* wird auf die Weise durchgeführt, dass der Ehemann im Beisein seiner Ehefrau vor Gericht treten muss und vier Mal mit einer bestimmten Formel in arabischer Sprache schwören muss, dass sich die Ehefrau eines Ehebruchs schuldig gemacht hat. Die Frau wiederum kann sich gegen diesen Vorwurf auf die Weise wehren, dass sie ihrerseits vier Mal schwört, dass sie sich keines Ehebruches schuldig gemacht hat. Beide Eheleute müssen dann hinzufügen, dass Gott sie strafen solle, falls sie gelogen haben sollten.[394]

Wehrt sich die Frau auf diese Weise gegen den Ausspruch des Mannes und kann ein Ehebruch seitens der Ehefrau nicht nachgewiesen werden, so behält der durchgeführte *le'ān* aber seine volle Wirksamkeit. Für das Vorliegen eines *le'ān* muss ein *zenā'* also nicht bewiesen werden.[395]

Wurde ein *le'ān* durchgeführt, so führt er zur Auflösung der Ehe, ohne dass es einer Scheidung bedarf.[396]

Im Übrigen ist nach § 1052 IZGB eine erneute Eheschließung zwischen den Beteiligten für immer verboten.[397]

Die rechtliche Konsequenz für das Kind, dessen Vater einen *le'ān* ausgesprochen hat, ist, dass ein bis dahin bestehendes Verwandtschaftsverhältnis zwischen

---

390 Vgl. Katuzian, Familienrecht II, S. 100.
391 Vgl. Safa'i/Emami, Familienrecht II, S. 71.
392 Vgl. Safa'i/Emami, Familienrecht II, S. 71.
393 Vgl. Safa'i/Emami, Familienrecht II, S. 70, 71, 72; vgl. Katuzian, Familienrecht II, S. 93.
394 Vgl. Safa'i/Emami, Familienrecht II, S. 71.
395 Vgl. Katuzian, Familienrecht II, S. 93.
396 Vgl. Safa'i/Emami, Familienrecht II, S. 71.
397 Vgl. IZGB-Kommentar-Katuzian, § 1052, S. 641 f.

dem Mann und dem Kind sowie zwischen dem Kind und den Verwandten des Mannes endet. Ein Verwandtschaftsverhältnis besteht dann lediglich zu der Mutter und zu den mütterlichen Verwandten.[398]

Für das Kind bedeutet dies gemäß § 882 IZGB auch einen Verlust des Erbrechts vom Vater für den Fall seines Ablebens. Ebenso kann auch der Vater das Kind nicht mehr beerben.[399]

Allerdings kann der Mann trotz eines erfolgreich durchgeführten *le'ān* später das Kind wieder als sein Kind anerkennen.[400]

Mithin führt ein einmal durchgeführter *le'ān* also nicht zu einer Sperrwirkung hinsichtlich einer späteren Anerkennung der Vaterschaft.

Sollte das Kind also später wieder anerkannt werden, entsteht dann wieder ein Verwandtschaftsverhältnis. Das Kind wird dann rechtlich dem Anerkennenden zugewiesen und besitzt dann sämtliche Rechte gegenüber dem Vater wie z.B. auch ein Erbrecht. Dieses Erbrecht ist dann allerdings eingeschränkt. Zum einen kann das Kind nur den Vater und nicht auch die übrigen väterlichen Verwandten beerben und zum anderen haben der Vater und die übrigen väterlichen Verwandten kein Erbrecht gegenüber dem Kind.[401]

Schließlich ist die Anfechtung der Vaterschaft auch dann möglich, wenn ein Mann die Vaterschaft zu einem Kind anerkannt hat, ohne dass die Voraussetzungen einer gesetzlichen Vermutung vorgelegen haben. Denn wenn die Voraussetzungen für eine gesetzliche Vermutung nicht vorgelegen haben, ist die Anerkennung nach § 1273 IZGB unrichtig und damit nichtig.[402]

In solch einem Fall haben sowohl der Mann, dessen Vaterschaft rechtlich besteht, als auch Verwandte des Mannes, die durch das Bestehen der Vaterschaft in ihren Rechten verletzt sein könnten, die Möglichkeit gegen ein Kind zu klagen.[403]

Dies könnte etwa dann der Fall sein, wenn weitere Kinder des Mannes durch eine Anfechtung rechtlich besser gestellt werden würden, z.B. weil sie durch die Anfechtung eine höhere Erbquote erwarten könnten.

Bei der Anfechtung muss der Anfechtungsberechtigte grundsätzlich gegen das Kind und die Kindesmutter klagen.[404]

---

398 Vgl. Safa'i/Emami, Grundriss Familienrecht, S. 305.

399 Vgl. IZGB-Kommentar-Katuzian, § 882, S. 543 f.; vgl. Safa'i/Emami, Grundriss Familienrecht, S. 305.

400 Vgl. Safa'i/Emami, Grundriss Familienrecht, S. 305.

401 Vgl. IZGB-Kommentar-Katuzian, § 883, S. 544; vgl. Safa'i/Emami, Grundriss Familienrecht, S. 305.

402 Vgl. Katuzian, Familienrecht II, S. 99.

403 Vgl. Katuzian, Familienrecht II, S. 99.

404 Vgl. Katuzian, Einführung, S. 364.

Ist das Kind allerdings minderjährig, dann wird für das Kind in dieser Angelegenheit durch das Gericht ein Vormund bestellt.[405]

Für den Fall, dass das Kind bereits verstorben sein sollte, muss der Anfechtungsberechtigte gegen die Erben des Kindes klagen.[406]

Ein anfechtungsberechtigter Vater muss die Anfechtung der Vaterschaft innerhalb einer bestimmten Frist, der Anfechtungsfrist, erklären.

Die Anfechtungsfrist beginnt ab dem Zeitpunkt zu laufen, ab dem der Vater von der Geburt des Kindes Kenntnis erlangt. Ab Kenntniserlangung beträgt die Anfechtungsfrist gem. § 1162 IZGB zwei Monate.[407]

Mithin ist für alle anderen Personen, die zur Anfechtung berechtigt sind, keine Anfechtungsfrist bestimmt.[408]

Die Anfechtung der Vaterschaft kann aber auch ausgeschlossen sein. Dies ist gemäß § 1161 IZGB dann der Fall, wenn ein Mann die Vaterschaft anerkannt hat und er auch entsprechend einer gesetzlichen Vermutung als rechtlicher Vater eines Kindes gilt.[409]

b) Anfechtung der Mutterschaft

Nach iranischem Recht haben nicht nur der Vater eines Kindes und dessen Verwandte, wie z.B. seine Kinder, das Recht eine bestehende Vaterschaft anzufechten. Auch die Mutter eines Kindes ist im Gegensatz zum deutschen Recht berechtigt, unter bestimmten Voraussetzungen die Mutterschaft zu einem Kind anzufechten.[410]

Es stellt sich daher die Frage, was für einen Anfechtungsgrund die Mutter hierfür vorbringen muss.

Für die Anfechtung der Mutterschaft reicht jeder plausible Grund aus. Diese ist auch nicht an eine bestimmte Anfechtungsfrist gebunden.[411]

Selbst den mütterlichen Verwandten steht das Recht zu, die Mutterschaft anzufechten.[412]

In der Vergangenheit wurde in der rechtswissenschaftlichen Literatur darüber diskutiert, ob überhaupt ein Recht zur Anfechtung der Elternschaft bestehen kann, wenn das Kind Inhaber einer Geburtsurkunde ist.

---

405 Vgl. Katuzian, Einführung, S. 364 f.
406 Vgl. Katuzian, Einführung, S. 365.
407 Vgl. Katuzian, Einführung, S. 366.
408 Vgl. Katuzian, Einführung, S. 367 f.
409 Vgl. IZGB-Kommentar-Katuzian, § 1161, S. 702.
410 Vgl. Safa'i/Emami, Familienrecht II, S. 80 f.
411 Vgl. Safa'i/Emami, Familienrecht II, S. 81.
412 Vgl. Safa'i/Emami, Familienrecht II, S. 80 f.

Können also in solch einem Fall die anfechtungsberechtigten Eltern bzw. sonstigen Verwandten eine Anfechtung wirksam geltend machen?

Diese Frage stellt sich aufgrund der starken Beweiskraft, die einer Geburtsurkunde als öffentliche Urkunde zukommt. Die Beweiskraft von öffentlichen Urkunden ist nämlich gemäß § 1309 IZGB im iranischen Recht stärker als die Beweiskraft von gesetzlichen Vermutungen oder Zeugenaussagen. Aus diesem Grunde stellt sich die Frage, ob bei Vorliegen einer Geburtsurkunde, aus der sich der Vater und die Mutter eines Kindes ergeben, überhaupt ein Recht zur Anfechtung bestehen kann.[413]

Sind sich die Eltern des Kindes darüber einig, dass sie gemeinsam ein Kind haben und besteht über die Existenz der Urkunde kein Streit, sondern behaupten sie lediglich, dass der Inhaber der Geburtsurkunde nicht derjenige ist, dessen Eltern sie sind, dann kann das Anfechtungsrecht der Eltern durch gesetzliche Vermutungen und Zeugenaussagen begründet werden.[414]

Wehren sich die Eltern aber überhaupt dagegen, dass der Namensträger der Geburtsurkunde ihr Kind ist, wenden sie sich also insgesamt gegen die Mutterschaft und Vaterschaft zu dem Kind, so bestehen unterschiedliche Ansichten zwischen den iranischen Rechtswissenschaftlern, ob den Eltern in diesem Falle ein Anfechtungsrecht zustehen soll. Dies könnte sich damit begründen, dass im Falle von Rechtsstreitigkeiten gemäß § 1309 IZGB der Inhalt einer öffentlichen Urkunde nicht mittels Zeugenaussagen widerlegt werden kann.[415]

Stellen die rechtlichen Eltern eines Kindes in Frage, dass der Namensträger der Geburtsurkunde überhaupt ein Kind von ihnen ist, sie also überhaupt Mutter und Vater sind, so bejahen einige, dass den Eltern ein Anfechtungsrecht zustehen soll. Die Eltern könnten vorbringen, dass der Inhalt der Geburtsurkunde auf Veranlassung einer anderen Person verfasst worden sei. Nach dieser Auffassung könne die Richtigkeit der Geburtsurkunde z.B. durch Zeugenaussagen widerlegt werden, da der Aussteller der öffentlichen Urkunde nicht die Richtigkeit des beurkundeten Inhalts überprüfen kann und auch nicht muss.[416]

Andere Rechtswissenschaftler sind aber der Auffassung, dass bei Vorliegen einer Geburtsurkunde und aufgrund der öffentlichen Beweiskraft einer solchen Urkunde, dieser grundsätzlich eine umfassende Gültigkeit zukomme und z.B. durch eine Zeugenaussage nicht das Gegenteil bewiesen werden könne. Dies sei insbesondere dann der Fall, wenn z.B. ein Beamter eine öffentliche Urkunde aufgrund eigener Wahrnehmung und Überzeugung erstellt hat.[417]

---

413 Vgl. Safa'i/Emami, Familienrecht II, S. 82.

414 Vgl. Safa'i/Emami, Familienrecht II, S. 83.

415 Vgl. IZGB-Kommentar-Katuzian, § 1309, S. 777; vgl. Safa'i/Emami, Familienrecht II, S. 83.

416 Vgl. Safa'i/Emami, Familienrecht II, S. 83.

417 Vgl. Safa'i/Emami, Familienrecht II, S. 83.

Der Meinungsstreit besteht trotz der Meinung des *šourā negahbān*, dem Wächterrat, aus dem Jahre 1988.

Dieser hat entschieden, dass § 1309 IZGB mit den islamischen Vorschriften im Iran nicht vereinbar sei, so dass die Vorschrift gestrichen werden müsse.[418]

Allerdings kommt diesem Meinungsstreit aus dem Grunde noch eine Bedeutung zu, da § 1309 IZGB immer noch im iranischen Zivilgesetzbuch existent ist.

III. Künstliche Befruchtung im Iran

Die künstliche Befruchtung ist nach iranischem Recht unter bestimmten Voraussetzungen zulässig.

Eine künstliche Befruchtung wird als *talġih-e masnu'i* bezeichnet und stellt einen Befruchtungsvorgang mittels medizinischer Hilfsmittel auf nicht natürlichem Wege und damit ohne Geschlechtsakt dar.[419] Eine künstliche Befruchtung ist auf zwei Arten möglich. Der Befruchtungsvorgang kann entweder innerhalb oder außerhalb der Gebärmutter der Frau durchgeführt werden. Je nach dem, aus welchem Grunde die Frau nicht in der Lage ist, auf natürlichem Wege schwanger zu werden, wird die eine oder die andere Variante gewählt.

Bei der Befruchtung innerhalb der Gebärmutter wird die Eizelle der Frau innerhalb ihrer Gebärmutter befruchtet. Die befruchtete Eizelle entwickelt sich dort und wächst sodann heran.

Hingegen spricht man von einer Befruchtung außerhalb der Gebärmutter, wenn entweder die Eizelle außerhalb der Gebärmutter der Frau befruchtet wird oder, wenn der Befruchtungsvorgang zwar innerhalb der Gebärmutter stattfindet, sich die befruchtete Eizelle aber außerhalb der Gebärmutter weiterentwickelt und heranwächst.

1. Befruchtung innerhalb der Gebärmutter

Die Befruchtung innerhalb der Gebärmutter der Frau kann auf verschiedene Arten erfolgen.

Entweder werden für den Befruchtungsvorgang von den Eheleuten, die eine künstliche Befruchtung durchführen lassen möchten, vorher Eizellen der Ehefrau und Spermien des Ehemannes entnommen oder es werden Eizellen der Frau und Spermien eines anderen, fremden Mannes, der nicht der Ehemann der Frau ist,

418 Vgl. Safa'i/Emami, Familienrecht II, S. 84.

419 Vgl. Gorji-Emami, S. 423.

entnommen. In diesem Fall würde der Ehemann der Frau nicht der biologische Vater des Kindes sein.

Schließlich gibt es die Möglichkeit, Spermien des Ehemannes und Eizellen einer anderen, fremden Frau, die nicht die Ehefrau des Mannes ist, zu entnehmen. Die Eizellen würden sodann in den Körper der Ehefrau des Mannes eingesetzt.

Im letzteren Fall wäre die Frau, die das Kind gebiert, dann nicht die biologische Mutter des Kindes.

2. Befruchtung außerhalb der Gebärmutter

Bei der Befruchtung außerhalb der Gebärmutter ist es so, dass sich entweder der Befruchtungsvorgang selbst oder die Entwicklung der befruchteten Eizelle außerhalb der Gebärmutter vollzieht. Es ist auch möglich, dass sowohl die Befruchtung, als auch die weitere Entwicklung außerhalb der Gebärmutter stattfindet.

Die Befruchtung findet also dann außerhalb der Gebärmutter statt, wenn dies in einem medizischen Labor oder aber in der Gebärmutter einer anderen Frau erfolgt, die selbst nicht Inhaberin der Eizelle ist. Letzteres wird nach iranischem Recht als *eğāre rahem* bezeichnet, was wörtlich auch als das „Vermieten einer Gebärmutter“ übersetzt werden kann.

Eine Befruchtung außerhalb der Gebärmutter ist sowohl dann möglich, wenn es sich bei den Zellen um die Eizelle der Ehefrau und die Spermienzelle des Ehemannes, als auch dann, wenn es sich um Zellen von anderen Spenderpersonen handelt. Sowohl auf Seiten des Ehemannes als auch auf Seiten der Ehefrau können Spenderpersonen in Betracht kommen.

3. Was sagen die iranischen Rechtswissenschaftler zur Rechtmäßigkeit einer künstlichen Befruchtung?

Nach der Auffassung der iranischen Rechtswissenschaftler sollte Paaren, die aus krankheitsbedingten oder sonstigen gesundheitlichen Gründen nicht in der Lage sind, auf natürlichem Wege Kinder zu bekommen, der Weg einer künstlichen Befruchtung offen stehen.[420]

Für den Fall, dass die Eizelle von der Ehefrau und die Spermien vom Ehemann stammen, sind sich die Rechtswissenschaftler darüber einig, dass dies erlaubt und rechtmäßig sein soll und zwar unabhängig davon, ob der Befruchtungsvorgang

420 Vgl. Gorji-Emami, S. 424, 425, 426.

oder die Entwicklung des Embryos nun innerhalb oder außerhalb der Gebärmutter stattgefunden hat.[421]

Die Rechtswissenschaftler begründen die Zulässigkeit dieser Art der Befruchtung damit, dass dann zwar der Befruchtungsvorgang auf einem nicht natürlichen Wege durchgeführt wird, dies aber aus dem Grunde rechtlich unbedenklich sei, da sowohl die Eizelle als auch die Spermien von den Eheleuten selbst herrühren.[422]

Damit handelt es sich bei einem später geborenen Kind um ein rechtmäßiges eheliches Kind, welches alle Rechte genießt, die ein Kind hat, welches auf natürlichem Wege gezeugt worden ist.[423]

Fraglich ist nun aber, ob es nach iranischem Recht rechtmäßig ist, wenn die Eizelle und die Spermien zwar von den Eheleuten stammen, allerdings für die Entwicklung des Embryos und das Austragen des Kindes eine sog. Leihmutter ausgewählt wird.

Hierzu werden gegensätzliche Ansichten vertreten, ob diese Handlung rechtmäßig ist. Einige Rechtswissenschaftler bejahen die Rechtmäßigkeit dieser Handlung, andere lehnen sie ab.[424]

Bei einem auf diese Weise gezeugten Kind könnte es sich aber aus dem Grunde um ein rechtmäßiges eheliches Kind der Eheleute handeln, da die genetischen Eltern des Kindes, also die Inhaber der Eizelle und der Spermienzelle miteinander verheiratet sind und das Kind eben nicht aus einer unzüchtigen Handlung herrührt.[425]

4. Entsteht zwischen dem Kind und der Leihmutter ein Verwandtschaftsverhältnis?

Es stellt sich nun die Frage, ob zwischen dem Kind und der Leihmutter ein Verwandtschaftsverhältnis entsteht.

Auch hierzu werden gegensätzliche Ansichten vertreten.

So befürworten es einige der Rechtswissenschaftler, dass zwischen dem Kind und der Leihmutter ein Verwandtschaftsverhältnis ähnlich einer Milchverwandtschaft entstehe, da das Kind Nutznießer des Körpers der Leihmutter sei. Ebenso könne das Kind in solchen Fällen zwei Mütter haben, obgleich dies mit weiteren Schwierigkeiten verbunden wäre.[426]

421 Vgl. Gorji-Emami, S. 425 f.

422 Vgl. Safa'i/Emami, Familienrecht II, S. 111 f.

423 Vgl. Safa'i/Emami, Familienrecht II, S. 111; vgl. Katuzian, Familienrecht II, S. 26.

424 Vgl. Gorji-Emami, S. 434 f.

425 Vgl. Gorji-Emami, S. 440 f.

426 Vgl. Gorji-Emami, S. 438 f.

5. Ist eine heterologe Insemination nach iranischem Recht rechtmäßig?

Es stellt sich nun die Frage, ob es nach iranischem Recht rechtmäßig ist, wenn im Rahmen eines Befruchtungsvorgangs eine Eizelle mit einer Spermienzelle befruchtet wird und Inhaber von Eizelle und Spermienzelle nicht miteinander verheiratet sind.

Die iranischen Geistlichen und einige Rechtswissenschaftler sind sich hierbei einig, dass ein solcher Befruchtungsvorgang nicht erlaubt und damit unrechtmäßig sei.[427]

In der Konsequenz stellt sich daher die Frage nach den rechtlichen Folgen, wenn ein solcher Befruchtungsvorgang dennoch vollzogen wird.

Hierbei könnte man die Ansicht vertreten, dass dieser Vorgang als Unzucht zu behandeln sei. Andererseits könnte man sich auch auf den Standpunkt stellen, dass, wenn die Eizelle einer verheirateten Frau mit der Spermienzelle eines Mannes, der nicht der Ehemann der Frau ist, befruchtet wird und diese ein Kind gebiert, das Kind gemäß der gesetzlichen Vermutung des § 1158 IZGB als Kind ihres Ehemannes gilt.

6. Ist eine Embryonenspende nach iranischem Recht rechtmäßig?

Die Embryonenspende wird als *ehdā' ğanin* bezeichnet.

Eine Übertragung einer befruchteten Eizelle, also eines Embryos ist nach iranischem Recht unter bestimmten Voraussetzungen anerkannt und auch rechtmäßig.

Zunächst einmal müssen die Inhaber von Ei- und Spermienzelle miteinander verheiratet sein und die Übertragung der befruchteten Zelle muss in die Gebärmutter einer verheirateten Frau, welche auf natürlichem Wege nicht schwanger werden kann, erfolgen.[428]

Hierzu wurde im Jahre 2003 das Gesetz betreffend die Embryonenspende an kinderlose Paare, *ġānun-e nahwe ehdā' ğanin be zouğejn-e nābār-war*, verabschiedet.[429]

Gemäß § 1 dieses Gesetzes ist die Embryonenspende bei Nachweis darüber, dass eine Frau auf natürlichem Wege nicht schwanger werden kann, in jeder medizinischen Einrichtung, die sich mit Unfruchtbarkeit beschäftigt, möglich. In

---

427 Vgl. Gorji-Emami, S. 428.

428 Vgl. Safa'i/Emami, Familienrecht II, S. 120.

429 Mansour, Gesetzessammlung I, *ġānun-e nahwe ehdā' ğanin be zouğejn-e nābār-war* (Gesetz betreffend die Embryonenspende an kinderlose Paare).

diesen Einrichtungen kann der medizinische Vorgang der Übertragung des Embryos in die Gebärmutter der verheirateten Frau durchgeführt werden.

Erforderlich ist die schriftliche Einwilligung des verheirateten Paares, welche Eizellen und Spermienzellen spenden.[430]

Schließlich muss die Empfängerin der Embryonenspende nachweisen, dass sie verheiratet ist und auf natürlichem Wege nicht schwanger werden kann.[431]

Die Ausführungsbestimmung[432] des oben genannten Gesetzes enthält in § 1 einige Begriffsbestimmungen, etwa was genau unter einem Embryo oder unter einer Embryonenspende zu verstehen ist.

Hiernach handelt es sich nach § 1 b bei einem Embryo, *ğanin*, um eine außerhalb der Gebärmutter befruchtete Zelle von verheirateten Personen bis zu fünf Tagen nach der Befruchtung.

Eine Embryonenspende, *ehdā' ğanin*, ist nach § 1 c eine freiwillige und kostenlose Spende von miteinander verheirateten Personen.

Der medizinische Befruchtungsvorgang muss in ganz bestimmten Facheinrichtungen, die sich mit der Unfruchtbarkeit beschäftigen, vorgenommen werden. Nur diese Facheinrichtungen haben die Befugnis, die Embyonenspende an Eheleute, die auf natürlichem Wege und ohne medizinische Hilfe keine Kinder bekommen können, zu übertragen.[433]

a) Ablauf des Verfahrens

Möchte ein verheiratetes Paar, das keine Kinder bekommen kann, eine Embryonenspende erhalten, so muss es zunächst gemäß § 4 Ausführungsbestimmung einen schriftlichen Antrag beim Familiengericht stellen.[434]

Nach Prüfung bestimmter Voraussetzungen erteilt das Gericht sodann die Bewilligung hierzu.

Hierfür müssen folgende Voraussetzungen nach § 2 des Gesetzes betreffend der Embryonenspende an kinderlose Paare, *ğānun-e nahwe ehdā' ğanin be zouğejn-e nābār-war*, erfüllt sein, damit das Gericht eine Bewilligung erteilen darf.

Zum einen müssen die Eheleute eine medizinische Bescheinigung vorlegen, die nachweist, dass es ihnen nicht möglich ist, auf dem natürlichen Wege Kinder zu bekommen und dass die Entwicklung eines Embryos aus medizinischer Sicht in der Gebärmutter der Frau möglich ist.

430 Vgl. Safa'i/Emami, Grundriss Familienrecht, S. 332.

431 Vgl. Safa'i/Emami, Grundriss Familienrecht, S. 332.

432 Mansour, Gesetzessammlung I, *ājinname eğrāi ğānun-e nahwe ehdā' ğanin be zouğejn-e nābār-war* (Ausführungsbestimmung des Gesetzes betreffend die Embryonenspende an kinderlose Paare).

433 Vgl. Safa'i/Emami, Grundriss Familienrecht, S. 332.

434 Vgl. Safa'i/Emami, Grundriss Familienrecht, S. 332.

Zum anderen muss das Gericht prüfen, ob eine Embryonenspende mit der Persönlichkeit der Empfänger vereinbar ist. Mithin darf keiner der Eheleute geisteskrank oder minderjährig sein oder an einer sonstigen schweren Krankheit leiden. Ebenso darf keiner der Eheleute drogensüchtig sein. Schließlich müssen die Eheleute die iranische Staatsangehörigkeit besitzen.

Sind diese Voraussetzungen erfüllt, so erteilt das Familiengericht die Bewilligung für die Übertragung einer Embryonenspende.

Auch die Spender von Eizelle und Spermienzelle müssen nach § 2 der Ausführungsbestimmung bestimmte Voraussetzungen erfüllen.

Zum einen müssen der Mann und die Frau miteinander verheiratet sein. Zum anderen müssen sie körperlich und geistig gesund sein. Sie dürfen nicht drogensüchtig sein oder sonstige Abhängigkeiten haben. Ebenso dürfen sie an keinen schweren Krankheiten leiden.

Die Facheinrichtungen sind gesetzlich verpflichtet diese Voraussetzungen sorgfältig zu prüfen, bevor sie den Befruchtungsvorgang durchführen.

b) Welche Pflichten und Aufgaben haben die Facheinrichtungen?

Zu den Pflichten und Aufgaben der Facheinrichtungen, die künstliche Befruchtungsvorgänge vornehmen, gehört gemäß § 6 der Ausführungsbestimmung, neben der Überprüfung der Eignung der Spender und Empfänger, für die sorgfältige Aufbewahrung der befruchteten Zellen und die sorgfältige Trennung nach Religionszugehörigkeit der Spender zu sorgen. So sollen Embryonenspenden von muslimischen und nicht-muslimischen Paaren streng voneinander getrennt und gekennzeichnet voneinander aufbewahrt werden. Ferner müssen die Facheinrichtungen die vom Gericht erstellten Bescheinigungen über die Bewilligung zur Embryonenspende sorgfältig aufbewahren. Die Facheinrichtungen sollen selbst Bescheinigungen über die körperliche und geistige Gesundheit der Empfänger nach einer umfassenden und sorgfältigen Prüfung erstellen. Desweiteren gehört es zu ihren Aufgaben, zu bescheinigen, dass die Empfänger nicht auf natürlichem Wege Kinder bekommen können und, dass die Empfängerin der Spende aus medizinischer Sicht die Fähigkeit besitzt, dass sich ein Kind in ihrer Gebärmutter entwickeln kann. Schließlich sind die Einrichtungen verpflichtet dafür Sorge zu tragen, dass sich der Spendenvorgang, die Aufbewahrung und die Übertragung des Embryos anonym vollziehen.

c) Welche Rechte und Pflichten bestehen nach der Geburt des Kindes?

Nach einer erfolgreichen Übertragung des Embryos und der Geburt des Kindes stellt sich die Frage, welche Rechte und Pflichten zwischen den Eltern und dem Kind bestehen.

§ 3 des Gesetzes betreffend der Embryonenspende an kinderlose Paare, *ġānun-e nahwe ehdā' ğanin be zouğejn-e nābār-war*, zählt auf, welche Rechte und Pflichten die Eheleute als Empfänger der Embryonenspende in Bezug auf das Kind haben.

Hinsichtlich der Rechte und Pflichten für das Kind zu sorgen, es zu erziehen und es zu unterhalten, haben die Eltern die gleiche Rechtsstellung wie alle anderen Eltern.

Mithin gelten die Empfänger der Spende als die rechtlichen Eltern des Kindes, wiewohl sie es in biologischer Hinsicht nicht sind. Folglich haben auch die miteinander verheirateten Spender, die Frau als Eizellenspenderin und der Mann als Spermienspender, in Bezug auf das Kind keinerlei Rechte, wiewohl sie die biologischen Eltern des Kindes sind.

I. Iranisches Unterhaltsrecht

Das iranische Familienrecht kennt wie das deutsche Familienrecht zwei Arten des Unterhalts, *nafaġe*, den Ehegatten- und den Verwandtenunterhalt.

I. Ehegattenunterhalt

Der Ehegattenunterhalt innerhalb einer dauerhaften Ehe ist in § 1106 IZGB geregelt.

Im iranischen Familienrecht ist nur der Ehemann der Ehefrau zu Unterhalt verpflichtet. Dies gilt selbst dann, wenn der Ehemann kein Vermögen besitzt, die Frau vermögend ist und tatsächlich keinen Bedarf hat. Hingegen steht dem Ehemann gegenüber seiner Ehefrau kein Recht auf Unterhalt zu.[435]

Die gesetzliche Verpflichtung zum Ehegattenunterhalt besteht ab dem Zeitpunkt der Eheschließung, allerdings nur im Rahmen einer dauerhaften Ehe. Bei der zeitlich befristeten Ehe kann daher ein Unterhaltsanspruch nach § 1113 IZGB lediglich vertraglich zwischen den Eheleuten vereinbart werden.[436]

Da der Unterhaltsanspruch der Ehefrau gegenüber dem Ehemann zu den zwingenden Rechtsfolgen des iranischen Eherechts gehört, kann er zwischen den Eheleuten in einem Ehevertrag nicht wirksam abbedungen werden.[437]

1. Rechte der Ehefrau gegen ihren Ehemann im Falle der Verletzung der Unterhaltspflicht

Sollte der Ehemann seiner Pflicht zur Leistung des ehelichen Unterhalts nicht nachkommen, so stehen der Frau diverse Rechtsschutzmöglichkeiten zur Verfügung.

Zum einen kann die Ehefrau strafrechtlichen Schutz in Anspruch nehmen, indem sie ihren Mann wegen Verletzung seiner Unterhaltspflicht anzeigt. Denn ähn-

435 Vgl. IZGB-Kommentar-Katuzian, § 1106, S. 666.

436 Vgl. IZGB-Kommentar-Katuzian, § 1113, S. 669 f.

437 Vgl. Safa'i/Emami, Grundriss Familienrecht, S. 60; vgl. Katuzian, Einführung, S. 183.

lich wie das deutsche Recht in § 170 StGB die Verletzung der Unterhaltspflicht unter Strafe stellt, zieht auch § 105 IStGB für eine Verletzung der Unterhaltspflicht strafrechtliche Konsequenzen nach sich.

Zum anderen kann eine Frau auf dem zivilrechtlichen Wege gegen ihren Mann vorgehen und den ihr zustehenden Unterhalt nach § 1111 IZGB einfordern.[438]

Schließlich stellt die Verletzung der Unterhaltspflicht für die Frau gemäß § 1129 IZGB unter bestimmten Voraussetzungen einen Scheidungsgrund dar.[439]

Allerdings ist in der dauerhaften Ehe der Ehemann gegenüber seiner Ehefrau gemäß § 1108 IZGB nur dann zur Zahlung von Unterhalt verpflichtet, wenn die Ehefrau ihrerseits ihren ehelichen Pflichten, insbesondere ihrer Gehorsamspflicht gegenüber ihrem Ehemann nachkommt. Sollte also die Frau diese Pflicht verletzen, indem sie z.B. nicht den vom Ehemann bestimmten ehelichen Wohnsitz bezieht oder diesen ohne einen berechtigten Grund verlässt, dann kann sie auch keinen Unterhalt von ihrem Ehemann verlangen.[440]

Sollten jedoch Gründe vorliegen, die es rechtfertigen, dass die Frau nicht ihrer Gehorsamspflicht gegenüber dem Ehemann nachkommen muss, dann ist sie von dieser Pflicht befreit und der Mann bleibt ihr auch weiterhin zur Zahlung des ehelichen Unterhalts verpflichtet. Dies könnte beispielsweise dann der Fall sein, sofern der Frau ein körperlicher oder vermögensrechtlicher Schaden droht, wenn sie ihren Mann nicht verlassen würde. Auch kann ein immaterieller Schaden wie eine Ehrverletzung hierfür ausreichend sein. In solchen Fällen bleibt der Mann seiner Frau trotz der Gehorsamsverweigerung zur Zahlung des ehelichen Unterhalts verpflichtet. Schließlich kann sich die Frau, die einen Schaden der genannten Art durch das Zusammenleben mit ihrem Mann befürchten muss, mit einer gerichtlichen Bewilligung einen anderen Wohnsitz suchen.[441]

2. Umfang des Unterhaltsanspruchs

Gemäß § 1107 IZGB umfasst der Unterhalt der Ehefrau während der Ehe alle Bedürfnisse der Ehefrau, die sich nach ihrer Lebensstellung vor Eingehung der Ehe richten.[442]

In § 1107 IZGB sind zwar bestimmte Unterhaltsposten wie Wohnung, Bekleidung, Ernährung, Haushaltsgegenstände und Dienstpersonal aufgezählt.

---

438 Vgl. IZGB-Kommentar-Katuzian, § 1111, S. 669.
439 Vgl. IZGB-Kommentar-Katuzian, § 1129, S. 684 f.
440 Vgl. Katuzian, Einführung, S. 184.
441 Vgl. IZGB-Kommentar-Katuzian, § 1115, S. 670 f.
442 Vgl. IZGB-Kommentar-Katuzian, § 1107, S. 667.

Diese nennt das Gesetz lediglich beispielhaft, inbesondere haben sie keinen abschließenden Charakter.

3. Ende des Unterhaltsanspruchs

Nach Auflösung der Ehe, z.B. durch den Tod des Ehemannes oder durch Scheidung der Ehe, hat die Ehefrau gegen den Ehemann nach iranischem Recht grundsätzlich keinen Unterhaltsanspruch.

Dies lässt sich damit begründen, dass eine Ehe mit der Scheidung der Eheleute als beendet gilt. Nach einer Scheidung entfallen die gegenseitigen ehelichen Rechte und Pflichten. Insbesondere ist die Frau dem Mann gegenüber nicht zum ehelichen Gehorsam verpflichtet und auch der Mann schuldet der Frau keinen Unterhalt mehr.

Hiervon gibt es nur zwei Ausnahmen, wonach der Mann auch nach einer Scheidung seiner früheren Ehefrau zur Zahlung des Unterhalts verpflichtet bleibt. Zum einen ist der Mann der Frau gemäß § 1109 IZGB im Falle einer widerruflichen Scheidung innerhalb der Wartezeit, also für die Dauer von drei Monaten, zur Zahlung des Unterhalts verpflichtet.[443]

Zum anderen hat gemäß § 1109 IZGB eine Frau von ihrem geschiedenen Mann ausnahmsweise dann einen Anspruch auf Unterhalt, wenn sie zum Zeitpunkt der Scheidung schwanger ist. Nach dieser Vorschrift kann die Frau bis zur Geburt des Kindes von ihrem geschiedenen Ehemann Unterhalt verlangen.[444] Sollte der geschiedene Mann jedoch versterben, so steht der schwangeren Frau kein Unterhaltsanspruch gegen die Erben des Ehemannes zu.[445]

Die Gewährung des nachehelichen Unterhalts der Frau während der Schwangerschaft und der Stillzeit ergibt sich bereits aus dem Koran aus Sure 65, Vers 6.[446]

4. Rangfolge der Unterhaltsansprüche

Gemäß § 1203 IZGB ist der Unterhaltsanspruch der Ehefrau vorrangig vor dem Unterhaltsanspruch aller übrigen Verwandten des Ehemannes.[447]

Mithin besteht auch ein Vorrang gegenüber den Kindern des Mannes, denen er zur Zahlung von Unterhalt verpflichtet ist.

---

443 Vgl. Safa'i/Emami, Grundriss Familienrecht, S. 141.

444 Vgl. Safa'i/Emami, Grundriss Familienrecht, S. 141.

445 Vgl. Katuzian, Familienrecht I, S. 197; vgl. IZGB-Kommentar-Katuzian, § 1110, S. 668 f.

446 Vgl. Der Koran, Aus dem Arabischen übersetzt von Max Henning, S. 524.

447 Vgl. IZGB-Kommentar-Katuzian, § 1203, S. 724.

5. Wird die Frau Eigentümerin der Sachen, die sie im Rahmen der Unterhaltspflicht erhält?

Es stellt sich die Frage, ob die Frau Eigentümerin der Sachen wird, die sie im Rahmen des Unterhalts erhält oder ob ihr an ihnen lediglich ein Nutzungsrecht zusteht.

Hierbei muss zwischen verbrauchbaren und nicht-verbrauchbaren Sachen unterschieden werden.

Bei den verbrauchbaren Sachen wird vertreten, dass die Ehefrau Eigentümerin der Sachen wird. Bei den nicht-verbrauchbaren Sachen sei entsprechend des Willens des Ehemannes nach Gewohnheitsrecht sowie nach Brauch und Sitte zu entscheiden, ob die Frau Eigentümerin der Sachen werden oder ob ihr lediglich ein Nutzungsrecht zustehen soll. In der Regel bleibe der Mann alleiniger Eigentümer der nicht-verbrauchbaren Sachen, die er der Frau im Rahmen seiner Unterhaltsverpflichtung lediglich für den Gebrauch zur Verfügung stellt. Die Frau erwerbe lediglich ein Nutzungsrecht an den Sachen. Dies ist z.B. bei einem von den Eheleuten bewohnten Haus der Fall. Nur ausnahmsweise solle die Frau bei nicht-verbrauchbaren Sachen das alleinige Eigentumsrecht erwerben, sofern diese Sachen ihr vom Ehemann nur für den alleinigen persönlichen Gebrauch zugewendet worden sind, dies ist z.B. bei Schmuck der Fall.[448]

II. Verwandtenunterhalt

Nach dem iranischen Familienrecht sind, wie auch im deutschen Recht, nur diejenigen Verwandten einander zu Unterhalt verpflichtet, die miteinander in gerader Linie verwandt sind.

Weitere Voraussetzungen für einen Unterhaltsanspruch sind nach § 1197 IZGB die Bedürftigkeit des Unterhaltsgläubigers und nach § 1198 IZGB die Leistungsfähigkeit des Unterhaltsschuldners.

Nach § 1197 IZGB ist derjenige bedürftig, der „arm“ ist und seinen Lebensbedarf nicht durch Arbeit sicherstellen kann.[449]

So bleibt auch dann der Anspruch auf Unterhalt eines unverheirateten Mädchens gegen seine Verwandten bestehen, wenn es sich weigert, die Ehe mit einem passenden Mann einzugehen.[450]

448 Vgl. Katuzian, Familienrecht I, S. 189 f.; vgl. Safa'i/Emami, Grundriss Familienrecht, S. 137 f.

449 Vgl. IZGB-Kommentar-Katuzian, § 1197, S. 722; vgl. Katuzian, Familienrecht II, S. 343.

450 Vgl. Katuzian, Familienrecht II, S. 344.

Nach § 1198 IZGB ist derjenige zu Unterhalt verpflichtet und damit leistungsfähig, der ohne Gefährdung seines eigenen Lebensbedarfs zur Leistung des Unterhalts in der Lage ist.[451]

1. Kindesunterhalt

In § 1199 IZGB ist der Kindesunterhalt geregelt. Grundsätzlich ist der Vater eines Kindes diesem zu Unterhalt verpflichtet. Nur wenn er verstorben oder nicht leistungsfähig ist, trifft die Vorfahren väterlicherseit diese Pflicht. Erst wenn auch diese den Unterhalt nicht leisten können, ist die Mutter dem Kind nachrangig zur Zahlung des Unterhalts verpflichtet.[452]

2. Elternunterhalt

In § 1200 IZGB ist die Pflicht der Kinder und Enkel geregelt, den Eltern- bzw. Großelternunterhalt sicherzustellen.[453]

Um einen Unterhaltsanspruch gegen ein Kind zu haben, müssen die Eltern nach § 1197 IZGB bedürftig und das Kind muss gemäß § 1198 IZGB leistungsfähig sein.[454]

Haben die Eltern mehrere Kinder, so haben diese zu gleichen Teilen für den Unterhalt der Eltern aufzukommen.[455]

3. Rangfolge der Unterhaltsansprüche

Gemäß § 1202 IZGB genießen die unterhaltsberechtigten Kinder eines Unterhaltsschuldners stets den Vorrang vor den gleichzeitig unterhaltsberechtigten Eltern des Unterhaltsschuldners, sofern die Einkünfte des Unterhaltsschuldners nicht zur Deckung all seiner Unterhaltspflichten ausreichen.[456]

---

451 Vgl. Katuzian, Familienrecht II, S. 345 f.

452 Vgl. IZGB-Kommentar-Katuzian, § 1199, S. 723.

453 Vgl. Soltani/Sadat Barikani, S. 57 f.

454 Vgl. IZGB-Kommentar-Katuzian, § 1197, S. 722; § 1198, S. 722.

455 Vgl. Soltani/Sadat Barikani, S. 58.

456 Vgl. IZGB-Kommentar-Katuzian, § 1202, S. 724.

III. Unterschiede zwischen dem Ehegattenunterhalt und dem Verwandtenunterhalt

Der Ehegattenunterhalt und der Verwandtenunterhalt unterscheiden sich in einem wichtigen Punkt: Beim Ehegattenunterhalt kann die Ehefrau den ihr zustehenden Unterhalt gemäß § 1206 IZGB, im Gegensatz zum Verwandtenunterhalt, auch für die Vergangenheit geltend machen und einklagen. Beim Verwandtenunterhalt können die Verwandten eines Unterhaltsschuldners den ihnen zustehenden Unterhalt lediglich für die Zukunft geltend machen.[457]

457 Vgl. IZGB-Kommentar-Katuzian, § 1206, S. 725.

J. Iranisches Kindschaftsrecht

I. Personensorge, *hezānat*

Die Sorge für ein Kind ist von ihrer Rechtsnatur her sowohl ein Recht als auch eine Pflicht der Eltern.[458]

Im iranischen Recht umfasst die Personensorge für ein Kind unter anderem, die Beaufsichtigung, die Erziehung, die Pflege sowie die Regelung des Umgangs des Kindes mit seinen Angehörigen.[459]

Personen, denen das Personensorgerecht zusteht, müssen den körperlichen und den geistigen Schutz des Kindes gewährleisten.[460]

Das Recht auf Personensorge steht den Eltern eines Kindes während der Ehe gemäß § 1168 IZGB gemeinsam zu.[461]

Das Personensorgerecht der Mutter umfasst nicht die Pflicht das Kind zu stillen, es sei denn, dass die Ernährung des Kindes nicht auf andere Weise sichergestellt werden kann. Dies ist in § 1176 IZGB ausdrücklich geregelt.[462]

Da die Personensorge sowohl ein Recht als auch eine Pflicht der Eltern ist, können diese sich etwa nicht durch vertragliche Regelungen davon befreien, wenn sie Inhaber der Personensorge sind.[463]

Kommt ein Elternteil seiner Pflicht nicht nach, so kann der eine Elternteil nach § 1172 IZGB gerichtlich gegen den anderen vorgehen und von ihm verlangen, dass er seiner Pflicht zur Ausübung der Sorge nachkommt.[464]

Wie bereits ausgeführt, differenziert § 1169 IZGB für den Fall einer Trennung bzw. Scheidung danach, welches Alter ein Kind erreicht hat. Hat ein Kind das siebente Lebensjahr noch nicht vollendet, so steht der Mutter das Personensorgerecht zu. Hat hingegen ein Kind das siebente Lebensjahr vollendet, so ist grundsätzlich der Vater personensorgeberechtigt. Es besteht jedoch die Möglichkeit,

458 Vgl. Safa'i/Emami, Grundriss Familienrecht, S. 347.
459 Vgl. Safa'i/Emami, Grundriss Familienrecht, S. 344; vgl. Katuzian, Familienrecht II, S. 139 f.
460 Vgl. Safa'i/Emami, Grundriss Familienrecht, S. 344.
461 Vgl. IZGB-Kommentar-Katuzian, § 1168, S. 704 f.
462 Vgl. IZGB-Kommentar-Katuzian, § 1176, S. 710; vgl. Katuzian, Familienrecht II, S. 142 f.
463 Vgl. Safa'i/Emami, Grundriss Familienrecht, S. 60.
464 Vgl. Katuzian, Familienrecht II, S. 147.

dass die Mutter beim Familiengericht beantragt, dass ihr das Personensorgerecht älterer Kinder übertragen wird, wenn sie Gründe vorträgt, die beweisen, dass eine Übertragung des Personensorgerechts auf sie dem Kindeswohl dient.[465]

Die genannten Altersgrenzen spielen insbesondere im Falle der Trennung bzw. Scheidung der Eltern eine Rolle und sind das Ergebnis einer Gesetzesänderung des § 1169 IZGB im Jahre 2003.

Die Novellierung des § 1169 IZGB führte auch zur Einfügung einer Anmerkung, nach welcher die Gerichte bei Entscheidungen über das Personensorgerecht auch das Kindeswohl berücksichtigen sollen.[466]

Insbesondere ist im Falle der Trennung bzw. Scheidung der Eltern zu beachten, dass bei gerichtlichen Entscheidungen, die die Personensorge eines Kindes betreffen, stets und vorrangig das Kindeswohl die wichtigste Entscheidungshilfe für ein Gericht bietet und daher im Vordergrund steht.[467]

Die alte Fassung des § 1169 IZGB enthielt diesen Zusatz nicht. Ferner unterschied sie nach den Geschlechtern, so dass eine Mutter im Falle der Trennung bzw. Scheidung für einen Jungen nur bis zur Vollendung des zweiten Lebensjahres und für ein Mädchen nur bis zur Vollendung des siebenten Lebensjahres das Personensorgerecht besaß.[468]

Trotz der nach der aktuellen Gesetzeslage noch existenten Altersgrenze von sieben Jahren ist es meiner Auffassung nach für das iranische Familienrecht ein enormer Fortschritt, dass nun bei Meinungsstreitigkeiten auch das Kindeswohl durch das Gericht Berücksichtigung findet und eben nicht mehr starr an den Altersgrenzen festgehalten wird.

Besteht ein gerichtliches Urteil zu Gunsten eines Elternteils mit dem Inhalt, dass diesem das Personensorgerecht zusteht und weigert sich der andere Elternteil oder ein Dritter zur Herausgabe des Kindes, so kann diesen Personen nach dem Einzelparagraphen des Gesetzes betreffend das Personensorgerecht, *ġānun-e marbut be haġġ-e hezānat*, aus dem Jahre 1986 eine Freiheitsstrafe drohen.[469]

Ferner sieht § 1173 IZGB eine gerichtliche Entscheidung über das Sorgerecht dann vor, wenn das Kindeswohl dadurch beeinträchtigt wird, dass ein Kind bei seinen Eltern oder einem Elternteil lebt, die bzw. der Inhaber des Personensorgerechts sind bzw. ist.[470]

---

465 Vgl. Gorji-Emami, S. 448 f.

466 Vgl. IZGB-Kommentar-Katuzian, § 1169, S. 705 f.

467 Vgl. IZGB-Kommentar-Katuzian, § 1169, S. 705 f.

468 Vgl. Gorji-Emami, S. 448 f.

469 Mansour, Gesetzessammlung I, *ġānun-e marbut be haġġ-e hezānat* (Gesetz betreffend das Personensorgerecht).

470 Vgl. IZGB-Kommentar-Katuzian, § 1173, S. 708.

Das Kindeswohl ist z.B. dann beeinträchtigt, wenn das Kind entweder in seiner körperlichen oder in seiner geistigen Entwicklung beeinträchtigt wird.[471]

Das Gesetz zählt hierbei beispielhaft verschiedene Tatbestände auf, z.B. eine Alkohol-, Drogen- oder Spielsucht der Eltern, psychische Erkrankungen, das Ausnutzen des Kindes etwa durch Arbeitsleistungen oder das Bettelnlassen des Kindes. Ebenso sollen intensive Züchtigungen des Kindes Beeinträchtigungen des Kindeswohls darstellen.[472]

Es ist an dieser Stelle anzumerken, dass die Eltern eines Kindes nach § 1179 IZGB das Recht haben, ihr Kind zu züchtigen, soweit dies zum Zwecke der Erziehung des Kindes erforderlich ist.[473]

Eine gerichtliche Entscheidung betreffend das Sorgerecht kann durch den anderen Elternteil, durch jeden Verwandten des Kindes oder durch den Direktor der örtlichen Justizstelle angeregt werden.[474]

Im Falle des Todes eines Elternteils bleibt der andere Elternteil nach § 1171 IZGB alleiniger Inhaber des Sorgerechts, selbst wenn der vestorbene Elternteil für das Kind einen Vormund bestimmt hat.[475]

Liegt das Personensorgerecht im Falle der Trennung bzw. Scheidung der Eltern eines Kindes bei der Mutter und wird sie entweder geisteskrank oder heiratet sie einen anderen Mann, so geht das Personensorgerecht von Gesetzes wegen nach § 1170 IZGB auf den Vater des Kindes über.[476]

Sollten beide Elternteile versterben, dann geht das Recht auf Personensorge auf die männlichen Vorfahren väterlicherseits, also die Großeltern bzw. Urgroßeltern über. Dies kann aus §§ 1181, 1183 IZGB geschlossen werden, weil die männlichen Vorfahren väterlicherseits dann auch von Gesetzes wegen das Recht auf Vermögenssorge, *velājat*, haben. Sollten auch diese Personen die Sorge nicht ausüben können, so besteht die Möglichkeit, dass vom Gericht ein Vormund für das Kind bestellt wird. Dies kann z.B. auf Antrag eines der Verwandten des Kindes erfolgen.[477]

Das Recht auf Personensorge, das mit der Geburt des Kindes beginnt, endet mit Erreichen des Pubertätsalters des Kindes. Das Ende der Personensorge nennt das Gesetz zwar nicht ausdrücklich, es ist aber allgemeine Auffassung, dass das Recht auf Personensorge mit Erreichen des Pubertätsalters enden soll.[478]

471 Vgl. Safa'i/Emami, Grundriss Familienrecht, S. 351.
472 Vgl. Safa'i/Emami, Grundriss Familienrecht, S. 351.
473 Vgl. IZGB-Kommentar-Katuzian, § 1179, S. 711 f.
474 Vgl. IZGB-Kommentar-Katuzian, § 1173, S. 708.
475 Vgl. IZGB-Kommentar-Katuzian, § 1171, S. 707; vgl. Gorji-Emami, S. 452 f.
476 Vgl. IZGB-Kommentar-Katuzian, § 1170, S. 706 f.
477 Vgl. Gorji-Emami, S. 454.
478 Vgl. Gorji-Emami, S. 459 f.

Hingegen schlägt der Rechtswissenschaftler Emami vor, dass das Recht der Personensorge mit Erreichen der Volljährigkeit, *senn-e rošd*, also grundsätzlich mit Vollendung des achtzehnten Lebensjahres des Kindes enden solle.[479]

Auch der Rechtswissenschaftler Langaroudi befürwortet das Ende des Personensorgerechts mit der Vollendung des achtzehnten Lebensjahres.[480]

Die Vorschriften, die sich mit der Personensorge befassen, sind die §§ 1168-1179 IZGB, sowie das Gesetz betreffend das Personensorgerecht, *ġānun-e marbut be haġġ-e hezānat*, aus dem Jahre 1986 und das Gesetz betreffend das Recht auf Personensorge von Müttern für ihre minderjährigen Kinder, die nicht unter Sorge stehen, *ġānun-e haġġ-e hezānat farzandān-e saġir ja mahğur be mādarān-e ānhā*, aus dem Jahre 1985.

Das letztgenannte Gesetz befasst sich mit der Angelegenheit solcher Kinder, deren Väter verstorben sind. Es regelt, dass die Personensorge auch dann auf die Mutter des Kindes übergehen soll, sofern diese erneut heiraten sollte. Mithin ist im Falle des Todes des Vaters die erneute Eheschließung der Mutter kein Hindernis für das Ausüben des Personensorgerechts.[481]

Als Inhaber des Personensorgerechts müssen die Eltern eines Kindes bestimmte Voraussetzungen erfüllen. So dürfen sie z.B. ihrerseits nicht geisteskrank sein oder an bestimmten Abhängigkeiten wie Drogen- oder Alkoholsucht leiden.[482]

Ferner müssen die Eltern das Pubertätsalter erreicht haben, um Inhaber der Personensorge sein zu können.[483]

Weiterhin stellt sich die Frage, ob die Personensorgeberechtigten eines muslimischen Kindes auch muslimischen Glaubens sein müssen.

Diese Frage könnte sich für einen Rechtswissenschaftler aus dem Grunde aufdrängen, da das geltende iranische Recht hierzu keine ausdrückliche Regelung aufweist und schweigt.

Einige Rechtswissenschaftler sind der Auffassung, dass der Inhaber der Personensorge selbst ein Muslim sein müsse, da nur ein Muslim das Recht haben könne, die Personensorge für einen Muslim auszuüben. Insbesondere könne § 1192 IZGB entnommen werden, dass der *wali,* also der Vermögenssorgeberechtigte und gesetzliche Vertreter eines Kindes keinen Nicht-Muslim als testamentarischen Vormund bestellen kann.[484]

---

479 Vgl. Gorji-Emami, S. 461.

480 Vgl. Langaroudi, S. 314.

481 Mansour, Gesetzessammlung I, *ġānun-e haġġ-e hezānat farzandān-e saġir ja mahğur be mādarān-e ānhā* (Gesetz betreffend das Recht auf Personensorge von Müttern für ihre minderjährigen Kinder, die nicht unter Sorge stehen).

482 Vgl. Gorji-Emami, S. 462.

483 Vgl. Safa'i/Emami, Familienrecht II, S. 157.

484 Vgl. Katuzian, Familienrecht II, S. 172, 173, 174; vgl. Safa'i/Emami, Familienrecht II, S. 159; vgl. Langaroudi, S. 313.

Der Rechtswissenschaftler Emami erläutert, dass zwar der Gesetzgeber hinsichtlich der Religionszugehörigkeit des Personensorgeberechtigten schweigt und man aus dem Grunde der Auffassung sein könne, dass der Gesetzgeber das Erfordernis der Zugehörigkeit zum islamischen Glauben nicht verlange. Allerdings sei es auch nach seiner Auffassung mit den im Iran geltenden islamischen Vorschriften unvereinbar, wenn nicht-muslimische Eltern die Personensorge für ein muslimisches Kind ausüben könnten.[485]

II. Vermögenssorge und gesetzliche Vertretung

Velājat wird als das Recht auf Vermögenssorge verstanden und steht gemäß §§ 1180, 1181 IZGB von Gesetzes wegen dem Vater oder dem Großvater väterlicherseits zu.[486]

Der Inhaber der Vermögenssorge ist gemäß § 1183 IZGB auch der gesetzliche Vertreter des Kindes.[487]

Solange der Vater eines Kindes lebt, ist er alleiniger Inhaber der Vermögenssorge und zugleich gesetzlicher Vertreter des Kindes.[488]

Erst nach seinem Tode oder in dem Falle, dass er z.B. aufgrund einer Freiheitsstrafe oder einer Geisteskrankheit diese Rechte nicht mehr wahrnehmen kann, gehen sie auf den Großvater väterlicherseits des Kindes über.[489]

Die gesetzliche Vertretungsbefugnis umfasst die Vertretung des Kindes in vermögensrechtlichen und nicht-vermögensrechtlichen Angelegenheiten.[490]

Nach Erreichen des Pubertätsalters endet die Vertretungsbefugnis des Kindes in nicht-vermögensrechtlichen Angelegenheiten und es bleibt lediglich bei der Vertretung seiner vermögensrechtlichen Interessen.[491]

Erreicht das Kind die Volljährigkeit, dann enden die Vermögenssorge und die gesetzliche Vertretung für das Kind gänzlich.[492] Eine Ausnahme hiervon macht das Gesetz für das Erfordernis der Einwilligung des Vaters zur Eheschließung einer bislang unverheirateten Tochter, selbst dann, wenn sie das Volljährigkeitsalter erreicht hat.[493]

---

485 Vgl. Gorji-Emami, S. 464 f.

486 Vgl. IZGB-Kommentar-Katuzian, § 1180, S. 712; § 1181, S. 712 f.

487 Vgl. IZGB-Kommentar-Katuzian, § 1183, S. 713 f.

488 Vgl. Katuzian, Familienrecht II, S. 203, 214.

489 Vgl. Gorji-Emami, S. 486, 487, 488.

490 Vgl. Katuzian, Familienrecht II, S. 202.

491 Vgl. IZGB-Kommentar-Katuzian, § 211, S. 205; vgl. Katuzian, Einführung, S. 402 f.; vgl. Safa'i/Emami, Familienrecht II, S. 192.

492 Vgl. IZGB-Kommentar-Katuzian, § 1183, S. 713; vgl. Katuzian, Familienrecht II, S. 216.

493 Vgl. IZGB-Kommentar-Katuzian, § 1183, S. 713 f.; § 1043, S. 636.

Gemäß § 1188 IZGB können der Vater bzw. der Großvater auch testamentarisch für den Fall ihres Todes einen Vormund für das Kind bestimmen. Ein solcher testamentarisch bestellter Vormund nennt sich *wasi*.[494]

Ist der Todesfall eingetreten und wurde kein *wasi* bestimmt, dann muss das Gericht einen Vormund, *ġajjem*, bestellen.[495]

Auch bei Missbrauch des Rechts auf Personensorge und der Vertretungsbefugnis oder einer Handlungsunfähigkeit aufgrund einer Geisteskrankheit kann das Gericht die Vermögenssorge bzw. die Vertretungsbefugnis entziehen und diese Rechte nach § 1184 IZGB dann auf einen Vormund übertragen.[496]

Verstirbt also der Vater, dann geht das Recht auf Personensorge des Vaters zu ganzen Teilen auf die Mutter über. Das Recht auf Vermögenssorge und das Recht das Kind zu vertreten, geht allerdings auf den Großvater väterlicherseits über. Da die Personensorge für das Kind nach allgemeiner Auffassung mit Erreichen des Pubertätsalters endet, kann das Kind auch über dieses Alter hinaus bei der Mutter bleiben und wird lediglich in vermögensrechtlichen Angelegenheiten vom Großvater vertreten.

Ein Kind dessen Vater verstirbt, wird der Mutter nach iranischem Recht also nicht weggenommen und den Großeltern väterlicherseits übergeben, wie es leider fälschlicherweise oft vielfach zu hören ist.

In der Praxis ist es auch möglich, dass der Großvater der Mutter eine Vollmacht, *wekālatnāme*, erteilt, so dass sie von ihm die Befugnis erhält, das Kind zugleich zu vertreten.

III. Umgangsrecht

Nach § 1174 IZGB hat jeder Elternteil, bei dem sich das Kind aufgrund einer Trennung oder einer Scheidung nicht dauerhaft aufhält, das Recht auf Umgang mit dem Kind.

Die Eltern sollen die Einzelheiten über die Zeiten und Orte der Besuchskontakte im gegenseitigen Einvernehmen bestimmen. Sollten sie sich hierüber nicht einigen können, so können sie gerichtliche Hilfen in Anspruch nehmen.[497]

Mithin dient das elterliche Umgangsrecht im Falle der Trennung bzw. Scheidung der Eltern vorrangig dem Wohl des Kindes, so dass es mit den Grundsätzen des iranischen Familienrechts nicht vereinbar wäre, es einem Elternteil vertraglich abzudingen.

---

494 Vgl. IZGB-Kommentar-Katuzian, § 1188, S. 716.

495 Vgl. Gorji-Emami, S. 484.

496 Vgl. IZGB-Kommentar-Katuzian, § 1184, S. 714.

497 Vgl. IZGB-Kommentar-Katuzian, § 1174, S. 710.

K. Iranisches Namensrecht

Regelungen zum Namensrecht finden sich im Gesetz über Personenstandssachen, *ġānun-e sabt-e ahwāl,* aus dem Jahre 1976. Dieses Gesetz enthält sowohl Vorschriften zur Bestimmung eines Vornamens als auch eines Nachnamens einer Person.

Das Recht einen Vornamen für ein Kind zu bestimmen, haben gemäß § 20 des *ġānun-e sabt-e ahwāl*[498] diejenigen Personen, die zur Anzeige über die Geburt eines Kindes verpflichtet sind, also gemäß § 16 *ġānun-e sabt-e ahwāl* vorrangig der Vater eines Kindes.

Entsprechend § 20, 1. Anmerkung des *ġānun-e sabt-e ahwāl* dürfen keine Namen ausgewählt werden, die nicht mit dem Islam konform sind sowie Namen, die nicht dem Geschlecht des Kindes entsprechen, so darf etwa der Name Ashraf, der ein Frauenname ist, nicht für einen Jungen ausgewählt werden. Ferner sind Namen verboten, die aufgrund des Gewohnheitsrechts sowie Brauch und Sitte für ein Kind unpassend sind, so z.B. ausländische Namen.

Allerdings ist es religiösen Minderheiten im Iran gemäß § 20, 3. Anmerkung des *ġānun-e sabt-e ahwāl* im Rahmen der bestehenden Gesetze gestattet, bestimmte ihrer Religion entsprechende Namen für ihre Kinder auszuwählen.

Gemäß § 997 IZGB muss jede Person einen Nachnamen tragen.[499] Dieser richtet sich nach § 41, 1. Anmerkung des *ġānun-e sabt-e ahwāl* nach dem Nachnamen des Vaters.

---

498 Mansour, Gesetzessammlung I, *ġānun-e sabt-e ahwāl* (Gesetz über Personenstandssachen).

499 Vgl. IZGB-Kommentar-Katuzian, § 997, S. 599.

L. Rechtfolgen außerehelicher Beziehungen im Iran

Im Folgenden möchte ich die Rechtsfolgen außerehelicher Beziehungen für die Beteiligten darstellen und der Frage nachgehen, welche rechtlichen Konsequenzen mit der Geburt eines außerehelichen Kindes für die Eltern und das Kind verbunden sind.

Eine geschlechtliche Beziehung zwischen einem Mann und einer Frau ist im Iran außerhalb einer bestehenden Ehe gesetzlich verboten und mit Strafe bedroht.

Eine geschlechtliche Beziehung zwischen einem Mann und einer Frau wird dann als Unzucht, *zenā'*, bestraft, wenn die Personen ohne Vorliegen einer Ehe und in Kenntnis dieses Verbotes eine solche Beziehung eingehen.[500]

Entsteht durch *zenā'* ein Kind, so hat das Kind die Stellung eines nichtehelichen, ungesetzlichen Kindes, *nasab-e namašru'*.[501]

Nur ausnahmsweise ist eine geschlechtliche Beziehung zwischen einem Mann und einer Frau ohne Vorliegen einer Ehe nicht mit Strafe bedroht. Dies ist dann der Fall, wenn die Beteiligten, also der Mann und die Frau infolge eines Irrtums den Geschlechtsverkehr für erlaubt gehalten haben.

Ein solcher gutgläubiger Geschlechtsverkehr ist in § 1165 IZGB geregelt.[502]

Das Schulbuch-Beispiel hierfür ist, dass ein Mann den Geschlechtsakt mit der Ehegattin seines Zwillingsbruders vollzieht. Entsteht infolge dieser Beziehung ein Kind, so gilt es nur im Verhältnis zu der Frau, die den Verkehr irrig für erlaubt gehalten hat, als gesetzliches Kind. Im Verhältnis zum Erzeuger gilt das Kind als ungesetzlich.[503]

Bestand eine geschlechtliche Beziehung zwischen einem Mann und einer Frau, die durch eine Drucksituation oder durch eine Zwangswirkung bestimmt worden ist und entsteht infolge dieser Beziehung ein Kind, dann handelt es sich für denjenigen, der unter Zwang oder unter Druck den Geschlechtsakt durchge-

500 Vgl. Safa'i/Emami, Grundriss Familienrecht, S. 337.
501 Vgl. Safa'i/Emami, Grundriss Familienrecht, S. 335.
502 Vgl. IZGB-Kommentar-Katuzian, § 1165, S. 704.
503 Vgl. Safa'i/Emami, Grundriss Familienrecht, S. 337 f.

führt hat, um ein legitimes Kind. Das Kind hat dann nur in diesem Verhältnis den Status eines gesetzlichen Kindes.[504]

Nur in den genanten Fällen eines gutgläubigen Geschlechtsverkehrs oder eines Geschlechtsverkehrs infolge von Zwang und Druck ist eine geschlechtliche Beziehung zwischen zwei Personen, die nicht miteinander verheiratet sind, ausnahmsweise für die Person, die sich geirrt hat oder sich unter Zwang oder Druck befand, nicht strafbar.

I. Strafrecht

Das iranische Familienrecht und das iranische Strafrecht stehen in einem engen Zusammenhang und sind eng miteinander verzahnt.

So sieht das iranische Strafrecht beispielsweise für unerlaubte, außereheliche, geschlechtliche Beziehungen sehr empfindliche Strafen vor.

Die Vorschriften des iranischen Strafrechts sind im *ġānun-e moǧāzāt-e eslāmi*, also im iranischen Strafgesetzbuch geregelt.

In § 63 IStGB definiert der Gesetzgeber, was unter einem unerlaubten Geschlechtsverkehr, also einer Unzucht, *zenā'*, zu verstehen ist.

Hiernach stellt ein unerlaubter Geschlechtsverkehr eine geschlechtliche Beziehung zwischen einem Mann und einer Frau dar, die gesetzlich nicht erlaubt ist.

Hierbei differenziert das iranische Stafrecht danach, ob die Beteiligten zum Zeitpunkt des Geschlechtsverkehrs bereits mit einer anderen Person verheiratet oder ledig gewesen sind. Je nachdem, erwarten sie unterschiedliche Strafen. Insbesondere unterscheidet das IStGB aber bezüglich der Straferwartung und der Art und Weise der Bestrafung nicht danach, ob die Delinquenten Mann oder Frau gewesen sind.

In den §§ 82-97 IStGB sind die Arten der Strafen für unerlaubten Geschlechtsverkehr genannt.

Sind die Beteiligten ledig, so ist die Strafe gemäß § 88 IStGB für unerlaubten ungesetzlichen Geschlechtsverkehr 100 Peitschenhiebe je Täter, sofern der ungesetzliche Geschlechtsakt bewiesen werden konnte.

Sollten die Täter mit anderen Personen verheiratet sein, so bestimmt § 83 IStGB, dass sie auf eine bestimmte Art und Weise der Steinigung getötet werden sollen. Die Unzucht wird als *zenā' mohsana* bezeichnet, wenn der Täter verheiratet war und als *zenā' ġejr-e mohsana*, wenn der Täter unverheiratet, also ledig war.

504 Vgl. Safa'i/Emami, Grundriss Familienrecht, S. 338 f.

Sollte ein Täter verheiratet und der andere ledig sein, so wird jede Person entsprechend ihres Familienstandes bestraft.

Der Grund für die unterschiedliche Strafhöhe bei verheirateten und unverheirateten Tätern ist, dass der Gesetzgeber es strafmildernd berücksichtigen wollte, wenn ein lediger Täter sich aufgrund seines natürlichen Geschlechtstriebs befriedigen möchte, während ein verheirateter Täter die Möglichkeit hat, seine geschlechtlichen Bedürfnisse mit seinem Ehegatten zu befriedigen.[505]

Sollte schließlich aus einer Unzucht eine Schwangerschaft hervorgehen, so stellt sich die Frage, ob ein Todesurteil vollstreckt werden kann, wenn eine verheiratete Frau aufgrund einer Unzucht schwanger geworden ist oder ob die Schwangerschaft vielmehr eine Art Vollstreckungshindernis für die Todesstrafe darstellt.

Zunächst einmal bleibt festzuhalten, dass die Schwangerschaft einer Frau infolge einer Unzucht keinen Einfluss auf die Vollstreckung des Todesurteils des verheirateten Mannes hat.

Die obige Frage stellt sich daher lediglich bei der Vollstreckung eines Todesurteils bei einer schwangeren Frau.

Gemäß § 91 IStGB wird ein Todesurteil bei einer schwangeren Frau erst nach der Geburt des Kindes, aber nicht innerhalb der Stillzeit, vollstreckt. Auch nach dieser Zeit wird das Todesurteil nicht vollstreckt, sofern zu befürchten ist, dass der Verlust der Mutter eine konkrete Gefahr für das Kind darstellt, weil sich dann kein anderes Familienmitglied um das Kind kümmern könnte.

Es kann damit nicht grundsätzlich angenommen werden, dass die Geburt eines Kindes für die Vollstreckung eines Todesurteils ein generelles Vollstreckungshindernis darstellt.

Allerdings sieht das iranische Strafrecht aufgrund der Schwere der Strafen, die aufgrund einer Unzucht verhängt werden können, sehr strenge Anforderungen hinsichtlich des Beweises vor.

Gemäß § 68 IStGB müssen beide Beteiligte jeweils vier Mal ein Geständnis über ihre geschlechtliche Beziehung abgegeben haben oder es müssen nach § 74 IStGB vier männliche Zeugen oder drei männliche und zwei weibliche Zeugen den Geschlechtsakt bezeugen können.

Nach der Auffassung von Dilger wirken die Strafen des islamischen Strafrechts „außerordentlich grausam“. Es ist ihm darin zuzustimmen, dass die praktische Anwendung des islamischen Strafrechts bereits durch das Prozessrecht eingeschränkt sei. Als Beispiel führt er das Verbrechen der Unzucht auf, das nur durch vier männliche Zeugen bewiesen werden kann, die auch sämtliche Einzelheiten bezeugen können müssen. Aus diesem Grunde könne eine Bestrafung nur

505 Gespräch mit Frau Rechtsanwältin Neda Masoodi vom 21.09.2009.

dann in Betracht kommen, wenn der Täter ein Geständnis ablege und daran festhalte.[506]

II. Uneheliche Kinder in Deutschland und im Iran

Im deutschen Recht stellt die Gleichstellung von nichtehelichen und ehelichen Kindern eine Errungenschaft dar. So garantiert Art. 6 Abs. 5 GG unehelichen Kindern die gleichen Bedingungen für ihre leibliche und seelische Entwicklung und ihre Stellung in der Gesellschaft zu schaffen, wie den ehelichen Kindern.

Das Bürgerliche Gesetzbuch enthielt bis zum 31.05.1969 noch einen § 1589 Abs. 2 BGB a.F., wonach ein uneheliches Kind und dessen Vater als nicht verwandt galten.[507]

Im Verhältnis zur Mutter war dies anders. So regelte der frühere § 1705 BGB a.F., dass im Verhältnis zu der Mutter und zu den mütterlichen Verwandten das uneheliche Kind die rechtliche Stellung eines ehelichen Kindes besaß.[508]

Sehr umfassend regelten die §§ 1719-1740 g BGB a.F. die Legitimation der unehelichen Kinder durch eine Ehe oder eine Ehelichkeitserklärung.

Gegen den Vater besaß das uneheliche Kind gem. § 1708 BGB a.F. nur bis zur Vollendung des sechzehnten Lebensjahres einen Unterhaltsanspruch.

Schließlich wurde mit dem Gesetz über die rechtliche Stellung der nichtehelichen Kinder vom 19.08.1969[509] der Status der nichtehelichen Kinder an den Status der ehelichen Kinder angeglichen.

Erst Jahrzehnte später, im Jahre 1997, wurden die nichtehelichen Kinder auch erbrechtlich den ehelichen Kindern gleichgestellt. Dies geschah durch das Gesetz zur erbrechtlichen Gleichstellung nichtehelicher Kinder (Erbrechtsgleichstellungsgesetz) vom 16.12.1997[510].

Während sich also in Deutschland die Tendenz immer mehr zu einer rechtlichen Gleichstellung von ehelichen und nichtehelichen Kindern entwickelte und es zunehmend immer mehr Stimmen in der Rechtswissenschaft gab und immer noch gibt, die die Stärkung der Rechtsstellung nichtehelicher Lebensgemeinschaften fordern, scheint eine solche Entwicklung für den Iran – in Anbetracht der herrschenden islamisch geprägten Traditionen und Moralvorstellungen – nahezu unvorstellbar und damit unmöglich zu sein.

506 Vgl. Dilger, ZStW 1981, 1311, 1319, 1320.
507 Vgl. Staudinger, BGB-Synopse 1896-2005, § 1589.
508 Vgl. Staudinger, BGB-Synopse 1896-2005, § 1705.
509 BGBl. 1969, Teil I, Nr. 80, S. 1243.
510 BGBl. 1997, Teil I, Nr. 84, S. 2968.

Nach der Auffassung der Rechtswissenschaftlerin Dethloff sei selbst für Deutschland „ein umfassender Rechtsrahmen für nichteheliche Lebengemeinschaften“ erforderlich. Sie fordert gerade im Hinblick auf vorhandene Kinder, dass die tatsächlichen Verhältnisse und nicht förmliche Akte, wie etwa eine Registrierung, Anknüpfungspunkt für eine rechtliche Regelung sein müssen.[511]

III. Rechte eines unehelichen Kindes im Iran

Das iranische Recht kennt den Begriff einer unerlaubten ungesetzlichen Beziehung, *rābete nāmašru'*.

Eine *rābete nāmašru'* liegt z.B. dann vor, wenn bei einer dauerhaften Ehe oder bei einer Ehe auf Zeit die für die Wirksamkeit dieser Rechtsverhältnisse erforderlichen, zwingenden Voraussetzungen nicht vorgelegen haben.

Wenn nun eine Frau und ein Mann in Kenntnis des Fehlers und damit in Kenntnis der Umstände, die die Unwirksamkeit des Rechtsverhältnisses bedeuten, eine geschlechtliche Beziehung miteinander eingehen, so handelt es sich bei dieser Beziehung um eine *rābete nāmašru'*. Sollten aus dieser Beziehung später Kinder hervorgehen, so werden auch die Kinder von Gesetzes wegen als uneheliche, ungesetzliche Kinder angesehen.[512]

Befanden sich nun aber die Eltern des Kindes in einem Irrtum über die Wirksamkeit der Ehe und haben sie den Geschlechtsverkehr irrig für erlaubt gehalten, so haben sie den Geschlechtsverkehr gutgläubig vollzogen und ein auf diese Weise gezeugtes Kind wird gemäß § 1165 IZGB nicht als ungesetzlich angesehen.[513]

Ein aufgrund eines gutgläubigen Geschlechtsverkehrs entstandenes Kind hat damit die gleichen Rechte und Pflichten wie auch ein eheliches Kind gegenüber seinen Eltern.

War hingegen nur ein Elternteil im Irrtum und hat den Geschlechtsverkehr für erlaubt gehalten, so besteht das gesetzliche Eltern-Kind-Verhältnis nur diesem gegenüber und das Kind gilt dann nur im Verhältnis zu diesem als gesetzlich. Gegenüber dem anderen Elternteil, der bösgläubig war und eine unzüchtige Handlung, also eine *zenā'*, verübt hat, besteht kein rechtlich anerkanntes Eltern-Kind-Verhältnis. Die Rechte des Kindes sind damit gemäß § 1166 IZGB im Verhältnis zu diesem eingeschränkt.[514]

---

511 Vgl. Dethloff, Die Rechtsstellung nichtehelicher Lebensgemeinschaften – The Legal Status of Cohabitants, 137, 162.

512 Safa'i/Emami, Grundriss Familienrecht, S. 337 f.

513 IZGB-Kommentar-Katuzian, § 1165, S. 704.

514 IZGB-Kommentar-Katuzian, § 1166, S. 704.

Diese Relativität hinsichtlich des Status eines Kindes wird am Beispiel des § 884 IZGB, also in Bezug auf das Erbrecht des Kindes, erkennbar.

Gemäß § 884 IZGB hat ein uneheliches Kind kein Erbrecht gegenüber seinen Eltern und anderen Verwandten. Hiernach kann ein durch außerehelichen, unerlaubten Geschlechtsverkehr entstandenes Kind nur den Elternteil beerben, der den Geschlechtsverkehr irrig für erlaubt gehalten hat und damit gutgläubig war.[515]

Wenn also eine Frau irrig den Geschlechtsverkehr mit dem Zwillingsbruder ihres Ehemannes vollzieht und sie von diesem schwanger wird und ein uneheliches Kind gebiert, so besteht ein rechtliches Eltern-Kind-Verhältnis nur zwischen dem Kind und seiner Mutter und nicht zwischen dem Kind und seinem biologischen Vater.

§ 1167 IZGB stellt noch einmal klar, das ein durch Unzucht, *zenā'*, geborenes Kind in keiner Beziehung zu dem Mann steht, der es unerlaubt gezeugt hat.[516]

Sollte eine Frau einen Mann aber zu einer geschlechtlichen Beziehung gezwungen haben und ihn unter Druck gesetzt haben, so hat das Kind in diesem Fall lediglich ein gesetzlich anerkanntes Rechtsverhältnis zum Vater und nicht zur Mutter.

Denn mit der Regelung des § 1167 IZGB verfolgt der Gesetzgeber den Zweck, nur denjenigen Personen Rechte einzuräumen und Pflichten zukommen zu lassen, die bezüglich der Entstehung eines unehelichen Kindes keine Schuld trifft. Desweiteren bezweckt der Gesetzgeber die Missbilligung von ungesetzlichen geschlechtlichen Beziehungen auf die Weise, dass er den Kindern aus diesen Beziehungen z.B. kein Erbrecht einräumt. Diese Sanktionierung rechtlicher und auch gesellschaftlicher Art soll auch vor allem die Rechtsstellung der Kinder betreffen, um den natürlichen Eltern ihr Fehlverhalten vor Augen zu führen sowie präventiv zu wirken, so dass zukünftigen Vorfällen dieser Art in der Gesellschaft vorgebeugt wird.[517]

Allerdings führt diese Art der Sanktionierung hinsichtlich der Rechtsstellung eines unehelichen Kindes zu der besonderen Situation, dass ein uneheliches Kind nur denjenigen Elternteil beerben kann, den in Bezug auf seine Entstehung keine Schuld trifft.

Schließlich könnte man sich sogar auf den Standpunkt stellen, dass der „schuldige" Elternteil durch diese Regelung faktisch und rechtlich besser gestellt werde, als der unschuldige Elternteil, da er sein Vermögen nicht an das uneheliche Kind vererben muss.

---

515 IZGB-Kommentar-Katuzian, § 884, S. 544.

516 IZGB-Kommentar-Katuzian, § 1167, S. 704.

517 Vgl. Gorji-Emami, S. 406.

Der Sinn und Zweck des Gesetzgebers war es aber nicht, den unschuldigen Elternteil gegenüber dem schuldigen Elternteil schlechter zu stellen. Insbesondere wollte er dem unschuldigen und gesetzlichen Elternteil, aufgrund des ihm gegenüber bestehenden Achtungsanspruchs, alle von Gesetzes wegen bestehenden Rechte und Pflichten in Bezug auf das Kind, im Gegensatz zum schuldigen Elternteil einräumen und ihm durch die Einräumung von Rechten und Pflichten seine Anerkennung und Akzeptanz zollen.

Doch wiewohl der Gesetzgeber mit seiner Regelung wohl ehrenvolle Motive und Ziele verfolgen mochte, so kann man doch praktisch sagen, dass das Kind, das doch „keine Schuld" für seine eheliche oder uneheliche Zeugung trifft, schlechter gestellt wird als ein eheliches Kind.

Selbst wenn zwei Personen innerhalb einer unehelichen Beziehung ein Kind zeugen und kurze Zeit später die Ehe miteinander eingehen, handelt es sich, wie oben bereits dargestellt, aus rechtlicher Sicht bei dem Kind um ein uneheliches Kind.[518]

Allerdings ist es in solchen Fällen sicherlich mit Schwierigkeiten verbunden, die Unehelichkeit des Kindes nachzuweisen, da das Kind innerhalb einer intakten Familie praktisch wie ein eheliches Kind aufwächst und sämtliche Rechte genießt. Üblicherweise besteht daher kein Rechtsstreit zwischen den Eltern, die ein uneheliches Kind gezeugt haben, wenn sie danach die Ehe miteinander eingehen. Insbesondere können auch Dritte z.B. Schwiegereltern in Bezug auf die Unehelichkeit des Kindes keine Rechte geltend machen und etwa beantragen, dass die Unehelichkeit des Kindes auf gerichtlichem Wege festgestellt wird.

Nur dann, wenn die Eltern sich in einem Irrtum über die Fehlerhaftigkeit ihrer Ehe befanden, kann der Fehler einer fehlenden Ehe geheilt werden, so dass es die Eltern aufgrund ihres Irrtums und ihrer Gutgläubigkeit von Gesetzes wegen „verdienen können", sämtliche Eltern-Rechte und Eltern-Pflichten zu besitzen. Die Regelung in § 1165 IZGB über den gutgläubigen Geschlechtsverkehr verdeutlicht diesbezüglich den Willen des Gesetzgebers.

Wie bereits beschrieben, kann ein rechtlich anerkanntes Eltern-Kind-Verhältnis einseitig, also nur zu einem Elternteil bestehen, und zwar zu demjenigen, der sich z.B. in einem Irrtum über das Vorliegen einer Ehe befand.

Allerdings macht § 1045 IZGB hinsichtlich eines Verwandtschaftsverhältnisses und in der Konsequenz hinsichtlich der Ehehindernisse keinen Unterschied, ob es sich bei einem Kind um ein eheliches oder uneheliches Kind handelt.[519]

518 Vgl. Katuzian, Einführung, S. 332.
519 Vgl. IZGB-Kommentar-Katuzian, § 1045, S. 638.

So kann z.B. ein Bruder auch dann nicht seine Halbschwester heiraten, wenn sie aus einer nicht erlaubten außerehelichen Beziehung des Vaters hervorgegangen ist.

Die Rechtsstellung unehelicher Kinder wird zwischen den iranischen Rechtswissenschaftlern kontrovers diskutiert. Ansatzpunkt ist hier der § 1167 IZGB, wonach wie oben bereits erwähnt, ein Kind, das unehelich geboren wird, grundsätzlich in keinem rechtlich anerkannten Verhältnis zu den biologischen Eltern steht.

Im Jahre 1997 gab es hierzu eine Entscheidung des Obersten Gerichtshofes des Landes[520], wonach hinsichtlich der Rechte und Pflichten nichtehelicher und ehelicher Kinder grundsätzlich kein Unterschied besteht. Dies bedeutet eine Gleichstellung des nichtehelichen Kindes mit dem ehelichen Kind im Hinblick auf bestimmte Rechte, wie das Recht auf Personensorge, Vermögenssorge, gesetzliche Vertretung sowie Unterhalt. Ebenso muss die Geburt eines unehelichen Kindes beim Personenstandsamt, *sabt-e ahwāl* angezeigt werden sowie eine Geburtsurkunde, *šenāsnāme*, für das Kind beantragt werden.

Allerdings regelt weiterhin § 884 IZGB hinsichtlich des Erbrechts, dass uneheliche Kinder ihre Verwandten weder beerben noch von diesen beerbt werden können.

Der Rechtswissenschaftler Emami begrüßt die genannte Entscheidung, da es auch nach seiner Auffassung hinsichtlich der Rechte und Pflichten der biologischen Eltern, wie die Pflicht für die Person und das Vermögen des Kindes zu sorgen, es zu erziehen sowie die Pflicht es zu unterhalten, keinen Unterschied mache, ob das Kind ehelich oder unehelich geboren worden sei. Insbesondere handele es sich auch bei einem unehelichen Kind um ein schutzbedürftiges Wesen, das ohne fremde Hilfe und Unterstützung nicht auskommen könne und unfähig sei, für sich selbst zu sorgen. Aus diesem Grunde sei es zwingend erforderlich, dass auch ein uneheliches Kind von seinen natürlichen Eltern unterstützt werde und von diesen Rechte beanspruchen könne.[521]

In diesem Kontext weist zwar Emami noch einmal auf die Vorschrift des § 1167 IZGB, wonach ein aus Unzucht hervorgegangenes Kind nicht dem Erzeuger zugehörig ist, betont aber, dass die Vorschriften des iranischen Zivilgesetzbuches, die die Personensorge und die Erziehung eines Kindes betreffen, also die §§ 1168-1194 IZGB keine Unterscheidung zwischen ehelichen und nichtehelichen Kindern machen. Aus diesem Grunde könne bereits aus der Systematik

520 Vgl. Entscheidung des Obersten Gerichtshof des Landes vom 24.06.1997 (iranische Zeitrechnung: 03.04.1376), *rāj-e wahdat-e rawije*, Nr. 617, *diwān-e āli kešwar*, zitiert in Safa'i/Emami, Grundriss Familienrecht, S. 342.

521 Vgl. Gorji-Emami, S. 412 f.

des Gesetzes geschlossen werden, dass die Vorschriften betreffend Sorge und Erziehung eines Kindes auch die nichtehelichen Kinder miteinschließen. Ferner bestehe kein Unterschied zwischen ehelichen und unehelichen Kindern hinsichtlich des Bedürfnisses eines Kindes auf Pflege und Unterstützung.[522]

Denn es würde insbesondere eine Gefahr für das Wohl eines Kindes darstellen, wenn die natürlichen Eltern eines unehelichen Kindes nicht verpflichtet werden könnten ihr Kind zu unterstützen. Trotz bestehender Einrichtungen und Organisationen, die sich um uneheliche Kinder kümmern können, ist zu berücksichtigen, dass diese lediglich die körperlichen Bedürfnisse des Kindes befriedigen, aber keineswegs die seelische Fürsorge und Unterstützung, die ein Kind von seinen Eltern für seine Entwicklung benötigt, übernehmen können.[523]

Ebenso begründet sich bereits nach der Auffassung von Emami die Pflicht der biologischen Eltern, das Kind zu unterhalten. Denn diese seien für die Entstehung des unehelichen Kindes ursächlich geworden und müssten dafür Verantwortung übernehmen und es unterhalten.[524]

Trotz der Existenz der oben genannten Entscheidung führt die Einräumung der genannten Rechte nicht dazu, dass das Kind als legtim angesehen wird, da eine geschlechtliche Beziehung zwischen einem unverheiratetem Paar stets als unerlaubt angesehen wird.[525]

In den Fällen, in denen sich die natürlichen Eltern eines unehelichen ungesetzlichen Kindes nicht um das Kind kümmern, weil sie z.B. nicht auffindbar sind oder weil sie sich aus anderen Gründen nicht um das Kind kümmern können, gibt es die Möglichkeit, die staatliche Einrichtung, *sāzmān-e behzisti*, einzuschalten und das Kind dann in Obhut dieser Einrichtung zu geben. Der Hauptsitz des *sāzmān-e behzisti* ist in Teheran. In vielen iranischen Städten existieren weitere staatliche Büros, die dieser Einrichtung angehören und sich um Kinder kümmern, die anderenfalls zu verwahrlosen drohen.

Diese staatlichen Organisationen haben bestimmte Jahresbudgets für soziale Fälle, deren Höhe regelmäßig durch das Parlament festgesetzt wird.

IV. Name eines unehelichen Kindes

Es stellt sich nun die Frage, welchen Namen ein uneheliches Kind tragen darf. Auch hier muss zwischen den unehelichen Kindern unterschieden werden, die durch eine gesetzlich unerlaubte und strafbare geschlechtliche Beziehung, also

522 Vgl. Gorji-Emami, S. 412.
523 Vgl. Gorji-Emami, S. 412 f.
524 Vgl. Gorji-Emami, S. 414.
525 Vgl. Safa'i/Emami, Grundriss Familienrecht, S. 342.

durch *zenā'* entstanden sind, und solchen, deren Eltern sich über die Fehlerhaftigkeit bzw. Unwirksamkeit der Ehe in einem Irrtum befanden.

Bei den Kindern, die durch *zenā'* entstanden sind, wurde bis zum Jahre 1997 aus § 1167 IZGB geschlossen, dass auf diese Weise gezeugte Kinder nicht das Recht hätten, den Namen ihres natürlichen Vaters zu tragen. Dies war auch dann so, wenn der natürliche Vater selbst damit einverstanden war, dass das Kind seinen Namen tragen soll.[526]

Dies wurde damit begründet, dass der natürliche Vater keine Dispositionsbefugnis über die Weitergabe seines Namens besaß, wenn ein Kind unehelich war.

Dies lässt Annahme zur Vermutung, dass der iranische Gesetzgeber mit dieser Beschränkung den Zweck verfolgte, eine Differenzierung zwischen ehelichen und unehelichen ungesetzlichen Kindern zu erzeugen und ihren Status auf diese Weise in der Gesellschaft zu offenbaren.

Allerdings kann aus der oben genannten Entscheidung geschlossen werden, dass auch ein ungesetzliches Kind das Recht haben sollte, den Familiennamen seines Vaters zu tragen und, dass der Vater eines Kindes künftig verpflichtet sein müsste, für das Kind eine Geburtsurkunde zu beantragen. Wird die Geburt eines unehelichen Kindes allerdings von der Kindesmutter angezeigt, so erhält das Kind vorerst gemäß § 16 des Gesetzes über Personenstandssachen, *ġānun-e sabt-e ahwāl*, den Namen der Mutter. Der Vater des Kindes erhält allerdings die Möglichkeit dem Kind nachträglich seinen Namen zu geben.[527]

Aus den vorangegangenen Ausführungen könnte man daher schlussfolgern, dass die Änderungen hinsichtlich des Namensrechts von unehelichen ungesetzlichen Kindern heute den Schutz von diesen Kindern in der iranischen Gesellschaft vor einer Diskriminierung bezwecken.

Eine vollständige Angleichung der Rechte nichtehelicher und ehelicher Kinder könne aber hieraus nicht abgeleitet werden. Der Grund hierfür sei vor allem darin zu sehen, dass der Iran ein islamischer Staat ist und es in der iranischen Verfassung in Art. 4 verankert ist, dass alle Gesetze und Vorschriften islamischen Grundsätzen entsprechen müssen. Eine vollständige Angleichung der Rechte unehelicher Kinder sei vor allem mit den islamischen Grundsätzen, aber auch mit dem Gewohnheitsrecht sowie Brauch und Sitte unvereinbar.[528]

---

526 Vgl. Gorji-Emami, S. 418.

527 Vgl. Gorji-Emami, S. 418.

528 Gespräch mit einem Familienrichter am Shirazer Familiengericht am 16.09.2009.

V. Beantragung einer Geburtsurkunde für uneheliche Kinder

Steht bei ungesetzlichen Kindern im Zeitpunkt der Eintragung des Familiennamens in der Geburtsurkunde der natürliche Vater noch nicht fest, so wird vorerst der Name der Kindesmutter als Familienname des Kindes eingetragen.[529]

Sollte es sich bei dem Kind um ein Findelkind handeln, so sieht § 17 des Gesetzes über Personenstandssachen, *ġānun-e sabt-e ahwāl* vor, dass für denjenigen, dessen beide Elternteile unbekannt sind und es nicht klar ist, ob es sich bei dem Kind um ein eheliches oder um ein uneheliches Kind handelt zunächst ein Phantasiename als Familienname in die Geburtsurkunde des Kindes eingetragen wird, bis sodann feststeht, wer die Eltern des Kindes sind. Die Geburtsurkunde kann sodann zu einem späteren Zeitpunkt korrigiert werden.

VI. Uneheliche Kinder in der iranischen Gesellschaft

Am Beispiel des Erbrechts fällt auf, dass die Rechte unehelicher Kinder im Verhältnis zu ihren Eltern und den übrigen Verwandten eingeschränkt sind.

In Bezug auf Teilhaberechte, wie das Recht auf gleichen Zugang zu Bildungseinrichtungen, wie Schulen und Universitäten, genießen uneheliche Kinder in der iranischen Gesellschaft hingegen die gleichen Rechte wie eheliche Kinder. Allerdings können uneheliche Kinder besonders hochrangige wichtige Posten innerhalb des Staates, wie z.B. das Richteramt, nicht bekleiden.[530]

---

529 Vgl. Gorji-Emami, S. 418.

530 Gespräch mit einem Familienrichter am Shirazer Familiengericht am 16.09.2009.

M. Welche Rechtsfolgen sind im Iran mit der Geburt eines Kindes verbunden?

Mit der Geburt eines Kindes ist eine Fülle von Rechtsfolgen verbunden.

Insbesondere treffen einen bestimmten Personenkreis ganz bestimmte Pflichten aus Anlass der Geburt des Kindes.

I. Anzeige der Geburt

Zunächst einmal sind nach einer bestimmten Reihenfolge bestimmte Personen zur Anzeige der Geburt des Kindes beim Personenstandsamt, *sabt-e ahwāl*, verpflichtet.

Jede Stadt im Iran hat ein *sabt-e ahwāl* und in jedem Stadtbezirk befindet sich eine Unterbehörde.

Nach § 16 des Gesetzes über Personenstandssachen, *ġānun-e sabt-e ahwāl*, sind folgende Personen zur Anzeige der Geburt eines Kindes verpflichtet: Vorrangig trifft den Vater eines Kindes oder den Großvater väterlicherseits die genannte Pflicht. Sollte diesen die Geburtsanzeige aus irgendeinem Grunde nicht möglich sein, hat die Mutter des Kindes die Pflicht, die Geburt anzuzeigen. Erst dann können andere Personen hierzu verpflichtet sein. Diese Personen können z.B. sein: Ein *wasi*, also eine durch den gesetzlichen Vertreter des Kindes testamentarisch eingesetzte Person, ein *ġajjem*, also ein gesetzlich bestellter Vormund des Kindes, Personen, die sonst gesetzlich zur Obhut des Kindes verpflichtet sind, Einrichtungen, die das Kind in Obhut haben, und schließlich das Kind selbst, wenn es das achtzehnte Lebensjahr vollendet hat.

II. Namensrecht

Das Recht zur Bestimmung des Vornamens eines Kindes hat, wie oben bereits dargestellt, die Person, die die Geburt des Kindes anzeigt. Gemäß § 20 des Gesetzes über Personenstandssachen ist die Bestimmung eines Vornamens auch eine Pflicht.

Wie oben bereits ausgeführt, unterliegt die Namenswahl für das Kind allerdings bestimmten Beschränkungen, so dass nicht jeder beliebige Vorname für ein Kind ausgewählt werden darf.

Mithin ist der Anzeigende verpflichtet einen geeigneten Vornamen, der nicht im Widerspruch zum Islam steht und auch dem Geschlecht des Kindes entspricht, auszuwählen. Der Nachname bzw. der Familienname eines Kindes richtet sich nach § 41, 1. Anmerkung des Gesetzes über Personenstandssachen nach dem Nachnamen des Kindesvaters.

Auch wenn es sich bei dem Kind um ein uneheliches Kind handelt, darf das Kind seit 1997 den Nachnamen seines Vaters tragen.[531]

Ist der Nachname des Vaters jedoch noch nicht bekannt, dann erhält das Kind zunächst den Nachnamen der Mutter.[532]

Handelt es sich bei dem Kind hingegen um ein Findelkind, dessen Eltern noch nicht ermittelt werden konnten, so soll gemäß § 17 des Gesetzes über Personenstandssachen für das Kind zunächst vorläufig irgendein Nachname bestimmt werden. Stellt sich dann später heraus, wer die Eltern des Kindes sind, kann der vorläufige Nachname in der Geburtsurkunde des Kindes durch den richtigen Namen des Vaters ersetzt werden.

III. Registrierung der Geburt

Gemäß § 12 des Gesetzes über Personenstandssachen soll die Geburt jedes Kindes, das im Iran geboren wird, registriert werden. Für die Registrierung ist es unerheblich, ob das Kind die iranische oder eine ausländische Staatsangehörigkeit besitzt. Die Geburt des Kindes wird in das *daftar-e sabt-e welādat*, einem Geburtenbuch im Personenstandsamt, *sabt-e ahwāl*, eingetragen.

Besitzt das Kind die iranische Staatsangehörigkeit, dann bekommt es eine Geburtsurkunde, *šenāsnāme*. Besitzt es hingegen eine ausländische Staatsangehörigkeit, so erhält es nur eine Bescheinigung, *gowāhi welādat*, als Nachweis der Geburt. Dies regelt § 13 des Gesetzes über Personenstandssachen.

IV. Personensorge und Erziehung

Gemäß § 1168 IZGB hat jedes Kind das Recht auf Personensorge und Erziehung durch seine Eltern. Die Eltern sind hierzu sowohl gesetzlich berechtigt als auch verpflichtet.[533]

---

531 Vgl. Gorji-Emami, S. 418.

532 Vgl. Gorji-Emami, S. 418.

533 Vgl. Safa'i/Emami, Grundriss Familienrecht, S. 347.

Die Personensorge umfasst die Fürsorge des Kindes sowohl in körperlicher, als auch in geistiger Hinsicht.[534]

Gemäß § 1176 IZGB umfasst die Personensorge nicht die Pflicht der Mutter, das Kind zu stillen, es sei denn, dass die Ernährung des Kindes auf eine andere Weise nicht sichergestellt werden kann.[535]

V. Vermögenssorge und gesetzliche Vertretung

Das Recht auf Vermögenssorge, *velājat*, steht gemäß §§ 1180, 1181 IZGB stets dem Vater oder dem Großvater väterlicherseits zu.[536] Der *wali*, also derjenige, der Inhaber der Vermögenssorge ist, ist gemäß § 1183 IZGB auch der gesetzliche Vertreter des Kindes.[537]

Gemäß § 1184 IZGB müssen die genannten Personen bei ihren Entscheidungen stets zum Wohle des Kindes tätig werden und die Interessen des Kindes berücksichtigen. Sollten sie dennoch zum Nachteil des Kindes handeln und ihre Vertretungsbefugnis missbrauchen, so kann ihnen das Gericht die Vermögenssorge bzw. die Vertretungsbefugnis für das Kind entziehen. Diese Rechte kann das Gericht dann auf einen geeigneten Vormund übertragen.[538]

VI. Unterhalt

Gemäß § 1199 IZGB ist grundsätzlich der Vater dem Kind zu Unterhalt verpflichtet. Kann der Vater dieser Pflicht nicht nachkommen, weil er z.B. bereits verstorben oder nicht leistungsfähig ist, dann trifft den Großvater bzw. den Urgroßvater väterlicherseits diese Pflicht. Sollte auch dieser bereits verstorben oder nicht leistungsfähig sein, dann muss die Mutter das Kind unterhalten. Erst wenn auch die Mutter ihrer Unterhaltspflicht gegenüber dem Kind nicht nachkommen kann, trifft die Großeltern bzw. die Urgroßeltern mütterlicherseits sowie die Großmutter bzw. die Urgroßmutter väterlicherseits die Unterhaltspflicht.[539]

---

534 Vgl. Safa'i/Emami, Grundriss Familienrecht, S. 344.
535 Vgl. Katuzian, Familienrecht II, S. 142 f.
536 Vgl. IZGB-Kommentar-Katuzian, § 1180, S. 712; § 1181, S. 712 f.
537 Vgl. IZGB-Kommentar-Katuzian, § 1183, S. 713 f.
538 Vgl. IZGB-Kommentar-Katuzian, § 1184, S. 714.
539 Vgl. IZGB-Kommentar-Katuzian, § 1199, S. 723.

Das Kind hat aber immer nur dann einen Unterhaltsanspruch, wenn es bedürftig ist und damit nicht selbst in der Lage ist, sich zu unterhalten. Hat es eigenes Vermögen, so hat es damit keinen Anspruch auf Unterhalt.[540]

Das Recht des Kindes auf Unterhalt gemäß § 1204 IZGB umfasst die Wohnung und die notwendigen Einrichtungsgegenstände, die Kleidung und die Ernährung. Ebenso können Heilbehandlungskosten und Fahrtkosten von der Unterhaltspflicht umfasst sein.[541]

VII. Umgangsrecht

Im Falle der Trennung bzw. Scheidung der Eltern besteht für das Kind ein Umgangsrecht, *haġġ-e molāġāt*, mit dem Elternteil, bei dem sich das Kind nicht dauerhaft aufhält.[542]

VIII. Staatsangehörigkeit

Die Staatsangehörigkeitsrechte der Welt können in zwei Gruppen unterteilt werden: iure sanguinis, (lat. nach dem Recht des Blutes) und iure soli (lat. nach dem Recht des Bodens). Entsprechend dieser Prinzipien erfolgt der Erwerb einer Staatsangehörigkeit entweder durch Geburt von einem Elternteil, der die Staatsangehörigkeit besitzt bzw. durch Geburt in dem betreffenden Staat.[543]

Auch die Staatsangehörigkeit eines Kindes nach iranischem Recht richtet sich nach den zwei Prinzipien, dem Abstammungs- und dem Territorialprinzip.

Jedes Kind, das von einem iranischen Vater abstammt, unabhängig davon, ob es im Iran oder im Ausland geboren worden ist, erwirbt gemäß § 976 Nr. 2 IZGB die iranische Staatsangehörigkeit (Abstammungsprinzip).[544]

Gemäß § 976 Nr. 3 IZGB (Territorialprinzip) besitzt ein Kind auch dann die iranische Staatsangehörigkeit, wenn es im Iran geboren worden ist, dessen Eltern aber unbekannt sind.[545]

Ferner besitzt ein Kind nach § 976 Nr. 4 IZGB ebenfalls die iranische Staatsangehörigkeit, wenn es von ausländischen Eltern abstammt und wenigstens ein Elternteil selbst im Iran geboren worden ist.[546]

---

540 Vgl. IZGB-Kommentar-Katuzian, § 1197, S. 722.
541 Vgl. IZGB-Kommentar-Katuzian, § 1204, S. 724.
542 Vgl. IZGB-Kommentar-Katuzian, § 1174, S. 710.
543 Vgl. Rauscher IPR, § 3 A, Rn. 218.
544 Vgl. IZGB-Kommentar-Katuzian, § 976, S. 579.
545 Vgl. IZGB-Kommentar-Katuzian, § 976, S. 579.
546 Vgl. IZGB-Kommentar-Katuzian, § 976, S. 579.

Schließlich können gemäß § 976 Nr. 5 IZGB Abkömmlinge eines ausländischen Mannes die iranische Staatsangehörigkeit erwerben, wenn sie im Iran geboren worden sind und nach Erreichen des achtzehnten Lebensjahres mindestens ein Jahr im Iran gelebt haben.[547]

IX. Wohnsitz

Gemäß § 1006 IZGB ist der Wohnsitz eines Kindes der Wohnsitz seines gesetzlichen Vertreters oder seines gerichtlich bestimmten Vormundes.[548]

X. Bildung und Erziehung

Jedes iranische Kind hat ein Recht auf Bildung und Erziehung.

Gemäß Art. 30 der iranischen Verfassung hat der Staat für die ganze Nation, unentgeltlich Bildungsmöglichkeiten bis zum Abitur sowie Studienmöglichkeiten an staatlichen Universitäten, soweit er hierzu ausreichende Kapazitäten besitzt, zur Verfügung zu stellen.

XI. Arbeit des Kindes

Gemäß § 79 des Arbeitsgesetzes, *ġānun-e kār*[549], ist es Jugendlichen unter fünfzehn Jahren verboten, zu arbeiten.

Zwischen dem fünfzehnten und dem achtzehnten Lebensjahr dürfen Jugendliche im Iran zwar grundsätzlich arbeiten, unterliegen aber gewissen Einschränkungen. So müssen sie zu ihrem Schutze gemäß §§ 80, 81 des *ġānun-e kār* jährlich zu medizinischen Untersuchungen, bis sie das achtzehnte Lebensjahr vollendet haben.

Die Arbeitszeit von Jugendlichen ist gemäß § 82 des *ġānun-e kār* eine halbe Stunde weniger als die Arbeitszeit von erwachsenen Arbeitern.

Ferner ist es ihnen gemäß § 83 des *ġānun-e kār* untersagt, Nachtarbeit zu verrichten sowie schwere und gefährliche Arbeiten, die einen Schaden für die Gesundheit hervorrufen können, auszuüben. Ferner dürfen sie keine schweren Sachen mit der bloßen Hand tragen.

547 Vgl. IZGB-Kommentar-Katuzian, § 976, S. 579.

548 Vgl. IZGB-Kommentar-Katuzian, § 1006, S. 616.

549 Vgl. Ministry of Labour and Social Affairs, *ġānun-e kār* (Arbeitsgesetz), http://www.mlsa.gov.ir/page.php?104 (zuletzt aufgerufen am 13.12.2011).

Wenn gegen diese Vorschriften verstoßen wird, so können gemäß des *ġānun-e kār* Sanktionen gegen den Arbeitnehmer und den Arbeitgeber verhängt werden.

XII. Strafmündigkeit

Wie oben bereits erläutert, ist ein Kind vor Erreichen des Pubertätsalters nicht strafmündig und kann für die Begehung von Straftaten nach dem iranischen Strafrecht nicht zur Verantwortung gezogen und bestraft werden.

Das Gericht, welches sich mit solchen Verfahren befassen soll, ist ein besonderes Jugendgericht, *dādgāh-e atfāl*, gemäß §§ 219, 220 des *ġānun-e ājine-dādrasi kejfari*[550].

Stellt dieses Gericht fest, dass das Kind für sich und seine Umgebung eine Gefahr darstellt, so kann es nach § 1 *ġānun-e eġdāmāt-e ta'mini*[551], zum Wohle des Kindes und zum Schutz der Gesellschaft sowie zur Vermeidung einer Wiederholungsgefahr, bestimmte Maßnahmen treffen.

Das Gericht kann z.B. nach §§ 2, 3 *ġānun-e eġdāmāt-e ta'mini* anordnen, dass das Kind in eine bestimmte Besserungs- und Erziehungseinrichtung, *kanun-e eslāh wa tarbijat* gebracht werden soll, wo es dann unter Aufsicht von Erziehern und Kinderpsychologen steht und von diesen betreut wird.

Das Gericht bestimmt die Dauer des Aufenthaltes des Kindes in solchen Einrichtungen.

Üblicherweise verbleibt das Kind solange dort, bis es keine Gefahr mehr für sich und seine Umwelt darstellt.

Obwohl sich das noch nicht strafmündige Kind noch nicht im Sinne des iranischen Strafrechts strafbar gemacht hat, besteht dennoch die Pflicht zur Zahlung einer *dijeh*, also einer Geldsumme zur Wiedergutmachung des Schadens, wenn das Kind z.B. absichtlich oder unabsichtlich den Körper eines anderen Menschen verletzt oder einen Menschen getötet hat. Das Kind selbst trifft diese Zahlungsverpflichtung nicht, sondern nach § 306 IStGB die *āġele*, also die männlichen Verwandten des Kindes, nach ihrem Grad der Verwandtschaft zum Kind.

Sollte das Kind keine männlichen Verwandten mehr haben oder sollten diese innerhalb von drei Jahren nicht zur Zahlung der *dijeh* fähig sein, so wird diese nach § 312 IStGB von der Staatskasse übernommen.

Auch nach Erreichen des Pubertätsalters bis zum Erreichen des achtzehnten Lebensjahres soll sich bei Straftaten, die von Jugendlichen begangen werden, ein

---

550 Vgl. *ġānun-e ājine-dādrasi kejfari* (Gesetz betreffend die Strafprozessordnung), http://www.ghavanin.ir/detail.asp?id=1083 (zuletzt aufgerufen am 13.12.2011).

551 Mansour, Gesetzessammlung II, *ġānun-e eġdāmāt-e ta'mini* (Gesetz betreffend Maßnahmen zur Versorgung und Erziehung).

Jugendgericht mit der Angelegenheit befassen. Zwar wird der Jugendliche nach dem iranischen Strafrecht wie ein Erwachsener bestraft, da er mit Erreichen des Pubertätsalters als voll strafmündig gilt. Das Besondere an den Jugendgerichten ist aber, dass sie zum Schutz von Kindern und Jugendlichen die Öffentlichkeit gemäß § 225 des *ġānun-e ājine-dādrasi kejfari* von den Gerichtsverhandlungen ausschließen können.

N. Das Kind als Opfer einer Straftat

Das iranische Strafrecht enthält bestimmte Strafnormen, die den Schutz von Kindern bezwecken.

Bereits das ungeborene Kind kann Opfer einer Straftat werden. So wird es als *seġt-e ǧanin* bezeichnet, wenn ein medizinisch nicht indizierter Schwangerschaftsabbruch durchgeführt wird.

Verübt jemand eine Straftat gegenüber einem Kind, so erwartet den Täter die gleiche Strafe, wie wenn er die Tat gegen eine erwachsene Person begangen hätte.

Das „Kindsein" des Opfers führt also weder zu einer Strafmilderung noch zu einer Strafverschärfung im iranischen Strafrecht.

Eine Ausnahme hiervon ist allerdings in der Anmerkung des § 83 b IStGB genannt. Diese Ausnahme betrifft die Unzucht, *zenā'*, einer verheirateten Frau mit einem Kind. In solch einem Fall erfährt die Frau nicht die Todesstrafe durch Steinigung, sondern wird durch 100 Peitschenhieben bestraft.

Eine weitere Ausnahme betrifft die Verleumdung, dass ein Kind einen unerlaubten Geschlechtsverkehr oder einen homosexuellen Geschlechtsverkehr, *lewāt*, begangen haben soll. Wird das Kind das Opfer einer solchen Verleumdung, so ist diese Verleumdung gemäß § 146 IStGB nicht strafbar.

Wird ein Kind Opfer eines Tötungsdeliktes, so ist die *dijeh*, also die Blutgeldsumme für das Kind genauso hoch, wie die eines Erwachsenen. Hinsichtlich der Höhe wird eine Unterscheidung lediglich danach getroffen, ob das Opfer der Straftat männlichen oder weiblichen Geschlechts war.[552]

I. Besondere Straftatbestände zum Schutz des Kindes

Im Folgenden möchte ich auf besondere Straftatbestände des iranischen Strafgesetzbuches eingehen, die vorrangig den Schutz von Kindern bezwecken.

552 Vgl. Ebadi, S. 122 f.

1. § 631 IStGB

In § 631 IStGB ist der „Diebstahl" eines Kindes genannt.

Danach wird jede Person, die ein Kind, das gerade geboren worden ist, „stiehlt", es versteckt, seine Geburt verheimlicht, es als ein anderes Kind oder als das Kind einer anderen Frau ausgibt, mit einer Freiheitsstrafe von sechs Monaten bis zu drei Jahren bestraft. Stellt sich später heraus, dass das „gestohlene" Kind bereits tot war, dann wird der Täter lediglich mit einer Geldstrafe bestraft.

2. § 632 IStGB

§ 632 IStGB regelt, dass eine Person, der ein Kind anvertraut worden ist, nicht die Herausgabe des Kindes an die Personen verweigern darf, denen sie zur Herausgabe des Kindes verpflichtet ist. Sollte sie dies dennoch tun, so wird sie entweder mit einer Freiheitsstrafe von drei bis vier Monaten oder mit einer Geldstrafe bestraft.

3. § 633 IStGB

Setzt jemand selbst oder auf Verlangen oder Befehl einer anderen Person ein Kind an einem Ort, an dem sich üblicherweise keine Menschen aufhalten, wie z.B. an einem Waldstück aus, so wird er nach § 633 IStGB mit einer Freiheitsstrafe von sechs Monaten bis zu zwei Jahren oder mit einer Geldstrafe bestraft.

Setzt der Täter das Kind an einem Ort aus, an dem sich üblicherweise Menschen aufhalten, dann wird er milder bestraft und zwar mit einer Freiheitsstrafe von drei Monaten bis zu einem Jahr. Führt die Aussetzung des Kindes dazu, dass das Kind verstirbt oder einen sonstigen gesundheitlichen Schaden erleidet, so wird der Täter zusätzlich wegen des herbeigeführten Taterfolges bestraft.

II. Stärkung der Rechte von Kindern und Jugendlichen

Zum Zwecke der Stärkung bzw. Unterstützung der Rechte von Kindern und Jugendlichen wurde im Jahre 2002 das Gesetz zum Zwecke der Unterstützung von Kindern und Jugendlichen, *ġānun-e hemājat az kudakān wa nou-ğawānān*[553], verabschiedet.

553 Mansour, Gesetzessammlung I, *ġānun-e hemājat az kudakān wa nou-ğawānān* (Gesetz zum Zwecke der Unterstützung von Kindern und Jugendlichen).

Dieses Gesetz besagt in § 1, dass Personen, die das achtzehnte Lebensjahr noch nicht erreicht haben, vom Anwendungsbereich dieses Gesetzes umfasst sind.

Nach § 3 dieses Gesetzes ist jeder Handel mit Kindern sowie das Ausbeuten von Kindern durch Kinderarbeit verboten. Wird gegen dieses gesetzliche Verbot verstoßen, so macht sich die Person schadenersatzpflichtig und wird zusätzlich mit einer Freiheitsstrafe von sechs Monaten bis zu einem Jahr oder mit Geldstrafe bestraft.

Nach § 4 des oben genannten Gesetzes wird jede Art von Schädigung eines Kindes, z.B. durch Folter oder Quälen eines Kindes, ob geistiger oder körperlicher Art, sowie die Hinderung eines Kindes daran, dass es Bildungsmöglichkeiten nutzen und lernen kann, entweder mit einer Freiheitsstrafe von drei Monaten und einem Tag bis zu sechs Monaten oder mit einer Geldstrafe bestraft.

Schließlich bestimmt § 5 des genannten Gesetzes, dass das geschädigte und gequälte Kind nicht selbst den Täter anzeigen muss. Das Recht zur Anzeige steht in solch einem Falle jedem zu.

Die in dem Gesetz zum Schutz der Rechte der Kinder und Jugendlichen genannten Strafen sind besondere Strafen. Dies bedeutet, dass im Falle der Erfüllung der Voraussetzungen, die angeordnete Strafe zusätzlich neben den Strafen des iranischen Strafgesetzbuches zur Anwendung kommt.

O. Der Schwangerschaftsabbruch

Das iranische Recht bezeichnet einen Schwangerschaftsabbruch als *seġt-e ğanin*.

Ein Schwangerschaftsabbruch ist grundsätzlich strafbar. Für die Strafbarkeit ist es irrelevant, ob das Kind innerhalb einer ehelichen oder einer außerehelichen Beziehung gezeugt worden ist.

Nur ausnahmsweise ist ein Schwangerschaftsabbruch gemäß des Einzelparagraphen des Gesetzes über einen medizinisch indizierten Schwangerschaftsabbruch, *ġānun-e ghanune seġt- darmani*[554], aus dem Jahre 2005 zulässig. Dies ist insbesondere dann der Fall, wenn das ungeborene Kind entweder geistig oder körperlich behindert ist oder wenn die Mutter aufgrund einer Krankheit oder eines sonstigen Gebrechens nicht in der Lage sein sollte, das Kind auszutragen.

Das genannte Gesetz legalisiert nur unter bestimmten Voraussetzungen einen Schwangerschaftsabbruch.

Zum einen müssen drei Fachärzte eine endgültige Beurteilung darüber abgeben, dass entweder das Kind oder die Mutter krank ist und aus diesem Grunde das Kind nicht ausgetragen werden kann. Zum anderen muss die Gerichtsmedizin die Beurteilung der Fachärzte bestätigen.

Eine weitere Voraussetzung ist, dass sich die Frau vor ihrem vierten Schwangerschaftsmonat befindet und schließlich muss sie ihre Einwilligung zum Eingriff erteilen. Weitere Einwilligungen, z.B. eine Einwilligung des Ehemannes, sind nicht erforderlich.

Alle diese genannten Voraussetzungen müssen kumulativ vorliegen, damit einer Frau die Einwilligung zu einem Schwangerschaftsabbruch erteilt werden kann und ein Schwangerschaftsabbruch gesetzlich zulässig ist.

Liegen also die genannten Voraussetzungen vor, dann machen sich weder die schwangere Frau noch die den Eingriff durchführenden Ärzte strafbar.

Außerhalb dieser Ausnahme ist jeder Schwangerschaftsabbruch nach iranischem Recht mit Strafe bedroht.

Die Straferwartung richtet sich danach, ob der Schwangerschaftsabbruch vor oder nach dem vierten Schwangerschaftsmonat durchgeführt worden ist.[555]

---

554 Mansour, Gesetzessammlung I, *ġānun-e ghanune seġt- darmani* (Gesetz über einen medizinisch indizierten Schwangerschaftsabbruch).

555 Vgl. Zamani, S. 56.

Nach der Auffassung des iranischen Gesetzgebers stellt ein Schwangerschaftsabbruch nach dem vierten Schwangerschaftsmonat eine Tötung dar.[556]

Das ungeborene Kind habe dann bereits eine Seele und sei wie ein Mensch zu behandeln.[557]

Die Straferwartung richtet sich auch danach, ob die Tat vorsätzlich oder fahrlässig begangen worden ist.

Hat die Frau den Schwangerschaftsabbruch vorsätzlich oder fahrlässig vor oder nach dem vierten Schwangerschaftsmonat verursacht, so erfährt sie nach § 489 IStGB nicht die Todesstrafe, sondern wird lediglich zur Zahlung einer *dijeh*, der Blutgeldsumme, verurteilt.[558]

Für andere Personen, die den Schwangerschaftsabbruch nach dem vierten Schwangerschaftsmonat vorsätzlich in der Weise verursacht haben, dass sie die Schwangere gequält oder z.B. durch Schläge gefoltert haben, regelt das iranische Strafgesetzbuch in § 622 IStGB, dass diese zu einer Todesstrafe oder zur Zahlung einer *dijeh* und zusätzlich dazu zu einer Freiheitsstrafe von einem bis zu drei Jahren verurteilt werden können.[559]

Handelte der Täter hingegen absichtlich vor dem vierten Schwangerschaftsmonat, so wird er nur zur Zahlung der *dijeh* verurteilt.[560]

Im Falle von Fahrlässigkeit muss der Täter nach § 492 IStGB lediglich eine *dijeh* zahlen. Die Höhe dieser richtet sich nach § 487 IStGB danach, in welcher Entwicklungsphase sich das ungeborene Kind befand.

Grundsätzlich beträgt die *dijeh* eines Mädchens nach § 487 Nr. 6 IStGB die Hälfte der *dijeh* eines Jungen, wenn der Schwangerschaftsabbruch nach dem vierten Schwangerschaftsmonat erfolgt ist. Vor dem vierten Schwangerschaftsmonat wird hingegen keine Unterscheidung getroffen.

Ein Arzt oder eine Krankenschwester, die einen Schwangerschaftsabbruch unerlaubt vornehmen, machen sich zusätzlich nach § 624 IStGB strafbar. Die Straferwartung der Freiheitsstrafe liegt hier zwischen zwei bis fünf Jahren.

---

556 Vgl. Zamani, S. 56.
557 Vgl. Zamani, S. 56.
558 Vgl. Zamani, S. 56.
559 Vgl. Zamani, S. 56.
560 Vgl. Zamani, S. 56.

P. Die wichtigsten Reformen im iranischen Familienrecht

Im Folgenden soll anhand einiger ausgewählter familienrechtlicher Vorschriften des IZGB veranschaulicht werden, wie sich das iranische Familienrecht durch Gesetzesänderungen im Laufe der Zeit verändert hat.

Diese Reformen lassen eine Tendenz zur Verbesserung der Rechtsstellung der Frauen und Kinder im Iran erkennen. Ferner sind sie ein Beweis dafür, dass das islamisch beeinflusste iranische Recht keineswegs statisch und unveränderbar ist, sondern, dass es auch an neue gesellschaftliche Veränderungen angepasst werden kann und, wie Yassari eindrucksvoll beschreibt, eine „Wandelbarkeit" besitzt.[561]

Diese Veränderungen könnten möglicherweise die Auffassung von Dilger widerlegen, sofern er anführt, dass das islamische Recht absolute Geltungskraft genieße, grundsätzlich in seinem Kern unveränderlich und damit dem Einfluss staatlicher Gesetzgebung entzogen sei.[562]

In den letzten Jahren machte das iranische Familienrecht eine Fülle von Gesetzesänderungen und Reformen durch. Daher möchte ich mich in diesem Abschnitt auf die wichtigsten dieser Änderungen beschränken und erläutern, wie sich die Vorschriften im Vergleich zur alten Rechtslage verändert haben.

I. § 1041 IZGB

§ 1041 IZGB befasst sich u.a. mit dem Mindestalter für die Eheschließung.

Vor der Novellierung des Gesetzes vom 17.12.2000 (27.09.1379 der iranischen Zeitrechnung) entsprach das Eheschließungsalter dem Pubertätsalter, *senn-e boluġ*.

In der Konsequenz war es einem Mädchen bereits mit der Vollendung des neunten Lebensjahres erlaubt, eine Ehe einzugehen.

561 Vgl. Yassari, RabelsZ 2009, 985, 986, 987.
562 Vgl. Dilger, ZStW 1981, 1311, 1315.

Sogar noch vor Erreichen des Pubertätsalters war eine Eheschließung erlaubt. Die Voraussetzung hierfür war eine Einwilligung des gesetzlichen Vertreters des Kindes, *wali*. Hierfür musste dieser berechtigte Gründe vortragen, die dem Interesse des Kindes entsprachen, die Ehe bereits vor Erreichen des Pubertätsalters eingehen zu dürfen. Der *wali* war allerdings weder verpflichtet, eine behördliche noch eine gerichtliche Bewilligung hierfür einzuholen, sondern musste seine Gründe lediglich bei der Eheschließung vortragen.[563]

Mit der Novellierung des § 1041 IZGB setzte der Gesetzgeber das Mindestalter für die Eheschließung neu fest. Damit entsprach das Eheschließungsalter nicht mehr dem Pubertätsalter, sondern wurde für Mädchen auf das dreizehnte Lebensjahr und für Jungen auf das fünfzehnte Lebensjahr festgelegt. Eine weitere Neuerung im Vergleich zur alten Rechtslage ist, dass Personen vor Erreichen des Eheschließungsalters nicht nur der Einwilligung des *wali* bedürfen, sondern zusätzlich zu dieser auch eine gerichtliche Bewilligung eingeholt werden muss.[564]

Meiner Auffassung nach hat der iranische Gesetzgeber mit der Novellierung des § 1041 IZGB einen großen Schritt in die richtige Richtung getan, um die Rechte von Kindern und Jugendlichen zu stärken und zu schützen. Wenn auch das Verständnis für diese noch geringen Altersstufen für unsere westliche Welt Schwierigkeiten bereitet, so stellt es dennoch einen, wenn auch kleinen, aber trotzdem wichtigen Fortschritt im Vergleich zur früheren Rechtslage dar. Insbesondere ist das Erfordernis einer gerichtlichen Bewilligung sehr zu begrüßen, da sich ein Gericht mit der Sachlage befassen und prüfen kann, ob die vom *wali* vorgetragenen Gründe für eine Eheschließung vor Erreichen des Eheschließungsalters tatsächlich berechtigt sind, so dass auf diese Weise das Kind vor etwaigem missbräuchlichem Verhalten durch den *wali* geschützt wird. Obschon es, inbesondere nach westlichem Verständnis und auch nach meiner Auffassung, im Interesse der Kinder und Jugendlichen wäre, das Eheschließungsalter an das Alter der Volljährigkeit anzugleichen, ist die Anhebung des Mindestalters für eine Eheschließung dennoch als eine positive Entwicklung anzuerkennen.

Unberührt dessen, dass nach Auffassungen einiger iranischer Wissenschaftler die Pubertät und damit auch die Geschlechtsreife in klimatisch wärmeren Ländern früher einsetzt als in klimatisch kälteren,[565] ist der Akt der Eheschließung für sich genommen zwar mit Rechten, aber insbesondere auch mit einer Fülle von Pflichten verbunden. Es ist einem Jugendlichen nahezu unmöglich, die Tragweite einer solchen „Entscheidung fürs Leben“ nachvollziehen zu können.

563 Vgl. IZGB-Kommentar-Katuzian, § 1041, S. 635.
564 Vgl. IZGB-Kommentar-Katuzian, § 1041, S. 635.
565 Vgl. Katuzian, Einführung, S. 67.

II. § 1043 IZGB

Am 05.11.1991 (14.08.1370 der iranischen Zeitrechnung) novellierte der iranische Gesetzgeber § 1043 IZGB dahingehend, dass er nunmehr festlegte, dass sich ein Mädchen[566], welches aufgrund seiner Jungfräulichkeit zum Zwecke der Eheschließung der Erlaubnis des Vaters oder des Großvaters väterlicherseits bedarf, für den Fall einer unberechtigten Verweigerung der Erlaubnis, an das Gericht wenden kann.[567]

Aus § 1043 folgt weiter, dass das heiratswillige Mädchen sodann beim Gericht die Erlaubnis zur Eheschließung beantragen kann, nachdem sie dort ihren zukünftigen Mann mit vollständigen Angaben zu seiner Person vorgestellt, sowie Angaben zu den Umständen der Eheschließung, *šarājet-e nekāh*, und der vereinbarten Brautgabe gemacht hat.[568]

Seit der Gesetzesnovellierung prüft das Gericht lediglich die Angaben der Antragstellerin und macht nunmehr keine Anzeige mehr an den Vater oder an den Großvater väterlicherseits, wie dies nach der alten Rechtslage der Fall war. Nach der alten Rechtslage machte das Gericht nämlich nach der Antragstellung der heiratswilligen Person dem Vater oder dem Großvater väterlicherseits eine Anzeige. Meldeten sich diese innerhalb von fünfzehn Tagen nach der Anzeige nicht beim Gericht, dann konnte es erst dem Mädchen die Erlaubnis zur Eheschließung erteilen.[569]

Diese gesetzliche Veränderung stellt eine Verbesserung der Situation der Frau dar und vermeidet, dass durch eine Anzeige Familienstreitigkeiten heraufbeschworen werden und möglicherweise ein gefährliches Ausmaß annehmen.

III. § 1044 IZGB

Auch § 1044 IZGB wurde am 05.11.1991 (14.08.1370 der iranischen Zeitrechnung) novelliert und befasst sich mit dem Fall, dass es dem *wali* eines heiratswilligen Mädchens unmöglich ist, die Einwilligung zur Eheschließung zu erteilen.

Die Unmöglichkeit der Erteilung einer Einwilligung zur Eheschließung kann sich sowohl aus tatsächlichen als auch aus rechtlichen Gründen ergeben.[570]

566 Das Gesetz verwendet den Begriff des jungfräulichen Mädchens auch nach Erreichen der Volljährigkeit.
567 Vgl. IZGB-Kommentar-Katuzian, § 1043, S. 636.
568 Vgl. IZGB-Kommentar-Katuzian, § 1043, S. 636.
569 Vgl. IZGB-Kommentar-Katuzian, § 1043, S. 637.
570 Vgl. IZGB-Kommentar-Katuzian, § 1044, S. 638.

Vor der Novellierung des § 1044 IZGB war dieser aufgrund seines Wortlautes nicht so zu deuten, dass bei tatsächlicher Abwesenheit des *wali* oder dessen Unfähigkeit zur Erteilung der Einwilligung zur Eheschließung, etwa aus dem Grunde, dass der *wali* selbst unter Vormundschaft stand, die Möglichkeit bestand, eine gerichtliche Bewilligung zur Eingehung der Ehe einzuholen.

Nach der Novellierung dieses Paragraphen muss nun das Mädchen, das grundsätzlich die Einwilligung zur Eheschließung von ihrem Vater oder ersatzweise von ihrem Großvater väterlicherseits benötigt, im Falle derer Abwesenheit beim Gericht einen Antrag auf Erteilung einer Einwilligung stellen, damit sie eine Ehe eingehen darf.[571]

Stellt das Mädchen einen Antrag bei Gericht, so prüft das Gericht lediglich die Erforderlichkeit der Eheschließung für das Mädchen. Es prüft hingegen nicht die konkrete Geeignetheit des zukünftigen Ehemannes.[572]

Kommt das Gericht zu dem Schluss, dass die Eheschließung für das Mädchen erforderlich ist, so erteilt es eine Bewilligung, dass sie berechtigt ist, die Ehe einzugehen.

Vor der Novellierung des § 1044 IZGB schwieg das Gesetz dazu, ob eine ersatzweise gerichtliche Erlaubnis im Falle der Verhinderung des gesetzlichen Vertreters erforderlich war.

Aus diesem Grunde bestand eine Rechtsunsicherheit bei den Eheschließungsbüros, *daftar-xāne ezdewāǧ*, die die Aufgabe besaßen, die Ehe zu registrieren.

Regelmäßig verweigerten die Eheschließungsbüros die Registrierung der Ehe ohne die Vorlage einer Einwilligung des *wali*, da sie die Entziehung ihrer Lizenz zum Betrieb des Eheschließungsbüros befürchteten.

Diese Rechtsunsicherheit hat der Gesetzgeber beseitigt, indem er bei Abwesenheit des *wali*, aus welchem Grund auch immer, die ersatzweise Bewilligung des Gerichts anordnete.

IV. § 1082 IZGB

Die Novellierung des § 1082 IZGB ist im Hinblick auf die Stärkung der Rechte der Frauen im Iran sehr zu begrüßen. Am 20.07.1997 (29.04.1376 der iranischen Zeitrechnung) hat der iranische Gesetzgeber diesen Paragraphen mit einer Anmerkung ergänzt.

Diese Anmerkung regelt nunmehr, dass im Falle einer Brautgabe, die in einer umtauschfähigen Geldwährung erfolgen soll, der aktuelle Wert des Geldes inflationsbereinigt nach den Angaben der Zentralbank der Islamischen Republik Iran

571 Vgl. IZGB-Kommentar-Katuzian, § 1044, S. 638.
572 Vgl. Katuzian, Einführung, S. 76.

zu ermitteln ist, es sei denn, dass die Eheleute eine andere Vereinbarung diesbezüglich getroffen haben.[573]

Insbesondere aufgrund der stetig wachsenden Inflationsrate im Iran ist eine solche Regelung sehr zu begrüßen.

V. § 1107 IZGB

§ 1107 IZGB befasst sich mit dem Umfang des Unterhaltsanspruchs einer Frau während der Ehe.

Seit der Gesetzesänderung am 10.11.2002 (19.08.1381 der iranischen Zeitrechnung) hat sich die Rechtssituation zu Gunsten der Ehefrau stark verbessert.

Vor der Novellierung definierte das Gesetz den Unterhalt der Ehefrau, indem es aufzählte, was alles zum Unterhalt gehörte. Danach umfasste der Unterhalt der Ehefrau die Wohnung, die Bekleidung, die Ernährung und die Haushaltsgegenstände. Die Art der genannten Posten richtete sich nach der Lebensstellung der Frau vor der Ehe, aber auch danach, was die Ehefrau aufgrund ihres gesundheitlichen oder körperlichen Zustandes benötigte.

Damit konnte schon nach alter Gesetzeslage ein Anspruch der Frau gegen ihren Ehemann auf Bereitstellung von Dienstpersonal bestehen.

Nach der Neufassung des § 1107 IZGB umfasst der Unterhalt *alle* Bedürfnisse der Ehefrau, die sich nach ihrer Lebensstellung richten. Zwar sind in § 1107 IZGB weiterhin bestimmte Unterhaltsposten wie Wohnung, Bekleidung, Ernährung, Haushaltsgegenstände und Dienstpersonal aufgezählt. Diese zählt das Gesetz aber lediglich beispielhaft auf. Sie haben im Gegensatz zur alten Rechtslage keinen abschließenden Charakter.[574]

Die Erweiterung des Bedarfs einer Frau nach ihren Bedürfnissen ermöglicht es etwa einer studierenden Ehefrau, von ihrem Ehemann die Kosten für Studienmittel, wie Studiengebühren oder Bücherkosten, zu verlangen.

Durch diese Gesetzesänderung wurden weiterhin die Rechte der Frauen gestärkt, da sich die Unterhaltsansprüche der Ehefrau gegen den Ehemann nun konkret und individuell nach den jeweiligen Bedürfnissen der Ehefrau bestimmen lassen.

---

573 Vgl. IZGB-Kommentar-Katuzian, § 1082, S. 654 f.

574 Vgl. IZGB-Kommentar-Katuzian, § 1107, S. 666 f.

VI. § 1110 IZGB

Vor der Novellierung des § 1110 IZGB am 10.11.2002 (19.08.1381 der iranischen Zeitrechnung) stand in diesem Paragraphen, dass die Frau während einer Wartezeit, die durch den Tod des Ehemannes verursacht wurde, keinen Anspruch auf Unterhalt besaß.

Auch nach der Novellierung des § 1110 IZGB hat sich daran nichts geändert. Die verwitwete Frau hat insbesondere keinen Anspruch auf Unterhalt gegen die Erben des Ehemannes.

Der Klarstellung halber hat das Gesetz nun aber in § 1110 IZGB aufgenommen, dass die Frau im Falle des Todes einen Unterhaltsanspruch gegen ihre eigenen Verwandten hat.[575]

VII. § 1130 IZGB

§ 1130 IZGB regelt, unter welchen Voraussetzungen eine Frau die Scheidung von ihrem Ehemann beantragen kann.

Vor der Novellierung des Gesetzes am 05.11.1991 (14.08.1370 der iranischen Zeitrechnung) regelte § 1130 IZGB lediglich, dass eine Frau die Scheidung beantragen kann, wenn die Fortsetzung der Ehe für sie eine psychische oder physische unerträgliche Härte darstellt.

Der Scheidungsantrag der Frau hatte Erfolg, wenn die Ehefrau die Härtesituation, *osr wa harağ*, vor Gericht beweisen konnte.

Stellte das Gericht nach Prüfung der Sachlage fest, dass ein Härtefallgrund vorlag, so konnte das Gericht den Ehemann zwingen die Scheidungsformel auszusprechen. Fügte sich der Ehemann nicht dem Zwang, so konnte das Gericht von Amts wegen die Scheidung der Ehe durchführen.

Mit der Novellierung des § 1130 IZGB hat der iranische Gesetzgeber es zwar bei dem Wortlaut des § 1130 IZGB belassen, sich aber eines anderen gesetzgeberischen Mittels, der Hinzufügung einer Anmerkung, *tabsare*, bedient. Da Anmerkungen zu Gesetzen im iranischen Recht selbst Gesetzeskraft besitzen, hat der Gesetzgeber eine solche hinzugefügt, in der erklärt wird, wann eine Härte für die Ehefrau vorliegt. Zudem hat der Gesetzgeber einen Katalog mit Beispielen von Härtefallsituationen erstellt. Hierbei ist darauf zu achten, dass die vom iranischen Gesetzgeber aufgezählten Beispiele keinen abschließenden Charakter haben.[576]

---

575 Vgl. IZGB-Kommentar-Katuzian, § 1110, S. 668 f.

576 Vgl. IZGB-Kommentar-Katuzian, § 1130, S. 685 f.

VIII. § 1133 IZGB

Vor der Gesetzesänderung am 10.11.2002 (19.08.1381 der iranischen Zeitrechnung) war in § 1133 IZGB geregelt, dass sich ein Mann jederzeit von seiner Frau scheiden lassen konnte.

Dieses umfassende Recht steht dem Ehemann auch nach der Novellierung des § 1133 IZGB weiterhin zu. Allerdings ist seit der Gesetzesänderung neu, dass der Ehemann zuvor das Gericht anrufen muss. Erst, wenn er vom Gericht eine spezielle Bescheinigung erhält, kann er die Scheidung in einem amtlichen Ehescheidungsbüro registrieren lassen.[577]

Zwar prüft das Gericht nicht, ob die Ehe zwischen den Eheleuten gescheitert ist. Dennoch schützt die Pflicht zur Anrufung des Gerichts die Frau vor einem übereilten und möglicherweise unüberlegten Alleingang des Ehemannes.

Ferner hat der Gesetzgeber dem § 1133 IZGB eine Anmerkung hinzugefügt, wonach auch die Frau unter den bestimmten Voraussetzungen der §§ 1119, 1129 und 1130 IZGB vom Gericht die Scheidung beantragen kann.[578]

Dies konnte die Frau zwar bereits vor der Novellierung. Der Gesetzgeber hat sich aber aus deklaratorischen Gründen dazu entschieden, das Recht der Frau auf Scheidung der Ehe neben dem in § 1133 IZGB genannten umfassenden Scheidungsrecht des Mannes zu nennen.

IX. § 1169 IZGB

§ 1169 IZGB regelt das Recht der Personensorge für ein Kind im Falle der Trennung bzw. Scheidung der Eltern. Das Recht auf Personensorge wird als *hezānat* oder als *negahdāri* bezeichnet.

In seiner alten Fassung traf § 1169 IZGB eine Unterscheidung bezüglich des Personensorgerechts für Jungen und Mädchen. Im Falle der Scheidung bzw. Trennung stand einer Mutter für einen Jungen das Personensorgerecht nur bis zum zweiten Lebensjahr des Kindes zu. Hingegen besaß die Kindesmutter das Personensorgerecht für ein Mädchen bis zu dessen siebenten Lebensjahr.

Nach Erreichen der genannten Altersstufen stand das alleinige Personensorgerecht für gemeinsame Kinder dann alleine dem Vater zu.[579]

Mit der Novellierung des § 1169 IZGB am 28.07.2003 (06.05.1382 der iranischen Zeitrechnung) entschied sich der iranische Gesetzgeber bezüglich des

577 Vgl. IZGB-Kommentar-Katuzian, § 1133, S. 688.
578 Vgl. IZGB-Kommentar-Katuzian, § 1133, S. 688.
579 Vgl. IZGB-Kommentar-Katuzian, § 1169, S. 705 f.

Personensorgerechts für eine Vereinheitlichung der Altersstufen von Jungen und Mädchen.

Nach der aktuellen Gesetzeslage ist die Mutter, im Falle der Trennung bzw. Scheidung, unabhängig vom Geschlecht des Kindes bis zum siebenten Lebensjahr personensorgeberechtigt.[580]

Im Übrigen hat der iranische Gesetzgeber eine Anmerkung hinzugefügt, wonach im Falle von Streitigkeiten über das Personensorgerecht nach dem siebenten Lebensjahr des Kindes hinaus die Möglichkeit bestehen soll, dass das Gericht das Personensorgerecht auf denjenigen Elternteil überträgt, bei dem das Kind am besten aufgehoben ist.[581]

Auf diese Weise ist es für ein Gericht möglich, Sorgerechtsentscheidungen unter Berücksichtigung des Kindeswohls zu treffen.

Trennen sich die Eltern also zu einem Zeitpunkt, zu dem die Kinder sich noch im Kleinkindalter befinden, so genießt die Mutter hinsichtlich des Pesonensorgerechts grundsätzlich Vorrang gegenüber dem Vater. Nach Erreichen des siebenten Lebensjahres ist die Mutter grundsätzlich verpflichtet, die Kinder an den Vater herauszugeben, da ab diesem Zeitpunkt ihre Personensorgeberechtigung endet.

Sollte dies allerdings nicht dem Wohle der Kinder entsprechen, so kann die Mutter auch auf gerichtlichem Wege für ein über sieben Jahre altes Kind die Übertragung des Personensorgerechts beantragen.

X. § 1173 IZGB

Auch § 1173 IZGB hat am 02.09.1997 (11.06.1376 der iranischen Zeitrechnung) eine Änderung erfahren. Zwar blieb der bisherige Wortlaut der Vorschrift unangetastet. Der Gesetzgeber hat jedoch mit der Novellierung des Gesetzes fünf Beispiele in das Gesetz aufgenommen, wonach eine Vernachlässigung des Kindes angenommen werden kann. Eine solche Vernachlässigung des Kindes durch das Verhalten der Eltern besteht demnach etwa bei Drogen- und Alkoholsucht der Eltern, eine über das normale Maß hinausgehende Züchtigung sowie bei Ausbeutung bzw. Ausnutzung des Kindes.[582]

580 Vgl. IZGB-Kommentar-Katuzian, § 1169, S. 705 f.
581 Vgl. IZGB-Kommentar-Katuzian, § 1169, S. 705 f.
582 Vgl. IZGB-Kommentar-Katuzian, § 1173, S. 708.

XI. § 1184 IZGB

§ 1184 IZGB regelte vor seiner Novellierung am 21.05.2000 (01.03.1379 der iranischen Zeitrechnung), dass im Falle einer Vernachlässigung des Kindes und einer Beeinträchtigung des Kindeswohls, etwa durch mangelnde Fähigkeiten oder Kenntnisse des *wali*, das Vermögen des Kindes zu verwalten oder im Falle der Verschwendung des Kindesvermögens, der Staatsanwalt oder ein Angehöriger des Kindes vom Gericht die Bestellung eines Treuhänders, *amin*, beantragen kann, damit dieser den *wali* bei seinen Aufgaben unterstützt.

Die Bestellung eines *amin* war auch bei Verhinderung des *wali*, z.B. durch Krankheit oder aufgrund des Alters, möglich.[583]

Nach der Novellierung des § 1184 IZGB regelt dieser nun, dass im Falle der Gefährdung des Kindeswohls der *wali* des Kindes abgesetzt und ihm das Recht, über das Vermögen des Kindes zu verfügen, entzogen werden kann. Das Vertretungsrecht, in Bezug auf die Vermögensangelegenheiten des Kindes, wird jetzt auf einen Vormund, *ġajjem*, übertragen.

Nur im Falle der Unfähigkeit zur Vermögensverwaltung durch Krankheit oder Alter wird dem *wali* ein *amin* zugewiesen.[584]

583 Vgl. IZGB-Kommentar-Katuzian, § 1184, S. 714 f.
584 Vgl. IZGB-Kommentar-Katuzian, § 1184, S. 714 f.

Q. Adoption

Dem iranischen Recht ist das Rechtsinstitut der Adoption, wie es dem deutschen Rechtsverständnis entspricht, nicht bekannt.

Es kennt aber das Institut der *farzand-xāndegi* oder *sarparasti*. Dieses kann als ein Rechtsinstitut zwischen Adoption und Pflegschaft eingeordnet werden.[585]

Im Folgenden möchte ich diese „Quasi-Adoption“ der Einfachheit halber nur als Adoption bezeichnen.

Dem IZGB sind keinerlei Vorschriften zum Rechtsinstitut der Adoption zu entnehmen. Dies begründet sich dadurch, dass dem islamischen Recht eine Adoption nicht bekannt ist.[586]

Zwar enthält der Koran einige Vorschriften darüber, wie mit Waisen umgegangen werden soll, z.B. existieren Vorschriften, dass ihnen Hilfen zugewendet werden sollen. Allerdings enthält der Koran keine Regelungen über die Annahme eines Kindes.

Das erste Gesetz, das sich mit der Adoption von Kindern beschäftigte, war das Gesetz über den Schutz von Kindern ohne Vormund, *ġānun-e hemājat az kudakān-e bedun-e sarparast*, aus dem Jahre 1975. Dieses Gesetz regelte erstmals, unter welchen Voraussetzungen ein Kind nach iranischem Recht adoptiert werden kann. Das genannte Gesetz gilt zu Gunsten von verheirateten Personen, die im Iran leben und dort ein Kind adoptieren möchten.[587]

Der Gesetzgeber bezweckte mit diesem Gesetz in erster Linie, Waisenkinder bei ihren vermögensrechtlichen und nicht-vermögensrechtlichen Angelegenheiten zu unterstützen.[588]

I. Was bedeutet *farzand-xāndegi*?

Farzand-xāndegi bedeutet nach § 1 des Gesetzes über den Schutz von Kindern ohne Vormund, *ġānun-e hemājat az kudakān-e bedun-e sarparast*, dass einem

585 Vgl. Yassari, Länderbericht Iran, 2010, S. 2386.
586 Vgl. Katuzian, Familienrecht II, S. 382.
587 Vgl. Katuzian, Einführung, S. 444.
588 Vgl. Katuzian, Familienrecht II, S. 385.

Mann und einer Frau, die miteinander verheiratet sind und im Iran ihren Wohnsitz haben, nach Erfüllung bestimmter gesetzlicher Voraussetzungen, die Sorge bzw. Obhut, *sarparasti*, für ein Kind übertragen werden kann.[589]

Die Rechtsfolgen einer solchen Übertragung sind nicht mit den Rechtsfolgen identisch, die bei einer Adoption nach deutschem Recht entstehen.

Im deutschen Recht gilt der Grundsatz der Volladoption. Das bedeutet, dass nach § 1755 Abs. 1 S. 1 BGB das Adoptivkind aus einem Verwandtensystem austritt und in ein anderes eintritt. Damit sind nach § 1754 BGB alle Rechte und Pflichten verbunden.[590]

Eine nach iranischem Recht vollzogene Adoption begründet nach § 11 des Gesetzes über den Schutz von Kindern ohne Vormund zwar die gleichen Rechte und Pflichten, insbesondere in Bezug auf die Personensorge, Erziehung und Unterhalt zwischen Adoptivkind und Adoptiveltern wie sie auch bei leiblichen Kindern bestehen, allerdings sind hiervon nach § 2 des genannten Gesetzes die Vorschriften über das Erbrecht ausgenommen.

Eine Adoption nach iranischem Recht begründet auch keine Verwandtschaft zwischen dem Adoptivkind und den übrigen Verwandten der Adoptiveltern. Durch die Adoption entsteht lediglich ein Abstammungsverhältnis zwischen den Adoptiveltern und dem Adoptivkind.[591]

Nach § 2 des genannten Gesetzes kann das Adoptivkind im Rahmen der gesetzlichen Erbfolge weder von seinen Adoptiveltern erben noch kann es von diesen beerbt werden.[592]

In der Konsequenz führt dies dazu, dass dem Adoptivkind ein Erbrecht gegen seine leiblichen Eltern und den übrigen Verwandten zusteht, zu denen es, mit hoher Wahrscheinlichkeit, keinerlei Kontakt mehr hat.

Im Todesfall der Adoptiveltern könnte das Adoptivkind daher finanzielle Nachteile erleiden.

Aus diesem Grunde bestimmt § 5 des genannten Gesetzes, dass die Adoptiveltern sicherstellen sollen, dass im Todesfall die wesentlichen Bedürfnisse des Adoptivkindes, wie die Kosten des Unterhalts für die Pflege und die Erziehung, insbesondere der Schulerziehung des Kindes bis zum Pubertätsalter sichergestellt werden.

In der Praxis werden dem Kind daher zu Lebzeiten der Adoptiveltern bestimmte Vermögenswerte, etwa ein Grundstück, übereignet.

---

589 Vgl. Katuzian, Familienrecht II, S. 380.

590 Vgl. Coester-Waltjen, § 68, Rn. 110.

591 Vgl. Katuzian, Familienrecht II, S. 395.

592 Vgl. Katuzian, Familienrecht II, S. 385.

Sollte das Kind vor den Adoptiveltern versterben und keine Abkömmlinge hinterlassen, so bestimmt § 5, 1. Anmerkung des genannten Gesetzes, dass die übereigneten Sachen rückübereignet werden sollen.[593]

II. Voraussetzungen der Adoption

Wie auch nach deutschem Recht ist die Adoption eines Kindes nach iranischem Recht an ganz bestimmte Voraussetzungen geknüpft.

Das iranische Adoptionsrecht unterscheidet zwischen Voraussetzungen, die die zukünftigen Adoptiveltern erfüllen müssen sowie zwischen Voraussetzungen, die das Adoptivkind erfüllen muss.

Im Folgenden möchte ich diese Voraussetzungen daher als elternbezogene und kindbezogene Voraussetzungen bezeichnen.

1. Elternbezogene Voraussetzungen

Die Adoption eines Kindes ist im Iran nur unter ganz bestimmten Voraussetzungen zulässig.

Die Voraussetzungen, die auf die Eignung der Eltern abstellen, sind in § 3 des oben genannten Gesetzes aufgezählt.

Personen, die ein Kind adoptieren wollen, müssen demnach seit mindestens fünf Jahren miteinander verheiratet und kinderlos geblieben sein. Dabei muss einer der Ehegatten das dreißigste Lebensjahr vollendet haben.

Nach § 3, 2. Anmerkung des genannten Gesetzes macht der Gesetzgeber eine Ausnahme von diesem Erfordernis. Diese greift dann zu Gunsten der Eheleute ein, wenn sie nachweisen können, dass sie aus medizinischen Gründen keine Kinder bekommen können.

Da § 3 des genannten Gesetzes davon spricht, dass zwischen den Adoptiveltern eine Ehe bestehen muss, aber nicht ausdrücklich sagt, ob es sich dabei um eine dauerhafte oder nur um eine befristete Ehe handeln muss, könnte aus dem Wortlaut der Vorschrift geschlossen werden, dass auch Personen, die lediglich eine befristete Ehe eingehen, während der Ehezeit ein Kind adoptieren können.

Weiterhin müssen sich beide Eheleute über die Adoption einig sein. Da sowohl der Ehemann als auch die Ehefrau den Adoptionsantrag, der an das Familiengericht gestellt werden muss, zu unterschreiben haben, bekundet die Unterschrift der Eheleute unter dem Adoptionsantrag die Einigung der Eheleute nach außen.[594]

---

593 Vgl. Katuzian, Familienrecht II, S. 396.

594 Vgl. Katuzian, Familienrecht II, S. 386.

Im Übrigen stellt § 3 des Gesetzes auf persönliche Charaktereigenschaften der zukünftigen Adoptiveltern ab. So dürfen sie weder wegen eines vorsätzlich begangenen Verbrechens verurteilt worden sein, noch dürfen sie einen unmoralischen Lebenswandel haben oder unter einer Betreuung stehen. Ebenso dürfen sie nicht an einer Sucht wie Drogen- oder Alkoholabhängigkeit oder an einer anderen schwer heilbaren Krankheit leiden.

Schließlich müssen die zukünftigen Adoptiveltern über ausreichende finanzielle Mittel verfügen, um den Lebensunterhalt des Adoptivkindes sicherstellen zu können. Dabei genügt es, wenn einer der Ehegatten ausreichende finanzielle Mittel besitzt und für den Lebensunterhalt der Familie aufkommen kann.[595]

Schließlich kann ein muslimisches Kind nur von einem muslimischen Paar adoptiert werden. Hierbei genügt es indes, dass der Ehemann Muslim ist.[596]

Dies begründet sich damit, dass nach § 1192 IZGB der gesetzliche Vertreter eines muslimischen Kindes stets selbst ein Muslim sein muss.[597]

Sollten die Eheleute aber aus ihrer gegenwärtigen Ehe Kinder haben, so ist die Adoption eines Kindes grundsätzlich ausgeschlossen.

Es stellt sich nun die Frage, wie es sich bei kinderlosen Adoptiveltern auf das bestehende Adoptionsverhältnis auswirkt, wenn diese nach einigen Jahren dann doch noch eigene Kinder bekommen sollten.

In § 3, 1. Anmerkung des Gesetzes steht, dass es keine Auswirkung auf das bestehende Adoptionsverhältnis hat, wenn die Ehegatten nach einer vollzogenen Adoption eigene Kinder bekommen. Mithin führt dieser Umstand nicht zur Aufhebung des Adoptionsverhältnisses.

2. Kindbezogene Voraussetzungen

Um ein wirksames Adoptionsverhältnis begründen zu können, muss auch das Kind bestimmte Voraussetzungen erfüllen.

§ 6 des Gesetzes nennt hierbei Voraussetzungen, die in der Sphäre des Kindes liegen. Zum einen darf das zu adoptierende Kind nicht älter als zwölf Jahre alt sein und zum anderen dürfen weder seine Mutter noch sein Vater oder sein Großvater väterlicherseits bekannt oder am Leben sein.

Haben sich die Eltern oder der Großvater väterlicherseits des Kindes seit mindestens drei Jahren nicht bei dem Kind gemeldet und ist das Kind daher in einer staatlichen Einrichtung untergebracht, so steht auch in diesem Fall einer Adoption des Kindes nichts im Wege.

---

595 Vgl. Katuzian, Familienrecht II, S. 387.

596 Vgl. Yassari, Länderbericht Iran, 2010, S. 2386.

597 Vgl. IZGB-Kommentar-Katuzian, § 1192, S. 717.

III. Rechtsstellung des Kindes

Bei der Rechtsstellung des adoptierten Kindes wird danach unterschieden, ob sich die zukünftigen Adoptiveltern noch in der sog. Probezeit befinden oder ob sie diese bereits erfolgreich durchlaufen haben.

Die Probezeit beträgt nach § 4 des Gesetzes sechs Monate. Während dieser Zeit können die Eheleute von der Adoption Abstand nehmen und zurücktreten. Ebenso kann das Gericht entscheiden, dass sich die Eheleute als ungeeignet für die Erziehung des Kindes erwiesen haben. In diesem Fall kann sodann das Adoptionsverhältnis aufgelöst werden.[598]

In der Probezeit entsteht noch kein Abstammungsverhältnis zwischen den Eheleuten und dem Kind. Diese Zeit entspricht einer Art Eingewöhnungsphase, die weder elterliche Rechte noch elterliche Pflichten begründet. Erst nach Ablauf der Probezeit entscheidet das Gericht, ob das Kind dauerhaft bei den Eheleuten bleiben darf. Ist der Schutz des Kindes sichergestellt, erlässt das Gericht eine Bescheinigung und das Abstammungsverhältnis wird mit sämtlichen Rechten und Pflichten zwischen den Adoptiveltern und dem Adoptivkind begründet.[599]

IV. Rechtswirkungen der Adoption für das Kind

Nach einer wirksam durchgeführten Adoption wird ein Abstammungsverhältnis zwischen den Adoptiveltern und dem Adoptivkind begründet.[600]

Bis auf das Erbrecht haben Adoptivkinder die gleichen Rechte und Pflichten gegenüber ihren Adoptiveltern wie Kinder gegenüber ihren leiblichen Eltern. Dies ist in § 11 des oben genannten Gesetzes geregelt.[601]

Ein wechselseitiges Erbrecht zwischen Adoptivkind und Adoptiveltern ist nach § 2 des genannten Gesetzes ausgeschlossen.

Nach einer wirksamen Adoption sind die Adoptiveltern Träger der elterlichen Sorge und das Kind hat einen Anspruch auf Unterhalt gegen die Adoptiveltern.

Aus § 11 des Gesetzes kann man daher auch die Pflicht des Adoptivkindes gegenüber seinen Adoptiveltern zur Rücksichtnahme ableiten.

Das Besondere an der *velājat* im Adoptivverhältnis ist, dass nicht lediglich der Vater *wali* des Kindes, also Inhaber des Vermögenssorgerechts und gesetzli-

598 Vgl. Katuzian, Familienrecht II, S. 390 f.
599 Vgl. Katuzian, Familienrecht II, S. 391.
600 Vgl. Katuzian, Familienrecht II, S. 395.
601 Vgl. Katuzian, Familienrecht II, S. 391 f.

cher Vertreter des Kindes ist, sondern die Adoptiveltern gemeinsam Träger des *velājat* und damit beide *wali* des Kindes sind.[602]

Ferner besteht die Möglichkeit, dass das Gericht die *velājat* auf einen der Adoptiveltern überträgt, wenn es der Auffassung ist, dass dies für das Wohl des Kindes besser ist.[603]

Bezüglich des Unterhaltsanspruchs des Adoptivkindes besteht allerdings die Besonderheit, dass sich der Anspruch des Kindes lediglich auf den Adoptivvater und die Adoptivmutter beschränkt.

Der Unterhalt ist auch hier, wie beim Unterhalt des leiblichen Kindes, abhängig von der Bedürftigkeit des Adoptivkindes und der Leistungsfähigkeit des Unterhaltschuldners.

Sollten die Adoptiveltern nicht in der Lage sein, das Adoptivkind zu unterhalten, so hat das Kind keinen Anspruch gegenüber den Verwandten der Adoptiveltern.[604]

Dies begründet sich insbesondere dadurch, dass das Abstammungsverhältnis ausschließlich zwischen den Adoptiveltern und dem Adoptivkind, nicht aber zwischen dem Adoptivkind und den übrigen Verwandten der Adoptiveltern entsteht.

Nach § 14 des oben genannten Gesetzes kann das Adoptivkind den Familiennamen des Adoptivvaters annehmen.

V. Rechtsnatur der Adoption

Die Adoption ist kein Vertrag, der durch eine Einigung zustande kommt. Das Rechtsverhältnis der Adoption wird durch eine gerichtliche Entscheidung auf Antrag der zukünftigen Adoptiveltern begründet. Auch die Beendigung eines Adoptionsverhältnisses kann von den Beteiligten nicht selbständig durchgeführt werden, sondern bedarf der Anrufung des Gerichts.[605]

VI. Ablauf eines Adoptionsverfahrens

Es stellt sich nun die Frage, was potentielle Adoptiveltern im Iran tun müssen, um ein Kind adoptieren zu können.

Bringt ein verheiratetes Paar die nach dem Gesetz erforderlichen Voraussetzungen mit, so muss es zunächst einen Antrag beim Gericht stellen. Dieser An-

602 Vgl. Katuzian, Einführung, S. 451.
603 Vgl. Katuzian, Familienrecht II, S. 392.
604 Vgl. Katuzian, Familienrecht II, S. 394 f.
605 Vgl. Katuzian, Einführung, S. 448.

trag muss auf ganz bestimmten Formularen des Gerichts erfolgen. Er muss mit den personenbezogenen Daten beider Eheleute als Antragsteller und den Daten des zu adoptierenden Kindes ausgefüllt werden. Sodann müssen beide Eheleute den Antrag unterschreiben. Die Antragsteller müssen den Antrag beim zuständigen Gericht an ihrem Wohnsitz abgeben.

Nachdem das Gericht geprüft hat, ob die Voraussetzungen für eine Adoption vorliegen, bestimmt es nach § 4 des Gesetzes über den Schutz von Kindern ohne Vormund, *ġānun-e hemājat az kudakān-e bedun-e sarparast*, eine Probezeit von sechs Monaten, nach dessen Ablauf es sich dann endgültig für oder gegen die Durchführung einer Adoption ausspricht.[606]

Die Namen der Beteiligten des Adoptionsverfahrens, also der des Vaters, der Mutter und des zu adoptierenden Kindes, werden sodann in die jeweiligen Geburtsurkunden der Beteiligten eingetragen.[607]

VII. Hat das Kind nach der Adoption noch Rechte gegenüber seinen leiblichen Eltern?

Diese Frage muss für das iranische Adoptionsrecht ganz klar bejaht werden.

Mit der gerichtlichen Entscheidung über eine Adoption endet das Eltern-Kind-Verhältnis zwischen dem Adoptivkind und seinen früheren Eltern nur in Bezug auf ganz bestimmte elterliche Rechte und Pflichten. So haben die früheren Eltern des Kindes weder ein Recht auf Vermögenssorge und gesetzliche Vertretung des Kindes, *velājat*, noch ein Recht auf Personensorge, *hezānat*.[608]

Allerdings erlischt durch eine vollzogene Adoption nicht das Verwandtschaftsverhältnis zu den leiblichen Eltern. In der Konsequenz bleibt ein adoptiertes Kind gegenüber seinen leiblichen Eltern voll erbberechtigt und auch diese können das Kind im Todesfall beerben.

Wie auch im deutschen Recht bleiben auch die Ehehindernisse zwischen den leiblichen Eltern und dem adoptierten Kind aufrechterhalten. Schließlich bleibt der leibliche Vater des Adoptivkindes diesem weiterhin zur Zahlung des Unterhalts verpflichtet, wenn die Adoptiveltern ihrer Unterhaltspflicht wegen einer Leistungsunfähigkeit nicht nachkommen können.[609]

---

606 Vgl. Katuzian, Einführung, S. 448 f.
607 Vgl. Katuzian, Familienrecht II, S. 400.
608 Vgl. Katuzian, Familienrecht II, S. 391.
609 Vgl. Katuzian, Familienrecht II, S. 400.

VIII. Besteht zwischen den Adoptiveltern und dem Adoptivkind ein Ehehindernis?

Der iranische Gesetzgeber hat hierzu keine Regelung getroffen, so dass das Gesetz diesbezüglich eine Lücke aufweist. Diese Frage kann daher kontrovers diskutiert werden.

Man könnte die Ansicht vertreten, dass kein Ehehindernis bestehe. Dies könnte damit begründet werden, dass der Gesetzgeber die Ehehindernisse abschließend genannt habe und wenn er auch zwischen Adoptiveltern und Adoptivkind ein Ehehindernis gewollt hätte, hätte er diesbezüglich eine Regelung getroffen. Insbesondere entstehe ja auch durch eine Adoption gar kein vollwertiges Verwandtschaftsverhältnis, so dass einer Ehe keine rechtlichen Hindernisse entgegenstehen würden.

Diese Auffassung mag zwar gesetzeskonform sein, allerdings entspricht es, nach einer anderen vorzugswürdigeren Auffassung, nicht dem iranischen Anstands- und Sittlichkeitsgefühl, eine Ehe zwischen Adoptivkind und Adoptivelternteil gutzuheißen, zumal ein Adoptivkind in einer Adoptivfamilie praktisch wie ein eigenes Kind dieser Familie aufwächst und auch rechtlich nahezu einem leiblichen Kind gleichgestellt ist.

Da die Ehe mit dem eigenen Kind nicht möglich ist, ist es nach dieser Auffassung folgerichtig auch nicht erlaubt, eine Ehe mit dem Adoptivkind einzugehen.[610]

IX. Ist die Adoptions-Entscheidung des Gerichts noch aufhebbar?

Die Adoptions-Entscheidung des Gerichts ist unter bestimmten Voraussetzungen anfechtbar und damit aufhebbar.[611]

So kann etwa das Adoptionsverhältnis auf Antrag der Staatsanwaltschaft aufgelöst werden, wenn das Gericht zu der Entscheidung gelangt, dass das Verhalten bzw. die Handlungen der Adoptiveltern es nicht mehr gebieten, dass sich das Kind in ihrer Obhut befindet.[612]

Ebenso sind die Adoptiveltern selbst berechtigt, einen Antrag auf Aufhebung des Adoptionsverhältnisses zu stellen.

In diesem Antrag können die Adoptiveltern anführen, dass sie aufgrund eines Verhaltens des Kindes nicht mehr in der Lage sind, sich um dieses zu kümmern,

---

610 Vgl. Katuzian, Familienrecht II, S. 398 f.

611 Vgl. Safa'i/Emami, Familienrecht II, S. 32.

612 Vgl. Safa'i/Emami, Familienrecht II, S. 33.

oder dass es ihnen aus bestimmten Gründen nicht mehr möglich ist weiterhin für das Kind zu sorgen. Dies kann z.B. aufgrund einer eingetretenen Erkrankung oder auch aus finanziellen Gründen der Fall sein.[613]

Schließlich können sich die Adoptiveltern mit dem Adoptivkind nach Erreichen des Pubertätsalters über die Aufhebung des Adoptionsverhältnisses einigen. Sollte das Kind noch nicht das Pubertätsalter erreicht haben, so können die Adoptiveltern auch mit den leiblichen Eltern des Kindes über die Aufhebung des Adoptionsverhältnisses eine Einigung erzielen.[614]

Trotz der Möglichkeit einer einvernehmlichen Einigung sieht es der iranische Gesetzgeber für die Aufhebung eines Adoptionsverhältnisses vor, dass eine Beendigung erst durch eine gerichtliche Entscheidung wirksam wird. Eine Einigung der genannten Personen ist alleine nicht ausreichend.[615]

Im Anschluss an die gerichtliche Entscheidung verfügt das Gericht an das Personenstandsamt, *sabt-e aḥwāl*, dass die Geburtsurkunden der Parteien berichtigt werden sollen.[616]

X. Hat der Tod oder die Scheidung der Adoptiveltern Einfluss auf das Adoptionsverhältnis?

In dem Falle, dass beide Adoptivelternteile versterben sollten, erlischt das Adoptionsverhältnis automatisch und es wird für das Kind durch das Gericht ein Vormund, *ġajjem*, bestellt.[617]

Verstirbt nur ein Elternteil, so lässt dies das Adoptionsverhältnis unberührt, wenn der Überlebende aus persönlichen und wirtschaftlichen Gründen in der Lage ist, das Kind zu erziehen und zu unterhalten.[618]

Lassen sich die Adoptiveltern scheiden, so ist derjenige Elternteil ebenso Träger der elterlichen Personensorge, *negahdāri* oder *hezānat*, wie wenn es sich bei dem Kind um ein leibliches Kind handeln würde.[619]

So bestimmt das iranische Recht für leibliche Kinder, dass das Personensorgerecht grundsätzlich bis zum siebenten Lebensjahr des Kindes bei der Mutter

613 Vgl. Safa'i/Emami, Familienrecht II, S. 33.
614 Vgl. Safa'i/Emami, Familienrecht II, S. 33.
615 Vgl. Safa'i/Emami, Familienrecht II, S. 33.
616 Vgl. Safa'i/Emami, Familienrecht II, S. 33.
617 Vgl. Katuzian, Einführung, S. 454 f.
618 Vgl. Katuzian, Einführung, S. 455.
619 Vgl. Katuzian, Einführung, S. 455.

verbleiben soll. Ab dem siebenten Lebensjahr soll der Kindesvater Träger des Personensorgerechts sein.[620]

Damit hat die Scheidung der Adoptiveltern grundsätzlich keinen Einfluss auf ein bestehendes Adoptionsverhältnis.

XI. Gibt es im iranischen Recht auch eine Volljährigenadoption?

Im Gegensatz zum deutschen Recht kennt das iranische Adoptionsrecht keine Adoption von volljährigen Personen.

Der Grund hierfür ist darin zu sehen, dass der iranische Gesetzgeber für dieses Rechtsinstitut überhaupt kein Regelungsbedürfnis sah. Dies begründet sich damit, dass der Sinn und Zweck der Adoption darin besteht, Kinder unter zwölf Jahren, die keine Aufsichtspersonen haben, zu unterstützen.

Nach dem deutschen Recht besteht zwar die Möglichkeit einer Volljährigenadoption, es ist allerdings zu berücksichtigen, dass die Adoption von volljährigen Personen grundsätzlich nicht die gleichen Wirkungen wie eine Adoption von minderjährigen Personen entfaltet.

Beispielsweise begründet die Adoption von volljährigen Personen nur ein Annahmeverhältnis zwischen dem Annehmenden und dem Angenommenen mit seinen Abkömmlingen. Die Beziehungen zur bisherigen Familie bleiben hiervon unberührt. Nur unter ganz bestimmten Vorausetzungen existiert die Möglichkeit, auf einen Antrag hin, die Wirkungen der Minderjährigenadoption begründen zu können.[621]

---

620 Vgl. IZGB-Kommentar-Katuzian, § 1169, S. 705 f.

621 Vgl. Coester-Waltjen, § 69, Rn. 11.

R. Geschlechtsspezifische Rechte und Pflichten im Iran

Nach Art. 20 der iranischen Verfassung sind Frauen und Männer gleichberechtigt.

Allerdings entspricht dies nur bedingt der Rechtspraxis und der Wirklichkeit in der iranischen Gesellschaft. In der Konsequenz kommen daher Männern und Frauen in der iranischen Rechtsordnung unterschiedliche Rechte und Pflichten zu.

Anhand einiger für die iranische Gesellschaft existentieller Rechte und Pflichten aus diversen Rechtsgebieten möchte ich diese Unterschiede hervorheben.

Die bestehenden Rechtsunterschiede werden dabei besonders im Bereich des Familien-, Erb- und Strafrechts deutlich.

Nach der Auffassung von Parhisi sind im Hinblick auf die geltende iranische Verfassung Möglichkeiten zu ermitteln, um eine Abhilfe für den für Frauen unbefriedigenden Zustand zu schaffen. So biete ein allgemein formulierter verfassungsrechtlicher Gleichheitsatz keine ausreichende Gewähr für eine Gleichbehandlung von Mann und Frau.[622] Aus diesem Grunde schlägt sie zu Gunsten der Frauen die Einführung einer Affirmative-Action-Klausel und damit eine rechtliche Privilegierung vor.

In diesem Zusammenhang ist aber anzumerken, dass Mädchen hinsichtlich des Zugangs zu Bildung keine staatlichen Diskriminierungen erfahren und der Staat im Rahmen des in Art. 30 der iranischen Verfassung garantierten Bildungsauftrages keinen Unterschied zwischen Mädchen und Jungen macht.[623]

I. Familienrecht

1. Verlobung

Die Verlobten haben die gleichen Rechte und Pflichten. Im Gegensatz zu der Ehe hat der Mann während der Verlobungszeit noch kein Führungsrecht und die Frau ist dem Mann während dieser Zeit auch nicht zu Gehorsam verpflichtet.

---

622 Vgl. Parhisi, S. 159 f.

623 Vgl. Parhisi, S. 199 f.

Der Mann schuldet der Frau während der Verlobungszeit auch keinen Unterhalt und jeder Verlobte kann die Verlobung jederzeit, formlos und ohne Angabe eines Grundes auflösen.

Wird die Verlobung aufgelöst, so sind sich die Verlobten zur Rückgabe der Verlobungsgeschenke verpflichtet.

2. Ehe

a) Eheschließungsalter und Eheschließungserlaubnis

Wie oben bereits ausführlich dargestellt, haben der Mann und die Frau innerhalb der Ehe nicht die gleichen Rechte und Pflichten. Der Gesetzgeber macht bereits beim Eheschließungsalter Unterschiede. Während Mädchen bereits mit der Vollendung ihres dreizehnten Lebensjahres heiraten dürfen, dürfen Jungen erst mit Vollendung des fünfzehnten Lebensjahres die Ehe eingehen.[624]

Der iranische Gesetzgeber begründet diese Ungleichbehandlung damit, dass Mädchen früher als Jungen sowohl körperlich als auch geistig entwickelt sind.

Sollte ein Mädchen oder ein Junge die Ehe aus bestimmten Gründen noch früher eingehen wollen, so muss der *wali* des Kindes, also derjenige, der Träger der Vermögenssorge und gesetzlicher Vertreter des Kindes ist, also in der Regel der Vater des Kindes, vorher seine Zustimmung erteilen. Zusätzlich muss dann die Ehe gemäß § 1041 IZGB gerichtlich bewilligt werden.[625]

Ein weiterer Unterschied bezüglich der Rechte von Frauen und Männern im Rahmen der Ehe betrifft die generelle Einwilligung oder auch Eheschließungserlaubnis des *wali*, die ein jungfräuliches Mädchen bzw. eine Frau benötigt, um überhaupt eine Ehe eingehen zu dürfen.

Gemäß § 1043 IZGB benötigt eine Frau, die noch jungfräulich ist, unabhängig davon, welches Alter sie hat, der Einwilligung ihres *wali*.[626]

Einem Jungen räumt das Gesetz hingegen mit Erreichen des Eheschließungsalters die Befugnis ein, selbst und ohne eine weitere Einwilligung die Ehe eingehen zu dürfen.

Zu dieser Thematik habe ich, während eines Aufenthaltes im Iran mit einem Richter, der am Familiengericht Shiraz tätig ist, ein ausführliches Gespräch führen dürfen. Dieser begründete das Erfordernis der Einwilligung mit den weitreichenden Pflichten, die eine Frau mit der Eheschließung eingeht. Nach seiner Auffassung

624 Vgl. Katuzian, Einführung, S. 69.
625 Vgl. IZGB-Kommentar-Katuzian, § 1041, S. 635.
626 Vgl. Safa'i/Emami, Grundriss Familienrecht, S. 80.

bezweckte der iranische Gesetzgeber mit dem Erfordernis einer Eheschließungserlaubnis lediglich den Schutz der Frau und keineswegs ihre Diskriminierung.[627]

b) Ehe mit einem Ausländer und Ehe mit einem Nicht-Muslim

Ein weiterer Unterschied zwischen den Rechten einer Frau und denen eines Mannes hinsichtlich der Ehe besteht darin, dass eine iranische Frau, die die Ehe mit einem ausländischen Mann eingehen möchte, gemäß § 1060 IZGB stets der Einwilligung des iranischen Staates bedarf.[628]

Möchte jedoch ein iranischer Mann die Ehe mit einer ausländischen Frau eingehen, so ist eine solche Einwilligung grundsätzlich nicht erforderlich.

Als Grund hierfür wird die Befürchtung des iranischen Staates angeführt, dass eine iranische Frau mit der Eheschließung ihre Staatsangehörigkeit verlieren könnte.[629] Diese Sorge würde aber beim Mann nicht bestehen, da der Mann durch die Eheschließung mit einer ausländischen Frau seine iranische Staatsangehörigkeit nicht verlieren kann. Vielmehr würde die Frau durch die Eheschließung mit einem iranischen Mann die iranische Staatsangehörigkeit erwerben.[630]

So schlägt Parhisi vor, eine Erweiterung des § 976 Nr. 3 IZGB dahingehend vorzunehmen, dass iranische Staatsbürger nicht nur die Personen sind, die von einem iranischen Vater, sondern auch diejenigen, die von einer iranischen Mutter abstammen.[631]

Ebenso bestehen geschlechtsspezifische Unterschiede, die die Eheschließung mit einer Person nicht-muslimischen Glaubens betreffen.

Einer muslimischen Frau ist die Eingehung der Ehe mit einem Nicht-Muslim gemäß § 1059 IZGB, unabhängig davon, ob es sich um eine dauerhafte oder nur befristete Ehe handelt, nicht erlaubt.[632]

Einem muslimischen Mann hingegen, ist es gestattet, mit einer nicht-muslimischen Frau eine befristete Ehe einzugehen. Dieser Unterschied wird nach der Auffassung der iranischen Geistlichen damit gerechtfertigt, dass eine Frau sich aufgrund ihres Wesens eher dem Ehemann anpassen könnte und sich dann doch noch für den muslimischen Glauben entscheidet.[633]

---

627 Gespräch mit einem Familienrichter am Shirazer Familiengericht am 16.09.2009.

628 Vgl. IZGB-Kommentar-Katuzian, § 1060, S. 644.

629 Vgl. Gorji-Ghasemzadeh, S. 141.

630 Vgl. IZGB-Kommentar-Katuzian, § 976, S. 579.

631 Vgl. Parhisi, S. 220 f.

632 Vgl. IZGB-Kommentar-Katuzian, § 1059, S. 644.

633 Vgl. Gorji-Ghasemzadeh, S. 137 f.

c) Brautgabe

Nur die Ehefrau hat gegen den Ehemann einen Anspruch auf Zahlung einer Brautgabe.

Selbst, wenn die Eheleute keine Vereinbarung über den Gegenstand sowie über die Höhe der Brautgabe getroffen haben und auch dann, wenn die Eheleute ehevertraglich vereinbart haben, dass der Ehefrau keine Brautgabe zustehen soll, hat die Ehefrau, wie oben bereits ausführlich erläutert, einen Anspruch in Höhe der üblichen Brautgabe, *mahr-ol-mesl*, gegen ihren Ehemann.

Hat die Frau hingegen ehevertraglich das Recht zugesprochen bekommen, dass sie die Höhe der Brautgabe bestimmen kann, so darf sie gemäß § 1090 IZGB die Höhe der *mahr-ol-mesl*-Brautgabe nicht überschreiten.[634]

Liegt dieses Bestimmungsrecht hingegen beim Ehemann oder einem Dritten, kann die Höhe der Brautgabe gemäß § 1089 IZGB auch über die übliche Brautgabe hinausgehen.[635]

d) Gegenseitige Unterstützung, Familienoberhaupt und Führungsrecht

In § 1103 IZGB steht, dass sich die Ehegatten gegenseitig unterstützen müssen und zu gutem Verhalten, *hosn-e moāšerat*, verpflichtet sind.[636]

Auch die gegenseitige Unterstützung im Hinblick auf die Angelegenheiten der Familie und die Erziehung der Kinder ist nach § 1104 IZGB die gesetzliche Pflicht beider Ehegatten.[637]

Hingegen liegt gemäß § 1105 IZGB das Führungsrecht über die Familie, *rijāsat-e xānewāde*, beim Mann.[638] Wie oben bereits dargestellt, lässt sich das männliche Führungsrecht damit begründen, dass der Mann gegenüber seiner Frau bestimmte Pflichten, etwa die Zahlung der Brautgabe und des Unterhalts, erfüllen muss. Diese Pflichten würden es erforderlich machen, dass der Mann das Führungsrecht besitzt. Ferner stelle das Führungsrecht nach der Auffassung des iranischen Gesetzgebers keine Besserstellung des Mannes gegenüber der Frau dar, vielmehr bezwecke der Gesetzgeber auf diese Weise hervorzuheben und auch klarzustellen, dass der Mann eine gesteigerte Verantwortung gegenüber seiner Ehefrau und seiner Familie haben solle.

---

634 Vgl. IZGB-Kommentar-Katuzian, § 1090, S. 661.
635 Vgl. IZGB-Kommentar-Katuzian, § 1089, S. 660.
636 Vgl. IZGB-Kommentar-Katuzian, § 1103, S. 665.
637 Vgl. IZGB-Kommentar-Katuzian, § 1104, S. 665.
638 Vgl. IZGB-Kommentar-Katuzian, § 1105, S. 666.

e) Unterhaltsanspruch

In § 1106 IZGB statuiert der iranische Gesetzgeber einen Unterhaltsanspruch für die Ehefrau während der dauerhaften Ehe. Dieser Unterhaltsanspruch gilt nur für die Ehefrau und besteht unabhängig von ihrer Bedürftigkeit.[639]

In der Konsequenz bedeutet das also, dass auch eine vermögende Ehefrau nach der Eheschließung einen Anspruch auf Unterhalt gegen ihren Ehemann hat. Hingegen kann der Ehemann von seiner Ehefrau unter keinen Voraussetzungen Unterhalt verlangen.

f) Bestimmung des Wohnortes

Die Bestimmung des Wohnortes der Eheleute gehört zu den Rechten des Ehemannes, es sei denn, dass die Parteien eine anderweitige ehevertragliche Regelung getroffen haben.[640]

g) Berufsausübung der Eheleute

Wie oben bereits dargestellt, besteht ein Widerspruchsrecht bezüglich der Ausübung eines ungeeigneten Berufes zugunsten beider Ehegatten.

h) Eigentumsverhältnisse während der Ehe

Die Ehegatten bleiben während der Ehe Alleineigentümer der Sachen, die ihnen auch vor der Ehe alleine gehört haben.[641]

Wie auch nach dem deutschen Recht findet allein durch den Akt der Eheschließung keine Änderung hinsichtlich der bestehenden Eigentumsverhältnisse der Ehegatten statt. Durch die Eheschließung wird insbesondere kein Miteigentum an Sachen begründet.

In der Konsequenz können sowohl die Ehefrau als auch der Ehemann über ihr eigenes Vermögen nach Belieben und ohne Einschränkung verfügen. Vorschriften, die bestimmte Verfügungen der Eheleute beschränken, gibt es im iranischen Recht nicht.

---

639 Vgl. IZGB-Kommentar-Katuzian, § 1106, S. 666.
640 Vgl. IZGB-Kommentar-Katuzian, § 1114, S. 670.
641 Vgl. Katuzian, Einführung, S. 114.

i) Polygamie

Das iranische Zivilgesetzbuch enthält keine Vorschrift, nach der es einem Mann ausdrücklich erlaubt ist, die Ehe mit mehreren Frauen einzugehen. Allerdings kann aus diversen Vorschriften des IZGB wie §§ 900, 901, 942, 1046, 1048, 1049 IZGB geschlossen werden, dass es gesetzlich anerkannt ist, wenn ein Mann die Ehe mit mehreren Frauen eingeht.

Die islamisch-schiitische Glaubensrichtung leitet aber aus dem Koran, aus Sure 4, Vers 3 und Vers 129[642] ab, dass ein Mann grundsätzlich nur eine Frau heiraten soll.

Da das Recht auf Mehrehe im Iran aber nur den Männern zusteht, ist die richtige Bezeichnung solcher Mehrehen „Polygynie“.[643]

Im Iran ist die Mehrehe trotz der gesetzlichen Legitimation heutzutage keinesfalls eine gängige Praxis. Dies begründet sich darin, dass sie keine gesellschaftliche Akzeptanz genießt. Nur ausnahmsweise, wenn z.B. die erste Frau an einer schwer heilbaren Krankheit leidet oder keine Kinder bekommen kann, gehen einige Männer eine weitere Ehe ein. Die Ehe wird etwa dann nicht durch eine Scheidung aufgelöst, wenn sich der Mann weiterhin in unterhaltsrechtlicher Hinsicht um seine erste Frau kümmern möchte.

j) Recht auf Abfindung, *oğrat-ol-mesl*

Wie oben bereits ausführlich dargestellt, hat nur die Ehefrau nach dem iranischen Recht einen Anspruch auf Zahlung einer Abfindung für geleistete Arbeiten und Dienste, zu deren Ableistung sie während der Ehezeit gesetzlich nicht verpflichtet gewesen ist.

Der Gesetzgeber bezweckte mit dieser Regelung einen vermögensrechtlichen Schutz der Frau, da es auch heute noch in den überwiegenden Teilen des Iran so ist, dass die Männer einem Beruf nachgehen und die Frauen sich um den Haushalt und die Kinderbetreuung kümmern und damit kein eigenes Einkommen erwirtschaften.

k) Registrierung der Ehe

Wie oben bereits erwähnt, hat der Mann gemäß § 1 des Gesetzes über die Eheschließung, *ġānun-e rāğe' be ezdewāğ*, die Pflicht, die Ehe registrieren zu lassen. Diese Pflicht zur Registrierung ist eine reine Pflicht des Mannes. Aus diesem

642 Vgl. Der Koran, Aus dem Arabischen übersetzt von Max Henning, S. 69, 86.
643 Vgl. Yassari, Länderbericht Iran, 2010, S. 2379.

Grunde wird bei der Verletzung dieser Pflicht nur der Mann und nicht auch die Frau bestraft.

Aus dieser Pflicht lässt sich bereits erkennen, dass der iranische Gesetzgeber dem Mann für die Tätigkeiten außerhalb des ehelichen Heims mehr Verantwortung und Pflichten eingeräumt hat als der Ehefrau.

3. Auflösung der Ehe

Es besteht wiederum bei der Aufhebung der Ehe, *fasx-e nekāh*, ein Unterschied zwischen den Rechten von Mann und Frau.

Nach § 1121 IZGB können beide Ehegatten, aufgrund einer nicht nur vorübergehenden Geisteskrankheit des anderen Ehegatten, die Aufhebung der Ehe beantragen.

Der Gesetzgeber hat in § 1122 IZGB und § 1123 IZGB aber auch unterschiedliche Aufhebungsgründe für Mann und Frau genannt.

Für die Frau hat der Gesetzgeber in § 1122 IZGB drei Aufhebungsgründe genannt, wonach sie die Ehe aufheben lassen kann.

Der Mann hat hingegen nach § 1123 IZGB das Recht, die Aufhebung der Ehe zu beantragen. Der Gesetzgeber hat ihm in sechs Fällen ein Aufhebungsrecht eingeräumt.

Ferner hat, wie oben bereits dargestellt, nur die Frau gemäß § 1125 IZGB das Recht, die Aufhebung der Ehe zu beantragen, wenn der Mann nach der Eheschließung geisteskrank wird. Sollte die Frau hingegen nach der Eheschließung eine Geisteskrankheit erleiden, so bleibt dem Mann nur die Möglichkeit der Scheidung offen.

4. Anfechtung der Elternschaft

Ferner besteht ein Unterschied zwischen Mann und Frau bei der Anfechtung der Elternschaft.

Gemäß § 1162 IZGB kann ein Mann die Vaterschaft nur binnen einer Frist von zwei Monaten ab Erlangung der Kenntnis von der Geburt des Kindes anfechten.[644] Nach Versäumung dieser Frist ist eine Anfechtung der Vaterschaft nicht mehr möglich. Im Gegensatz hierzu ist die Anfechtung der Mutterschaft nicht an eine gesetzliche Frist gebunden und kann daher jederzeit angefochten werden.

644 Vgl. Katuzian, Einführung, S. 366.

5. Sorgerecht

Das iranische Recht differenziert im Rahmen des Sorgerechts zwischen der Personensorge, *negāhdāri* oder *hezānat*, und der Vermögenssorge und gesetzliche Vertretung, *velājat*.

Das Sorgerecht steht den Eheleuten nicht gemeinsam und zu gleichen Teilen zu. Das iranische Recht unterscheidet dabei vielmehr nach dem Alter des Kindes.

a) Personensorge

Nach § 1168 IZGB sind der Vater und die Mutter eines Kindes während der Ehe gemeinschaftlich Träger des Personensorgerechts, das bedeutet, dass sie berechtigt und verpflichtet sind, gemeinsam für das Wohl und die Erziehung des Kindes zu sorgen.[645]

Wie oben bereits erläutert, sind die Eltern eines gemeinsamen Kindes nach einer Trennung bzw. Scheidung nicht mehr gemeinschaftlich Träger des Personensorgerechts.

Das Gesetz unterscheidet je nach Alter des Kindes, welchem Elternteil die Personensorge für das Kind zustehen soll, wenn die Eltern getrennt leben.

In Bezug auf das Personensorgerecht steht der Mutter eines Kindes gemäß § 1169 IZGB bis zum vollendeten siebenten Lebensjahr des Kindes dieses Recht zu. Ab dem vollendeten siebenten Lebensjahr soll allein der Vater Träger des Personensorgerechts sein.[646]

Aufgrund der Novellierung des Gesetzes unterscheidet der Gesetzgeber nicht mehr wie früher danach, ob das Kind ein Junge oder Mädchen ist.

Im Falle einer Trennung oder Scheidung der Eltern hat die Mutter daher bis zu der genannten Altersgrenze grundsätzlich einen Vorrang gegenüber dem Vater, es sei denn, dass das Wohl des Kindes eine andere Entscheidung erforderlich macht.

Nach Erreichen des siebenten Lebensjahres hat der Vater grundsätzlich bis zum Erreichen des Pubertätsalters die Sorge für das Kind.

Hierbei ist aber zu beachten, dass das Gesetz für Mädchen und Jungen verschiedene Altersstufen für das Erreichen des Pubertätsalters bestimmt hat. Wie oben bereits erwähnt, liegt gemäß § 1210, 1. Anmerkung IZGB das Pubertätsalter für Jungen bei fünfzehn vollen Mondjahren und bei Mädchen bei neun vollen Mondjahren.

---

645 Vgl. Gorji-Emami, S. 448.

646 Vgl. IZGB-Kommentar-Katuzian, § 1169, S. 705 f.

b) Vermögenssorge

Das Recht der Vermögenssorge für ein Kind wird als *velājat* bezeichnet und steht ausschließlich dem Vater oder dem Großvater väterlicherseits zu. Die Mutter kommt grundsätzlich nicht als Trägerin der Vermögenssorge in Frage. Dies ergibt sich aus §§ 1180, 1181, 1194 IZGB. Die Person, die die Vermögenssorge besitzt, wird als *wali* bezeichnet.

6. Gesetzliche Vertretung des Kindes

Auch das Recht, das Kind gesetzlich zu vertreten, steht grundsätzlich dem Vater oder dem Großvater väterlicherseits zu.

7. Pflicht zum Kindesunterhalt

Nach § 1199 IZGB hat grundsätzlich der Vater die Pflicht, das Kind zu unterhalten.

Sollte der Vater bereits verstorben oder nicht leistungsfähig sein, so haben die väterlichen Vorverfahren, also z.B. der Großvater, die Pflicht, das Kind zu unterhalten. Erst wenn auch diese bereits verstorben oder nicht leistungsfähig sind, muss die Kindesmutter selbst nach § 1199 S. 2 IZGB für den Unterhalt des Kindes aufkommen.

II. Erbrecht

Auch hinsichtlich des Erbrechts bestehen erhebliche Unterschiede bezüglich der Rechte von Frauen und Männern im Iran.

Dies kann bereits aus dem Koran aus Sure 4, Vers 11 ff. abgeleitet werden.[647]

1. Erbteil der Ehegatten

Nach §§ 899, 900, 901 IZGB ist der Erbteil eines Ehemannes im Falle des Todes seiner Ehefrau größer als der Erbteil der Ehefrau im Falle des Todes des Ehemannes.[648]

647 Vgl. Der Koran, Aus dem Arabischen übersetzt von Max Henning, S. 70.

648 Vgl. IZGB-Kommentar-Katuzian, § 899, S. 549 f.; § 900, S. 550; § 901, S. 550.

Anhand der nachfolgenden vier kurzen Fallbeispiele möchte ich dies veranschaulichen:

Beispiel 1:
Mann (M) und Frau (F) sind verheiratet und beide kinderlos.
Im Falle des Todes von F erbt M ½ des Vermögens von F.

Beispiel 2:
M und F sind verheiratet und beide kinderlos.
Im Falle des Todes von M erbt F ¼ des Vermögens von M.

Beispiel 3:
M und F sind verheiratet. F hat Kinder.
Im Falle des Todes von F erbt M ¼ des Vermögens von F.

Beispiel 4:
M und F sind verheiratet. M hat Kinder.
Im Falle des Todes von M erbt F $^{1}/_{8}$ des Vermögens von M.

2. Erbteil der Kinder

Nach dem iranischen Erbrecht erben weibliche und männliche Erben nicht zu gleichen Teilen.

So erbt eine Tochter gemäß § 907 IZGB von ihrem Vater bzw. von ihrer Mutter die Hälfte dessen, was ein Sohn erbt.[649]

3. Erbteil der Eltern

Kommen als Erben eines Kindes nur die Eltern in Betracht, so erbt nach § 906 IZGB die Mutter 1/3 und der Vater 2/3 des Vermögens des Kindes.[650]

Hat der Erblasser selbst ein Kind, so erben die Eltern nach § 908 IZGB nur jeweils 1/3 des Vermögens des Erblassers.[651]

4. Erbteil der Geschwister

Sind die Erben Geschwister, so erbt ein Bruder das Doppelte von dem, was eine Schwester erbt. Diese Aufteilung der Erbteile wird dann vorgenommen, wenn alle Geschwister nach § 920 IZGB entweder alle von einem Vater und einer

649 Vgl. IZGB-Kommentar-Katuzian, § 907, S. 552.
650 Vgl. IZGB-Kommentar-Katuzian, § 906, S. 552.
651 Vgl. IZGB-Kommentar-Katuzian, § 908, S. 552

Mutter oder alle von einem Vater abstammen.[652] Sind sie alle von einer Mutter, haben aber unterschiedliche Väter, so erben die Geschwister voneinander nach § 921 IZGB zu gleichen Teilen.[653]

5. Erbteil der Tanten und Onkel

Im Persischen gibt es verschiedene Begriffe für Tanten und Onkel. Es wird eine Unterscheidung danach gemacht, ob die Personen zu der väterlichen oder zu der mütterlichen Linie gehören. Der Bruder des Vaters wird als *amu* und die Schwester des Vaters als *amme* bezeichnet. Der Bruder der Mutter heißt *dāi* und die Schwester der Mutter heißt *xāle*.

Kommen als Erben nach § 931 IZGB *amu* und *amme* in Betracht, so erbt der *amu* das Doppelte von dem, was die *amme* erbt.[654]

Sind die Erben aber *xāle* und *dāi*, so erben sie nach § 933 IZGB zu gleichen Teilen.[655]

III. Strafrecht – Mann und Frau als Täter und Opfer einer Straftat

Das iranische Strafrecht unterscheidet bei Strafen, die es für bestimmte Straftaten vorsieht, danach, ob das Opfer bzw. der Täter ein Mann oder eine Frau ist.

So macht das IStGB einen Unterschied in der Bemessung der Strafe, wenn eine Mutter ihr Kind tötet und wenn ein Vater sein Kind tötet.

Tötet eine Mutter ihr Kind, so findet für sie das allgemeine iranische Strafrecht in der Art Anwendung, dass sie mit der Todesstrafe, *ġesās*, bestraft wird. Tötet hingegen der Vater oder der Großvater väterlicherseits das Kind, so wird der Täter gemäß § 220 IStGB nicht durch die Todesstrafe bestraft. Der Täter muss lediglich die Blutgeldsumme, *dijeh*, zahlen und wird danach je nach Art und Weise der Tötung entweder durch eine Freiheitsstrafe oder durch andere Strafen bestraft.

Tötet nun eine Frau einen Mann, so findet wieder das allgemeine Strafrecht Anwendung und sie wird zu Tode verurteilt. Wenn aber ein Mann eine Frau tötet, so müssen vor der Vollstreckung des Todesurteils die Verwandten der getöteten

---

652 Vgl. IZGB-Kommentar-Katuzian, § 920, S. 556.
653 Vgl. IZGB-Kommentar-Katuzian, § 921, S. 556.
654 Vgl. IZGB-Kommentar-Katuzian, § 931, S. 558.
655 Vgl. IZGB-Kommentar-Katuzian, § 933, S. 559.

Frau an den Mann seine *dijeh* zahlen und erst danach kann das Urteil vollstreckt werden.

Als *dijeh*, also als die Blutgeldsumme, wird grundsätzlich gemäß § 294 IStGB ein Vermögenswert verstanden, den der Täter dem Opfer einer Straftat gegen Leib oder Leben bzw. bestimmten Angehörigen des Opfers als Vergeltung für die Tat zahlen muss.

Die *dijeh* eines muslimischen Mannes im Falle der Tötung beträgt das Doppelte von der einer muslimischen Frau. Dies regelt § 300 IStGB.

IV. Weitere Rechtsunterschiede

1. Unterschiede der Geschlechter bei Zeugenaussagen

Bei einigen zivilrechtlichen Streitigkeiten kann der Beweis einer Tatsache durch eine Zeugenaussage nur mittels zweier männlicher Zeugen erbracht werden.

Diese Streitigkeiten sind insbesondere alle Arten der Scheidung sowie der Widerruf der Scheidung bei einer widerruflichen Scheidung und alle nichtvermögensrechtlichen Streitigkeiten. Bei den vermögensrechtlichen Streitigkeiten ist es so, dass diese entweder durch die Aussagen zweier Männer oder durch die Aussage eines Mannes und zweier Frauen bewiesen werden können. Es gibt aber auch einige Streitigkeiten, bei denen naturgemäß und üblicherweise eher Frauen als Männer von bestimmten Tatsachen Kenntnis erlangen. Diese sind z.B. die Geburt eines Kindes, die Entstehung der Milchverwandtschaft, die Jungfräulichkeit eines Mädchens sowie körperliche „Mängel“ der Frau. Für den Beweis dieser Tatsachen ist entweder die Aussage von vier Frauen oder von zwei Männern oder eines Mannes und zwei Frauen erforderlich. Für den Beweis einer Ehe, die nicht registriert worden ist, bedarf es entweder der Aussage zweier Männer oder eines Mannes und zweier Frauen.[656]

Weitere Beweismittel, die das iranische Recht kennt, sind in § 1258 IZGB aufgezählt.[657] Zunächst nennt die Norm ein Geständnis, *eġrār*. Dieses Beweismittel hat die stärkste Beweiskraft.

Danach nennt sie die Urkunden, *sanad*. Diese können sowohl privater als auch öffentlicher Art sein. Die öffentlichen Urkunden, *sanad-e rasmi*, haben eine stärkere Beweiskraft, als die privaten Urkunden. Die privaten Urkunden, *sanad-e ādi*, haben fast die gleiche Beweiskraft wie die von Zeugenaussagen, *šahādat*, und die gesetzlichen Vermutungen, *amāre farāš*.

---

656 Vgl. Shams, *ājin-e dādresi-e madani*, § 230.
657 Vgl. IZGB-Kommentar-Katuzian, § 1258, S. 753.

Ein Schwur, *ġasam*, ist in der iranischen Rechtsordnung nur unter bestimmten Voraussetzungen und nur in bestimmten Rechtsstreitigkeiten zugelassen.

2. Schwangerschaftsabbruch

Ein Schwangerschaftsabbruch wird als *seġt-e ǧanin* bezeichnet und ist nach iranischem Recht nur unter bestimmten Voraussetzungen zulässig.

Für den Schwangerschaftsabbruch bedarf es nur der Einwilligung der Frau. Dem Ehemann steht hierbei kein Widerspruchsrecht zu.

V. Stellungnahme einer iranischen Rechtsanwältin zu den Rechtsunterschieden von Mann und Frau im Iran

Während meines Aufenthaltes im Iran hatte ich Gelegenheit mit einer iranischen Rechtsanwältin, Frau Neda Masoodi, über das Thema der Rechtsunterschiede zwischen Mann und Frau in der iranischen Gesellschaft und Rechtsordnung zu sprechen.

Im Folgenden möchte ich dieses Gespräch mit ihrem Einverständnis im Wesentlichen zusammenfassen.

Frau Masoodi erklärte mir, dass nach ihrer Auffassung in der Gesamtschau der iranischen Rechtsordnung insgesamt ein Gleichgewicht im Hinblick auf die Rechte und Pflichten zwischen Mann und Frau herrsche.

Die Rechte, die der Gesetzgeber den Männern verliehen habe, seien charakteristisch eher Pflichten und bedeuten, dass die Männer mehr Verantwortung in der Gesellschaft und in der Familie haben.

Frauen sollen als empfindlichere und sensiblere Wesen durch die stärkeren Männer beschützt werden, sei es durch ihre Väter oder durch ihre Ehemänner.

Nach ihrer Auffassung seien es auch vielmehr die Frauen selbst, die weniger in der Gesellschaft auftreten und Rechte für sich beanspruchen wollen. Vielmehr würden sie es bevorzugen, eine Familie zu gründen und sich um die Kindererziehung und den Haushalt zu kümmern.

Aus ihrer eigenen praktischen Arbeit als Rechtsanwältin im familienrechtlichen Bereich musste sie vielfach feststellen, dass Frauen dazu neigen, eher männliche Rechtsanwälte mit ihren Familienrechtsangelegenheiten zu beauftragen als Rechtsanwältinnen. Sie erklärte sich dieses Phänomen damit, dass das Vertrauen der Frauen in Männer gesellschaftlich viel größer sei als das Vertrauen, das sie ihrem eigenen Geschlecht entgegenbrächten.

Um eine Meinung darüber abgeben zu können, ob das iranische Familienrecht reformbedürftig sei, reiche es ihrer Ansicht nach keineswegs aus, den Iran und seine Gesetze von außerhalb zu betrachten und hierüber eine Meinung abgeben zu wollen. Insbesondere müsse man sich einige Zeit im Iran aufgehalten haben, um einen Einblick in die häufig komplexen und vielschichtigen gesellschaftlichen Strukturen zu bekommen. Diese Strukturen würden von vielen Faktoren wie Kultur, Religion, Tradition und Psychologie beeinflusst, so dass es auch schwerlich möglich sei, den Menschen ein bestimmtes System mit bestimmten Rechten und Pflichten aufzuzwingen. Vielmehr müsse die iranische Gesellschaft selbst bereit dazu sein, diese Veränderungen anzunehmen und diese Veränderungen und Reformen müssten auch in den gesellschaftlichen Rahmen und die Ordnung des Iran passen.

Rechtsfrieden und Rechtssicherheit sowie Vertrauen der Gesellschaft in die bestehenden Gesetze können nur auf diese Weise hergestellt werden und damit die Gesellschaft stabilisieren.

VI. Besuch des Shirazer Familiengerichts und Gespräch mit einem iranischen Familienrichter

Im Rahmen meiner Forschungsreise hatte ich die Gelegenheit, das Familiengericht von Shiraz zu besuchen und mir selbst einen Eindruck sowohl von der Institution als auch von der Praxis iranischen Familienrechts zu verschaffen. Besonders gefreut habe ich mich darüber, dass sich mir dabei die Möglichkeit geboten hat, ein Gespräch mit einem iranischen Familienrichter zu führen und mir erklären zu lassen, warum das iranische Familienrecht in bestimmten Punkten – aus Sicht der „westlichen Welt" – so viele Fragen aufwirft und vermeintliche Ungerechtigkeiten in sich birgt.

Am 16.09.2009 begab ich mich zum Shirazer Familiengericht. Als ich den Eingang erreichte, war es gegen 8.30 Uhr. Ich konnte schon von weitem sehen, wie sich zwei lange Warteschlangen gebildet hatten. Aufgrund der bestehenden Geschlechtertrennung hatten sich in der einen Warteschlange Frauen und in der anderen Männer eingereiht. An dem noch verschlossenen Tor, das zum Hof des Gerichts führte, standen zwei junge Herren in grüner Militäruniform, die für die Ordnung und Sicherheit zuständig und dementsprechend auch bewaffnet waren, so dass man bereits vom ersten Anblick leicht eingeschüchtert wurde. Nach einigen Minuten öffneten die jungen Herren in Uniform das Tor. Die wartenden Männer wurden von den Uniformierten auf Waffen und andere gefährliche Gegenstände, wie Messer und Schusswaffen, durchsucht. Sodann löste sich die Warteschlange der Männer auf und sie strömten durch das Tor. Als endlich auch das Sicherheitspersonal für die Durchsuchung der Frauen angekommen war und die Kontrolle der Frauen durchgeführt hatte, konnte auch ich in den Hof gelangen. Lediglich Personen, die über einen Rechtsanwaltsausweis verfügten, blieb eine Durchsuchung erspart. Vom Hof aus erreichte ich nach einigen Schritten ein mehrstöckiges Gebäude, an dessen Eingang ein kleines Zimmer mit Fenster war. In diesem Raum war es möglich Gerichtsmarken zu erwerben. Hier konnten auch die Rechtsanwälte ihre jeweiligen Vollmachten, *wekālatnāme*, im Original vorlegen. Auf derselben Ebene im Gebäude befand sich ein Beratungszimmer, welches mit vier Schreibtischen besetzt war, an denen jeweils ein Rechtsanwalt saß, um den Besuchern kostenfreie Rechtsauskünfte zu erteilen. Dies stellt eine Art öffentliche Rechtsauskunft für diejenigen Rechtssuchenden dar, die sich im Iran aus finanziellen Gründen keinen Rechtsanwalt leisten können.

Diese Stellen bieten somit eine Art „Erste Hilfe“ für die vielen Personen, die in ihrer Not ein Gericht ohne anwaltlichen Beistand aufsuchen müssen.

Auf dem Weg zu den einzelnen Abteilungen des Familiengerichts, welche in den oberen Stockwerken gelegen waren, konnte ich mehrere Trauben von Menschen beobachten, die entweder vor den Vorzimmern des Richterzimmers ungeduldig warteten oder herauskamen. Fast jeder von ihnen hatte irgendwelche amtliche Dokumente in der Hand.

Überraschend war, dass ganz viele Besucher ohne einen Termin zu haben, in das Vorzimmer des Richters kamen und darum baten, zum Richter gehen zu dürfen, um z.B. eine Unterschrift auf ihre Dokumente zu bekommen.

Jede Abteilung eines Familiengerichts entspricht einer Einheit, die aus einem Vorzimmer, einer Art Geschäftsstelle des Gerichts, und dem Richterzimmer besteht.

Die Geschäftsstelle wiederum ist mit einem Bürovorsteher besetzt, der die Verfügungen des Richters ausführt, wie z.B. das Anlegen einer Akte, die Vergabe von Terminen und die Bestimmung von Fristen. Neben dem Bürovorsteher arbeitet noch eine Urkundsperson auf der Geschäftsstelle, die die Verhandlungen des Gerichts protokolliert und dem Richter zur Hand geht.

Mein persönlicher Eindruck war, dass zwischen Richtern und den Mitarbeitern des Gerichts ein sehr freundliches und kollegiales Verhältnis bestand.

Das Richteramt im Iran darf nur von Männern ausgeübt werden. Frauen dürfen nicht als Richterinnen arbeiten. Allerdings gibt es an den Familiengerichten Juristinnen, die eine Art beratende Funktion haben. Sie heißen *mošāwere zan* und dürfen seit 1992 an familienrechtlichen Gerichtsververhandlungen teilnehmen.

Auffällig für mich war es auch, dass einige Besucher – insbesondere Frauen – ohne Rechtsanwälte das Gericht aufsuchten und auf dem Gerichtsflur versuchten, eine kostenfreie Rechtsberatung durch wartende Rechtsanwälte zu erhalten. So wurde ich Zeugin eines Gesprächs einer jungen Frau – vielleicht Anfang zwanzig –

mit einer Rechtsanwältin. Die Ratsuchende hatte sich von ihrem Ehemann getrennt und war, wie meistens üblich, in ihr Elternhaus zurückgekehrt. Nun wollte sie ihre persönlichen Sachen, insbesondere Kleidungsstücke, aus der ehelichen Wohnung herausholen, befürchtete jedoch, dass sie beim Betreten der Ehewohnung von ihrem Ehemann körperlich angegriffen und beleidigt werden würde. Aus diesem Grunde begehrte sie den Zutritt zur Ehewohnung mit einer anderen Person, um sich zu schützen.

Nachdem ich eine Weile auf dem Gerichtsflur gewartet hatte, konnte ich in das Vorzimmer des Richters gelangen und meinen Wunsch um ein kurzes Fachgespräch mit dem Richter vortragen. Anschließend wurde ich sodann zum Richter vorgelassen. Dieser war ein Mann mittleren Alters. Ich stellte mich vor, worauf hin er mich aufforderte, mich als Juristin zu legitimieren. Ich legte ihm einen schriftlichen Beleg vor, welchen ich vorsorglich während meines gesamten Aufenthaltes im Iran bei mir trug. Im Anschluss daran erklärte er sich bereit, mir einige Fragen zum iranischen Familienrecht zu beantworten.

Er bat mich noch explizit darum, ihn nicht im Rahmen meiner Arbeit namentlich zu nennen.

Mein Gespräch mit dem Familienrichter war einerseits sehr interessant, andererseits jedoch – aus meiner Perspektive – nur bedingt aufschlussreich. Zwar bemühte der Richter sich, meine Fragen geduldig zu beantworten. Indes gingen unsere Vorstellungen über die Art und Weise einer juristischen Beantwortung einer Frage, insbesondere in Bezug auf eine rechtliche Begründung, mitunter auseinander. So beschränkten sich seine Ausführungen zu einer Vielzahl von Fragestellungen – ob nun etwa zu den unterschiedlichen Rechten von Mann und Frau während der Ehe, den unterschiedlichen Rechten der Eltern in Bezug auf die Kinder oder zu dem Erfordernis der Erlaubnis zur Eheschließung einer jungfräulichen aber volljährigen Frau – auf einen wiederholten Hinweis auf die Besonderheiten des iranischen Rechts, das unter dem Einfluss des Islam – insbesondere seiner schiitischen Ausprägung – stehe.

Von meinen Fragen nach den Rechten von nichtehelichen Kindern und ihrer Stellung in der iranischen Gesellschaft schien er sehr überrascht und verlieh seiner Überraschung auf die Weise auch noch mehr Ausdruck, indem er vor der Beantwortung der meisten Fragen anmerkte, dass er die eine und andere Frage zum ersten Mal höre.

Die Tatsache, dass nichteheliche Kinder keine umfassenden Rechte, also insbesondere kein Erbrecht gegenüber ihren Eltern hätten, sei Ausdruck davon, dass sie aus einer, von Gesetzes wegen, nicht anerkannten und auch nicht anerkennungsfähigen Beziehung stammen würden. Denn nur das Vorliegen einer gesetzlichen Ehe begründe auch die Legitimität eines Kindes. Bestehe also keine Ehe, so könne auch das Kind aus einer geschlechtlichen Beziehung zwischen einem

Mann und einer Frau nicht vom Gesetz und von der Gesellschaft anerkannt werden. Auf meine Anmerkung, dass doch das Kind keine „Schuld" für seinen ungesetzlichen Status trage, führte er anschaulich aus, dass es doch die „Frucht" aus einer nicht gesetzlichen Beziehung sei und es aus diesem Grunde schon nicht gesetzlich sein könne. Insbesondere sei es notwendig, über den Status des Kindes das verbotene und zu missbilligende Verhalten der Eltern zu sanktionieren. Dies sei auch zu präventiven Zwecken notwendig.

Obwohl ich mir an mancher Stelle eine tiefergehende Begründung meiner Fragen gewünscht hätte, waren die Ausführungen des Richters für mich insgesamt sehr aufschlussreich. Einige der mit ihm erörterten Fragestellungen konnte ich bereits an vorangegangenen, thematisch im jeweiligen Sachzusammenhang stehenden Stellen dieser Arbeit einbringen. Insgesamt bin ich dem Richter für seine Ausführungen und seine Geduld bei der Beantwortung meiner Fragen zu Dank verpflichtet.

S. Anwendung des iranischen Familienrechts vor deutschen Gerichten

In den letzten Jahren kam es immer häufiger zu einer Anwendung des iranischen Familienrechts vor deutschen Gerichten. Der Grund hierfür dürfte insbesondere in der Anzahl der in Deutschland lebenden iranischen Staatsangehörigen, die, wie oben bereits erwähnt, im Jahre 2010 bei 51.885[658] lag, zu sehen sein.

In vielen Fällen ist es so, dass die Ehegatten bereits im Iran die Ehe miteinander geschlossen und danach gemeinsam die Entscheidung getroffen haben, ihren Lebensmittelpunkt nach Deutschland zu verlegen. Es ist aber auch keine Seltenheit, dass in Deutschland lebende Iraner oder eingebürgerte iranisch-stämmige Peronen, Ehegatten – in der Regel iranische Frauen – aus dem Heimatland heiraten und die Ehe dann in Deutschland führen. Kommt es dann zur Trennung bzw. Scheidung der Ehegatten und haben die Beteiligten auch gemeinsame Kinder, so ist dies ein klassischer Fall für eine Prüfung der Anwendbarkeit iranischer Normen durch die deutschen Gerichte.

In diesem Zusammenhang ist dann häufig auch eine Doppelstaatigkeit der Beteiligten zu prüfen und gegebenenfalls zu berücksichtigen. Denn das Merkmal der Doppelstaatigkeit kommt bei den Iranern, die im Zuge der Einbürgerungswellen der letzten Jahre eingebürgert worden sind, nicht selten vor. Dies begründet sich damit, dass der Iran, wie regelmäßig praktiziert, einbürgerungswillige Staatsangehörige nicht aus der iranischen Staatsangehörigkeit entlässt. Auf diese Weise erklärt sich in den meisten Fällen die Doppelstaatigkeit der meisten Iraner.

Die Entscheidung darüber, ob jemand eine bestimmte Staatsangehörigkeit haben darf, trifft jeder Staat gesondert für seine Staatsangehörigkeit. Insbesondere bei Anträgen auf Einbürgerung liegt die Abwägung bei dem Staat selbst, ob er eine Einbürgerung von einem Verzicht auf die frühere Staatsangehörigkeit abhängig macht.[659]

Die Entstehung mehrfacher Staatsangehörigkeiten ist zwar kollisionsrechtlich nicht erwünscht, allerdings nicht vermeidbar. Insbesondere kann das Internationale

---

658 Siehe Fußnote 1 der Arbeit.

659 Vgl. Rauscher, § 32, Rn. 929.

Privatrecht als nationales Recht nicht in das Staatsangehörigkeitsrecht anderer Staaten eingreifen.[660]

Anhand einiger Fallbeispiele und unter Verwertung und Berücksichtigung von diversen Gerichtsentscheidungen zu immer wieder auftauchenden Rechtsproblemen möchte ich die im Zuge eines Ehescheidungsverfahrens bestehenden Probleme näher beleuchten. Aufgrund der Fülle der gerichtlichen Entscheidungen versteht es sich von selbst, dass nicht jede einzelne Entscheidung in diesem Zusammenhang besprochen werden kann.

Die Beispiele machen deutlich, dass die Anwendung der iranischen Normen nicht nur die Ehegatten, sondern auch deren Kinder betrifft, etwa wenn es um die Frage geht, welchem Elternteil nach der Scheidung das Sorgerecht für die gemeinsamen Kinder zustehen soll. Diesbezüglich stellt sich dann eine der in diesem Zusammenhang wichtigsten Fragen überhaupt, nämlich wann eine bestimmte ausländische Norm wegen eines Verstoßes gegen den in Art. 6 EGBGB verankerten ordre-public-Grundsatz keine Anwendung findet.

Dabei ist aber zu berücksichtigen, dass auch der ordre-public-Grundsatz einem sich wandelnden Verständnis unterliegt. Als Beispiel führt Rohe auf, dass es zunehmend schwieriger werde, auf der einen Seite Argumente gegen eine Ehe auf Zeit oder gegen die Polygamie zu finden, wenn auf der anderen Seite die Prostitution in Deutschland nicht mehr als sittenwidrig anzusehen ist.[661]

I. Anwendung des ausländischen Rechts

Wie anhand zahlreicher Fälle mit Bezug zum iranischen Recht zu sehen ist, ist die Anwendung des iranischen Rechts in einem deutschen Gerichtssaal weder eine exotische Seltenheit noch gibt es, wie auch vom BGH[662] bereits deutlich gemacht, „keine Anhaltspunkte dafür, dass den deutschen Gerichten ihnen völlig wesensfremde Aufgaben oder Tätigkeiten auferlegt oder abverlangt werden".[663] Insbesondere die Tatsache, dass ausländische Rechtsvorschriften vielfach religiös beeinflusst sind, stelle für den deutschen Richter allein noch kein Hindernis dar, sie anzuwenden. Vielmehr ist der deutsche Richter durch das Kollisionsrecht zur Anwendung religiös beeinflusster Rechtsnormen sogar verpflichtet. In diesem Zusammenhang weist der BGH auf § 481 ZPO hin, wonach auch deutsche Gerichte zur Entgegennahme von religiösen Beteuerungsformeln berechtigt sind.[664]

660 Vgl. Rauscher IPR, § 3 A, Rn. 221.
661 Vgl. Rohe, Leipziger Beiträge zur Orientforschung, 2003, 35, 36, 37.
662 Vgl. BGH, FamRZ 2004, 1952-1959.
663 Vgl. BGH, FamRZ 2004, 1952, 1954.
664 Vgl. BGH, FamRZ 2004, 1952, 1955.

Um den Rahmen dieser Arbeit nicht zu sprengen, möchte ich im Folgenden nicht auf die Besonderheiten bei der internationalen Zuständigkeit der deutschen Gerichte eingehen.

Vielmehr soll im Vordergrund der Betrachtung das anzuwendende Sachrecht stehen, wenn die Zuständigkeit der deutschen Gerichte gegeben ist.

Im Übrigen wird ausschließlich das iranische Recht des IZGB erläutert. In der Praxis haben hingegen die rechtsanwendenden Richter und Rechtsanwälte bei der Anwendung des iranischen Familienrechts vor deutschen Gerichten ferner zu berücksichtigen, dass die familienrechtlichen Vorschriften des IZGB nicht einheitlich für alle iranischen Staatsangehörigen gelten.

Das iranische Familienrecht ist nämlich interreligiös gespalten, so dass gemäß Art. 12, 13 der iranischen Verfassung, für die Angehörigen anderer anerkannter Religionsgemeinschaften, wie für die Juden, Christen und Zoroaster, die Vorschriften dieser Religionsgemeinschaften Bestand haben.[665]

Da aber zu berücksichtigen ist, dass nahezu 90%[666] der im Iran lebenden Iraner islamisch-schiitischen Glaubens sind, geht es bei den nachfolgenden Ausführungen ausschließlich um die Frage der Anwendbarkeit der Vorschriften des IZGB.

Ist also die internationale Zuständigkeit der deutschen Gerichte gegeben, stellt sich zunächst einmal bei einem Fall mit Auslandsbezug, also z.B. wenn die Beteiligten ausländische Staatsangehörigkeiten besitzen, die Frage nach dem anzuwendenden Sachrecht.

Die Frage, das Recht welchen Staates auf einen Sachverhalt mit einem Auslandsbezug Anwendung findet, kann das deutsche Kollisionsrecht, das im Einführungsgesetz zum BGB (EGBGB) geregelt ist, beantworten. Wann also das Privatrecht des eigenen Staates oder das eines fremden Staates anzuwenden ist, regeln die Kollisionsnormen des Internationalen Privatrechts in den Art. 3-49 des EGBGB.[667] So bestimmt zunächst Art. 3 EGBGB, dass „bei Sachverhalten mit einer Verbindung zu einem ausländischen Staat“ die Vorschriften des EGBGB regeln, welche Rechtsordnungen anzuwenden sind. Hierbei wird insbesondere die Verbindung zwischen einer Person und ihrem Heimatrecht durch ihre Staatsangehörigkeit hergestellt.[668] Eine Verbindung zum Recht eines ausländischen Staates ist bereits damit zweifelsfrei gegeben, wenn ein Ehegatte eine ausländische Staatsangehörigkeit besitzt. Berührungspunkte mit dem Recht eines ausländischen Staates können aber durch einen Wohnsitz oder Aufenthalt einer Person

665 Vgl. Yassari, FamRZ 2002, 1088, 1088.

666 Vgl. Auswärtiges Amt, Länderinformation Iran, Stand Oktober 2011, http://www.auswaertiges-amt.de/DE/Aussenpolitik/Laender/Laenderinfos/01-Nodes_Uebersichtsseiten/Iran_node.html (zuletzt aufgerufen am 14.12.2011).

667 Vgl. MüKO BGB-Säcker, Vorbemerkung Art. 1 EGBGB, Rn. 1.

668 Vgl. Koch/Magnus/Winkler von Mohrenfels, § 3, Rn. 1.

im Ausland, der Belegenheit einer Sache oder eines Rechts im Ausland oder der Vornahme eines Rechtsgeschäfts im Ausland gegeben sein.[669]

Gemäß Art. 3 Abs. 2 S. 1 EGBGB ist stets der Vorrang von völkerrechtlichen Verträgen gegenüber den Vorschriften des EGBGB zu beachten, soweit diese unmittelbar anwendbares innerstaatliches Recht geworden sind.

Staatsverträge sind in der Regel unmittelbar anwendbares innerstaatliches Recht und gehen gemäß Art. 3 Abs. 2 S. 1 EGBGB den Vorschriften des EGBGB vor.[670]

Als völkerrechtlicher Vertrag ist das Niederlassungsabkommen zwischen dem Deutschen Reich und dem Kaiserreich Persien vom 17.02.1929[671] anzusehen. Die Weitergeltung dieses Abkommens wurde durch die Bekanntmachung über die deutsch-iranischen Vorkriegsverträge vom 15.08.1955 mit Wirkung vom 04.11.1954 bestätigt.[672]

Art. 8 Abs. 3 S. 1 des Abkommens[673] sagt: „In Bezug auf das Personen-, Familien- und Erbrecht bleiben die Angehörigen jedes der vertragsschließenden Staaten im Gebiet des anderen Staates jedoch den Vorschriften ihrer heimischen Gesetze unterworfen“. In Art. 8 Abs. 3 S. 2 des Abkommens heißt es: „Die Anwendung dieser Gesetze kann von dem anderen vertragsschließenden Staat nur ausnahmsweise und nur insoweit ausgeschlossen werden, als ein solcher Ausschluß allgemein gegenüber jedem anderen fremden Staat erfolgt.“

In dem Schlußprotokoll[674] zu Art. 8 Abs. 3 heißt es: „Die vertragsschließenden Staaten sind sich darüber einig, dass das Personen-, Familien-, und Erbrecht, das heißt das Personalstatut, die folgenden Angelegenheiten umfasst: Ehe, eheliches Güterrecht, Scheidung, Aufhebung der ehelichen Gemeinschaft, Mitgift, Vaterschaft, Abstammung, Annahme an Kindes Statt, Geschäftsfähigkeit, Volljährigkeit, Vormundschaft und Pflegschaft, Entmündigung, testamentarische und gesetzliche Erbfolge, Nachlaßabwicklung und Erbauseinandersetzungen, ferner alle anderen Angelegenheiten des Familienrechts unter Einschluß aller den Personenstand betreffenden Fragen.“

Die Kollisionsregel des Art. 8 Abs. 3 ist sowohl in der Theorie als auch in der Praxis des deutschen Internationalen Privatrechts von großer Bedeutung. Dies zeigt sich insbesondere darin, dass es sich bei dieser Vorschrift aus deutscher Sicht um die einzige bilaterale staatsvertragliche Kollisionsnorm im Familienrecht handelt, die noch gültig ist. Die praktische Bedeutung der genannten Vorschrift sei nach

669 Vgl. Rausch, NJW 1994, 2120, 2120, 2121.

670 Vgl. Kropholler, S. 5.

671 RGBl. 1930, Teil II, Nr. 30, S. 1006.

672 BGBl. 1955, Teil II, Nr.19, S. 829.

673 Abgedruckt bei Staudinger-Mankowski, Art. 14 EGBGB, Rn. 5.

674 RGBl. 1930, Teil II, Nr. 30, S. 1012.

Schotten und Wittkowski darin zu sehen, dass sich der BGH und die Obergerichte in diversen Entscheidungen mit der Anwendung dieser Kollisionsregel befassen mussten.[675]

Da das iranische Internationale Privatrecht keine Rückverweisung auf deutsches Sachrecht vorsieht, kommt iranisches Sachrecht zur Anwendung.[676] Hinsichtlich des Verfahrensrechts bleibt es aber nach der lex fori bei der Anwendung des deutschen Verfahrensrechts.[677]

Allerdings ist zu berücksichtigen, dass der persönliche Anwendungsbereich des Abkommens nur dann eröffnet ist, wenn die in Deutschland lebenden Beteiligten ausschließlich die iranische Staatsangehörigkeit besitzen.[678] Mithin müssen z.B. bei einer Ehescheidung in Deutschland beide Ehegatten ausschließlich über die iranische Staatsangehörigkeit verfügen. In Sorgerechts- und Umgangsrechtsstreitigkeiten ist es für die Anwendbarkeit des deutsch-iranischen Niederlassungsabkommens erforderlich, dass alle Beteiligten, also sowohl die Eltern als auch das Kind, ausschließlich die iranische Staatsangehörigkeit besitzen.[679]

Das Abkommen ist damit bei verschiedenen Staatsangehörigkeiten der Beteiligten nicht anwendbar.[680] Sind die Beteiligten z.B. Doppelstaater, dann ist der Anwendungsbereich ebenfalls nicht eröffnet.[681]

So scheiterte z.B. die Anerkennung einer im Iran von Doppelstaatern durchgeführten Scheidung einer Ehe vor den deutschen Behörden an der Anwendbarkeit des deutsch-iranischen Niederlassungsabkommens.[682] Eine hiergegen gerichtete Verfassungsbeschwerde wurde nicht zur Entscheidung angenommen.

Ferner findet das Abkommen dann keine Anwendung, wenn die Ehegatten Flüchtlinge nach der Genfer Flüchtlingskonvention vom 28.07.1951[683] oder diesen nach §§ 2, 3 des Asylverfahrensgesetzes, Art. 12 Genfer Flüchtlingskonvention gleichgestellte Asylberechtigte sind. Hier besteht nämlich ein Vorrang der Genfer Flüchtlingskonvention gegenüber dem deutsch-iranischen Niederlassungsabkommen. Diese Personen sind wie Deutsche zu behandeln.[684] Denn ähnlich wie Personen durch einen Wechsel ihrer Staatsangehörigkeit das auf sie anwendbare Personalstatut beeinflussen können, müsse es auch möglich sein,

675 Vgl. Schotten, Wittkowski, FamRZ 1995, 264, 264.
676 Vgl. BGH FamRZ 2004, 1952, 1954; vgl. Staudinger-Mankowski, Art. 17 EGBGB, Rn. 160.
677 Vgl. BGHZ 82, 34, 47; vgl. Staudinger-Mankowski, Art. 17 EGBGB, Rn. 223.
678 Vgl. BGHZ 60, 68, 74, 75; vgl. Schotten, Wittkowski, FamRZ 1995, 264, 265.
679 Vgl. Schotten, Wittkowski, FamRZ 1995, 264, 265.
680 Vgl. BGH, NJW 1990, 636, 636.
681 Vgl. Staudinger-Mankowski, Art. 14 EGBGB, Rn. 5 a; BVerfG, FamRZ 2007, 615, 615.
682 Vgl. BVerfG, FamRZ 2007, 615, 615.
683 BGBl. 1953, Teil II, Nr. 19, S. 559.
684 Vgl. OLG Hamburg, FamRZ 2004, 459, 459.

durch eine Asylberechtigung nicht mehr dem Recht des Heimatstaates unterworfen zu sein, so dass das Niederlassungsabkommen keine Anwendung findet, wenn einer der Beteiligten ein Flüchtling oder ein Asylberechtigter ist.[685]

Der Vollständigkeit halber möchte ich nur kurz darauf hinweisen, dass das deutsch-iranische Niederlassungsabkommen in seinem Art. 8 Abs. 2 auch eine Vorschrift zur internationalen Zuständigkeit der deutschen Gerichte für iranische Staatsangehörige beinhaltet.

Allerdings enthält das deutsch-iranische Niederlassungsabkommen keine Regelungen über die gegenseitige Anerkennung gerichtlicher Entscheidungen, sondern befasst sich insbesondere mit dem anwendbaren Sachrecht.[686]

II. Berücksichtigung des ordre-public-Grundsatzes

Beim ordre-public-Grundsatz geht es darum, „inländischen Wertvorstellungen zum Durchbruch zu verhelfen“[687]. Damit ist die Funktion des ordre-public, die Anwendung fremder Normen auszuschließen, die als „unerträglich“ angesehen werden.[688]

Der ordre-public-Grundsatz wendet sich nicht gegen die Norm als solche, sondern ausschließlich gegen die Anwendung in einem konkreten Fall.[689]

Nach der Auffassung von Kropholler ist der ordre public „unentbehrlich als Notventil“, allerdings sollte nicht zu schnell davon Gebrauch gemacht werden.[690]

Art. 6 S. 1 EGBGB bestimmt, dass eine ausländische Rechtsnorm dann nicht anzuwenden ist, „wenn ihre Anwendung zu einem Ergebnis führt, das mit wesentlichen Grundsätzen des deutschen Rechts offensichtlich unvereinbar ist.“

Eine Konkretisierung wird in Art. 6 S. 2 EGBGB vorgenommen. Hiernach ist eine ausländische Rechtsnorm „insbesondere nicht anzuwenden, wenn die Anwendung mit den Grundrechten unvereinbar ist“.

Art. 6 EGBGB ist als eine Ausnahme von dem Grundsatz anzusehen, dass das berufene ausländische Recht zu Gunsten des deutschen Rechts keine Anwendung findet.[691]

---

685 Vgl. Schotten, Wittkowski, FamRZ 1995, 264, 266.
686 Vgl. OLG München, FamRZ 2010, 1280, 1281.
687 Vgl. Kropholler, S. 242.
688 Vgl. Kropholler, S. 242.
689 Vgl. Kropholler, S. 243.
690 Vgl. Kropholler, S. 244.
691 Vgl. MüKO BGB-Sonnenberger, Art. 6 EGBGB, Rn. 14.

Ferner muss die Anwendung des ausländischen Rechts im konkreten Fall zu einem „untragbaren Ergebnis“ führen.[692] Ein Verstoß gegen den ordre-public-Grundsatz bestehe nicht schon deswegen, wenn die Rechtsanwendung bei einem reinen Inlandsfall grundrechtswidrig wäre. In einer Entscheidung hat der BGH darauf hingewiesen, dass „die Maßstäbe deutschen Verfassungsrechts“ dann eher anzuwenden seien, je stärker auch der Inlandsbezug ist. Der BGH hat in dem zu entscheidenden Fall „einen bedeutsamen Inlandsbezug“ abgelehnt.[693] Zwar lässt es der BGH offen, wann ein solcher Inlandsbezug vorliegt, allerdings soll ein solcher auch dann nicht vorliegen, wenn wie hier, sich die Beteiligten seit sieben Jahren in Deutschland aufhielten und die Ehe in Deutschland geschlossen hatten, das gemeinsame Kind in Deutschland geboren worden war und die Beteiligten in Deutschland eine Berufstätigkeit aufgenommen hatten. Der BGH wies ferner auf mögliche Rückkehrabsichten der Beteiligten hin und sah auch aus dem Umstand, dass sich die Beteiligten bislang nicht um den Erwerb der deutschen Staatsangehörigkeit bemüht hatten, „keine vollständige Eingliederung in das deutsche soziale Umfeld“.[694] Diese Entscheidung muss auch unter Berücksichtigung der deutsch-iranischen Beziehungen gesehen werden. Ein solcher politischer Beigeschmack fällt nämlich auf, wenn der BGH sagt: „Unter diesen Umständen könne nicht von so verfestigten Inlandsbeziehungen gesprochen werden, dass unter Inkaufnahme rechtlicher Konsequenzen für im Iran sich aufhaltende deutsche Staatsangehörige deutsches materielles Recht auf Iraner anzuwenden sei“.[695]

Wenn die Beteiligten also die gleiche ausländische Staatsangehörigkeit haben, würde die Nichtbeachtung ihres Heimatrechts „zu einer unnötigen Aufoktroyierung fremden Rechts führen“.[696]

Ein Inlandsbezug wurde aber schon in anderen Fällen angenommen bei: „Wohnsitz bzw. gewöhnlicher Aufenthalt in der Bundesrepublik Deutschland“[697].

Das OLG Schleswig[698] hat eine Inlandsbeziehung für den Fall zweifelsfrei bejaht, in dem sich die Beteiligten seit dreißig Jahren in Deutschland aufgehalten haben, hier einer beruflichen Tätigkeit nachgegangen sind, nur die deutsche Sprache gesprochen haben und eine Rückkehr in das Ursprungsland nicht beabsichtigt haben.[699]

---

692 Vgl. BGHZ 120, 29, 33.
693 Vgl. BGH, NJW-RR 1993, 962, 962.
694 Vgl. BGH, NJW-RR 1993, 962, 962.
695 Vgl. BGH, NJW-RR 1993, 962, 962.
696 Vgl. BGHZ 60, 68, 79.
697 Vgl. BGHZ 50, 370, 378; vgl. BGHZ 120, 29, 36.
698 OLG Schleswig, FamRZ 2002, 698-699.
699 Vgl. OLG Schleswig, FamRZ 2002, 698, 699.

Insbesondere stehe auch das deutsch-iranische Niederlassungsabkommen einer Prüfung nach Art. 6 EGBGB nicht entgegen.[700]

Allerdings reiche für einen Verstoß gegen diesen Grundsatz nicht, „die sich zunächst aufdrängende Verletzung des Grundsatzes der Gleichberechtigung von Mann und Frau nach Art. 3 GG, die in der Bevorzugung des Mannes nach iranischem Recht zu erkennen sei".[701] Insbesondere komme es darauf an, „ob die Anwendung des ausländischen Rechts in bezug auf den konketen Sachverhalt zu untragbaren Ergebnissen führe". Gleichzeitig relativiert der BGH auch einen langjährigen Aufenthalt der Beteiligten in Deutschland, indem er auf die gemeinsame iranische Staatsangehörigkeit der Ehegatten und ein gemeinsames religiöses Bekenntnis hinweist und hervorhebt, dass diese Faktoren, „das Fundament des iranischen Zivilrechts bilden" und die Beteiligten durch sie „in iranischem Denken und heimatlicher Tradition verhaftet" seien. Denn die Nichtbeachtung der ausländischen Rechtsordnung könne zu einer Gefährdung von Staatsverträgen führen, aber auch dazu, „dass dem einzelnen Ausländer eine fremde Rechtsordnung aufgedrängt werde".[702]

Der BGH[703] hat zudem ausdrücklich darauf hingewiesen, dass von Deutschland ratifizierte kollisionsrechtliche Staatsverträge eine allgemeine Verbindlichkeit beanspruchen. Es komme daher auch nicht darauf an, dass sich eine Partei auf die Anwendung des ausländischen Rechts beruft. Demnach sei es nach § 293 ZPO die Pflicht des Gerichts, das anzuwendende ausländische Recht von Amts wegen zu ermitteln.[704]

III. Scheidung

1. Ehegatten sind iranische Staatsangehörige

Besitzen beide Ehegatten die iranische Staatsangehörigkeit, so findet auf die Scheidung der Ehe in korrekter Anwendung des deutsch-iranischen Niederlassungsabkommens auch das iranische Scheidungsrecht Anwendung.

Hinsichtlich eines möglichen Verstoßes gegen den Grundsatz des ordre-public hat der BGH[705] deutlich gemacht, dass es nicht auf eine abstrakte Prüfung einer ausländischen Norm ankomme. Es komme vielmehr darauf an, „ob und

700 Vgl. BGHZ 120, 29, 35.
701 Vgl. BGHZ 120, 29, 32.
702 Vgl. BGHZ 120, 29, 33.
703 BGH, NJW 2009, 916-920.
704 Vgl. BGH, NJW 2009, 916, 917.
705 BGHZ 60, 68-84.

inwieweit das Grundrecht in bezug auf den konkreten Sachverhalt Geltung beansprucht."[706] Damit liegt ein Verstoß gegen den ordre-public-Grundsatz nicht schon dann vor, wenn die ausländische Norm mit den wesentlichen Grundsätzen des deutschen Rechts, wie der Gleichberechtigung von Mann und Frau, unvereinbar ist, sondern erst dann, wenn ihre konkrete Anwendung zu einem Ergebnis führt, welches nicht tragbar ist.[707]

Einen Verstoß gegen den ordre-public-Grundsatz hat das OLG Düsseldorf[708] daher auch bei der Anwendung von iranischen Sorgerechtsnormen, die zu einer Spaltung des Sorgerechts auf Personensorge der Mutter und Vermögenssorge des Vaters führt, nicht angenommen. Insbesondere sah das Gericht keine Gründe dafür, die gesetzlichen Vorgaben zu ändern, da dadurch kein Schaden für das Kind zu befürchten sei. Insbesondere sei die Rechtslage derjenigen vergleichbar, die bei der Anwendung deutschen Rechts entsteht, wenn z.B. einem Elternteil das Aufenthaltsbestimmungsrecht übertragen wird.[709]

Gleichzeitig nahm das OLG Düsseldorf in dem oben genannten Fall einen vertraglich vereinbarten Scheidungsgrund, nämlich die Unmöglichkeit der Fortsetzung des Ehelebens, zu Gunsten der iranischen Ehefrau an. Diese wollte sich von ihrem iranischen Mann in Deutschland scheiden lassen, weil sie mehrfach von diesem körperlich misshandelt worden war. Das Gericht war zudem der Auffassung, dass die Frau auch ohne eine vertragliche Klausel gesetzlich die Scheidung der Ehe begehren konnte, da die Voraussetzungen des § 1130 IZGB aufgrund der Gewalttätigkeiten des Mannes vorlagen.[710]

Auch das OLG Koblenz[711] prüfte die Anwendbarkeit eines vertraglich vereinbarten Scheidungsgrundes, nämlich den vertraglichen Scheidungsgrund der Unterhaltsverweigerung. Es entschied, dass eine vorangehende Klage auf Unterhaltszahlung dann nicht erforderlich sei, wenn die Ehefrau seit sechs Monaten keinen Unterhalt bekommen und das Gericht festgestellt hat, dass auch ein Vollstreckungsurteil in das Vermögen des Ehemannes hieran nichts ändern würde.[712]

Insbesondere sei ein Verstoß gegen den ordre-public-Grundsatz etwa dann nicht gegeben, wenn der Mann auf Antrag der Frau verpflichtet wird, die Scheidungsformel nach iranischem Recht auszusprechen.[713] Zu einem ähnlichen Er-

706 Vgl. BGHZ 60, 68, 78.
707 Vgl. BGHZ 60, 68, 80.
708 OLG Düsseldorf, FamRZ 2003, 379-381.
709 Vgl. OLG Düsseldorf, FamRZ 2003, 379, 381.
710 Vgl. OLG Düsseldorf, FamRZ 2003, 379, 380.
711 OLG Koblenz, FamRZ 2009, 611-616.
712 Vgl. OLG Koblenz, FamRZ 2009, 611, 614.
713 Vgl. Staudinger-Mankowski, Art. 17 EGBGB, Rn. 208.

gebnis kam auch das OLG Frankfurt[714] bei der einseitigen Scheidung auf Verlangen des Mannes. Das Gericht entschied sich zutreffend gegen einen Verstoß gegen den ordre-public-Grundsatz, da im konkreten Fall die Frau mit der Scheidung einverstanden war.[715]

2. Ehegatten sind Doppelstaater

Auf die Scheidung von Ehegatten, die neben der iranischen auch die deutsche Staatsangehörigkeit besitzen und damit Doppelstaater sind, findet das deutsch-iranische Niederlassungsabkommen keine Anwendung. Für die Nichtanwendbarkeit des deutsch-iranischen Niederlassungsabkommens reicht es aus, dass wenigstens ein Ehegatte nicht ausschließlich die iranische Staatsangehörigkeit besitzt.

Aufgrund des Auslandsbezuges ist dann grundsätzlich das anzuwendende Sachrecht den Vorschriften des EGBGB zu entnehmen.

Das Scheidungsstatut ist nach Art. 17 Abs. 1 S. 1 EGBGB zu ermitteln. Danach unterliegt die Scheidung dem Recht, das im Zeitpunkt der Rechtshängigkeit des Scheidungsantrags für die allgemeinen Wirkungen der Ehe maßgebend ist. Mithin erfolgt eine Anknüpfung über das Ehewirkungsstatut nach Art. 14 EGBGB. Allerdings ist zu beachten, den Art. 14 EGBGB so zu lesen, dass der maßgebliche Zeitpunkt der Anknüpfung nicht der Zeitpunkt der Eheschließung, sondern der Zeitpunkt der Rechtshängigkeit des Scheidungsantrages ist.[716]

Haben die Ehegatten also im Zeitpunkt der Rechtshängigkeit des Scheidungsantrages mehrere Staatsangehörigkeiten, so ist Art. 5 EGBGB zu beachten. Dabei ist vor allem Art. 5 Abs. 1 S. 2 EGBGB zu berücksichtigen, wonach bei Mehrstaatern die deutsche Staatsangehörigkeit einen Vorrang genießt.

IV. Sorgerecht

1. Kind hat die iranische Staatsangehörigkeit

Sofern ein Kind die iranische Staatsangehörigkeit besitzt, ist der persönliche Anwendungsbereich des deutsch-iranischen Niederlassungsabkommens eröffnet.

Damit findet bei der Frage, wem das Sorgerecht im Falle der Trennung oder Scheidung zugesprochen wird, ausschließlich iranisches Recht Anwendung.

---

714 OLG Frankfurt, FamRZ 2009, 1504-1505.

715 Vgl. OLG Frankfurt, FamRZ 2009, 1504, 1505.

716 Vgl. Rausch, NJW 1994, 2120, 2123.

Wie bereits erläutert, muss beim Sorgerecht zwischen dem Personen- und dem Vermögenssorgerecht unterschieden werden.

Das iranische Familienrecht differenziert zwischen diesen beiden Rechten und räumt sie den Eltern nicht zu gleichen Teilen ein.

Während das Recht auf Personensorge den Ehegatten bei einer bestehenden Ehe nach § 1168 IZGB gemeinsam zusteht, ist der Vater bzw. der Großvater väterlicherseits des Kindes gemäß §§ 1180, 1181 IZGB Inhaber der Vermögenssorge und kann das Kind in diesen Angelegenheiten gemäß § 1183 IZGB gesetzlich vertreten. Obschon das iranische Familienrecht der Mutter eines Kindes nicht neben dem Vater gleichberechtigt das Vermögenssorgerecht einräumt, ist es hingegen im Falle der Trennung bzw. Scheidung der Ehegatten sehr wohl möglich, dass die Mutter Inhaberin des Personensorgerechts bleibt bzw. dass ihr dieses Recht übertragen wird.

Bei Kindern, die das siebente Lebensjahr noch nicht vollendet haben, bleibt die Mutter Inhaberin des Personensorgerechts. Haben die Kinder das siebente Lebensjahr vollendet, kann das Gericht auf Antrag der Mutter eine Sorgerechtsentscheidung zu ihren Gunsten treffen. Hierbei ermöglicht das iranische Recht seit der Novellierung des § 1169 IZGB im Jahre 2003 die Berücksichtigung des Kindeswohls. Einem iranischen Gericht ist es also keinesfalls verwehrt, im Streitfalle, eine Entscheidung über das Personensorgerecht für das Kind zu Gunsten der Kindesmutter zu treffen.

Beim Vermögenssorgerecht räumt das iranische Recht dem Vater und dem Großvater väterlicherseits zwar einen Vorrang gegenüber der Mutter ein, allerdings kann auch diesen Personen, das Recht auf Vermögenssorge nach § 1184 IZGB entzogen werden, sofern sie Entscheidungen treffen, die mit dem Wohl des Kindes nicht vereinbar sind. Nach §§ 1184, 1185 IZGB muss für das Kind sodann ein Vormund bestellt werden.

Eine unterschiedliche Einräumung der genannten Rechte stellt nach der Auffassung der iranischen Rechtswissenschaft keine bewusste Benachteilung der Mutter gegenüber dem Vater dar, sondern sei eine bewusste Entscheidung des iranischen Gesetzgebers zum Wohle eines Kindes. Da der iranische Gesetzgeber von dem Leitbild des Vaters als Versorger und Ernährer der Familie ausgeht und ihm auch mehr Erfahrungen in vermögensrechtlichen Angelegenheiten einräumt, verleiht er ihm auch mehr Rechte in Bezug auf die Kinder.[717]

Bei der Anwendung der iranischen Sorgerechtsnormen und der Frage nach der Übertragung des Personensorgerechts auf die Kindesmutter dürfen sich die deutschen Gerichte also keineswegs ausschließlich an den starren Altersstufen orientieren. Vielmehr sollten sie, wie es das iranische Recht in § 1169 IZGB

717 Vgl. Katuzian, Familienrecht II, S. 134.

gerade selbst vorsieht, eine Entscheidung unter Berücksichtigung der Interessen des Kindes und der in diesem Zusammenhang entwickelten Prinzipien zum Kindeswohl treffen.

Da es den deutschen Gerichten, wie eben festgestellt, keineswegs verwehrt ist eine Kindeswohlprüfung unter korrekter Anwendung der iranischen Gesetze durchzuführen, müssen die Rechtsanwender „in ihrer Not“ auch nicht vorschnell auf einen Verstoß gegen den ordre-public-Grundsatz zurückgreifen.

Bereits in einer Entscheidung aus dem Jahre 1972 hat sich der BGH[718] mit der Frage beschäftigt, ob es einen Verstoß gegen den ordre-public-Grundsatz darstellt, wenn das Sorgerecht in Vermögenssorge- und Personensorgerecht aufgespalten wird und kam schließlich zum Ergebnis, dass dies auch im Hinblick darauf hinnehmbar sei, dass es „keine unnötige Aufoktroyierung“ des deutschen Rechts geben dürfe.[719]

In die gleiche Richtung ging auch bereits eine noch ältere Entscheidung des BGH[720] aus dem Jahre 1967 zum Interesse eines Ausländers an der Beibehaltung und der Anwendung seines Heimatrechts.

Zuzustimmen ist in diesem Zusammenhang Yassari, die solch eine Argumentation dann als fragwürdig empfindet, wenn sich der Ausländer selbst auf die Grundsätze des deutschen Rechts beruft.[721] Yassari verweist hier auf eine Entscheidung des BGH[722] aus dem Jahre 1992, in welcher sich die Kindesmutter auf die Grundsätze des deutschen Rechts berief.

In dieser Entscheidung ging der BGH auf das Wächteramt des Staates ein, die Pflege und die Erziehung des Kindes zu überwachen sowie das Grundrecht des Kindes auf freie Entfaltung seiner Persönlichkeit zu berücksichtigen.[723]

Ein Jahr später, im Jahre 1993, entschied der BGH[724], dass eine Aufspaltung des Sorgerechts in Vermögens- und Personensorge keineswegs per se mit dem Wohl des Kindes unvereinbar sei.[725] Der BGH bestätigte die Entscheidung des Familiengerichts, wonach der Mutter nur die Personensorge übertragen werden könnte, da die zwingenden Vorschriften des iranischen Rechts keine andere Regelung zuließen. Ebenso verstoße die Anwendung des iranischen Rechts nicht gegen den ordre-public-Grundsatz.[726] Die Entscheidung, der Mutter das Personensorgerecht und

---

718 BGHZ 60, 68-84.
719 Vgl. BGHZ 60, 68, 79.
720 BGHZ 47, 324-339.
721 Vgl. Yassari, RdJB 2006, 197, 202.
722 BGH, FamRZ 1993, 316-318.
723 Vgl. BGH, FamRZ 1993, 316, 317.
724 BGH, NJW-RR 1993, 962-963.
725 Vgl. BGH, NJW-RR 1993, 962, 963.
726 Vgl. BGH, NJW-RR 1993, 962, 962.

dem Vater das Vermögenssorgerecht zu übertragen, sei mit dem Kindeswohl vereinbar gewesen. Im Übrigen sei durch eine solche Entscheidung auch keine Verletzung des Grundsatzes der Gleichberechtigung von Mann und Frau gegeben.[727]

Hingegen hat der BGH[728] einen Verstoß gegen den ordre-public-Grundsatz dann angenommen, wenn die Grundrechte des Kindes bei einem Interessenkonflikt zwischen den Grundrechten der Eltern nicht berücksichtigt werden. Bei einer Entscheidung über die elterliche Sorge nach Scheidung einer Ehe sei daher das Wohl des Kindes ein ausschlaggebendes Kriterium.[729] Hieraus kann daher geschlussfolgert werden, dass das Sorgerecht für das Kind bei Sorgerechtsstreitigkeiten zwischen den ausländischen Eltern grundsätzlich dem Elternteil übertragen wird, der für das Wohl des Kindes am besten Sorge tragen kann. Der BGH hat darauf hingewiesen, dass es hierbei auf die ausländische Staatsangehörigkeit des Kindes nicht ankomme, da das Kind als Person mit einer ausländischen Staatsangehörigkeit Träger des Grundrechts aus Art. 2 Abs. 1 GG sei.[730]

Der vorrangigen Beachtung des Kindeswohls, auch dann, wenn die Beteiligten ausländische Staatsangehörigkeiten besitzen und in Deutschland leben, stimmt auch Spickhoff zu, da es seiner Auffassung nach in erster Linie auf die Interessen der Kinder sowie auf das Kindeswohl und die bestmögliche Entfaltung ihrer Persönlichkeit ankomme. Bestehe also ein Sachgrund für die Ungleichbehandlung der Eltern, weil die Sorgerechtsentscheidung dem Kindeswohl am besten entspricht, dann liegt dadurch keine Verletzung des Art. 6 Abs. 2 GG oder Art. 3 GG vor. Insbesondere kann die Funktion des ordre-public-Grundsatzes nicht „als abstrakte Normenschelte" gegenüber solchen ausländischen Rechtsnormen angewendet werden, die abstrakt gleichheitswidrig sind, weil einem Elternteil das Sorgerecht zugewiesen wird, sofern das konkrete Ergebnis dem Kindeswohl entspricht.[731]

Gleichzeitig hat der BGH in einer oben genannten Entscheidung darauf hingewiesen, dass „in der Verweigerung der Anwendung des Heimatrechts der Beteiligten keine Diskriminierung des iranischen Rechts" liege.[732]

Ebenso bedeute eine Anerkennung des Geltungsanspruchs der Grundrechte keine unzulässige Ausweitung des Geltungsbereichs des Grundgesetzes gegenüber einem fremden Staat.[733]

Es ist aber zu bedenken, dass ein Verstoß gegen den ordre-public-Grundsatz nicht zwangsläufig bedeutet, dass auf den Sachverhalt deutsches Recht Anwendung

727 Vgl. BGH, NJW-RR 1993, 962, 963
728 BGHZ 120, 29-38.
729 Vgl. BGHZ 120, 29, 35.
730 Vgl. BGHZ 120, 29, 35.
731 Vgl. Spickhoff, JZ 1993, 208, 211.
732 Vgl. BGHZ 120, 29, 37.
733 Vgl. BVerfGE 31, 58, 74.

findet. Denn eine bestehende Regelungslücke solle grundsätzlich nach dem iranischen Recht geschlossen werden.[734] Der BGH weist in diesem Zusammenhang z.B. auf die Möglichkeit hin, dem Vater die Vermögenssorge zu belassen und der Mutter die Personensorge sowie das Recht, die Kinder in Unterhaltssachen gegen den Vater zu vertreten, zu übertragen.[735]

Auf eine ähnliche Weise regelte das OLG Koblenz[736] den Sorgerechtsstreit der geschiedenen Eltern und entschied über das Personensorgerecht auf der Grundlage des § 1169 IZGB und unter Berücksichtigung des Kindeswohls.

Schließlich hat das OLG Koblenz[737] in seiner Entscheidung vom ordre-public-Grundsatz des Art. 6 EGBGB Gebrauch gemacht und das Recht der Vertretung in den Angelegenheiten des Unterhalts für ein iranisches Kind der Kindesmutter übertragen. Begründet wurde diese Entscheidung mit der Geburt des Kindes in Deutschland und den Belangen des Kindes, für den Fall, dass es hinsichtlich des Kindesunterhalts zu Streitigkeiten zwischen den Eltern kommen würde.[738]

Ferner wies das OLG Zweibrücken[739] darauf hin, dass ein Verstoß gegen den ordre-public-Grundsatz dann vorliegen könnte, wenn die Anwendung des iranischen Rechts dazu führt, dass eine Person, die das achtzehnte Lebensjahr noch nicht vollendet hat, als voll geschäftsfähig zu behandeln wäre. In solch einem Falle wäre eine Regelung des Sorgerechts nicht entbehrlich.[740]

Bei der Anwendung von Normen, die Männer und Frauen unterschiedlich behandeln und nach deutschen Rechtsmaßstäben gleichheitswidrig sind, kann die Feststellung eines Verstoßes gegen den ordre-public-Grundsatz allerdings nur fallbezogen entschieden werden und ist weniger auf Art. 3 Abs. 2 GG als vielmehr auf das Grundrecht des Kindes (Artt. 2 I, 6 II S. 2 GG) zu stützen. Im Einzelfall bedarf es hierbei einer sorgfältigen Wertungsentscheidung.[741]

Im Rahmen von Sorgerechtsverfahren ist auch immer wieder zu sehen, dass die Eltern um die religiöse Kindererziehung ihrer Kinder prozessieren.

In diesem Zusammenhang entschied das OLG Frankfurt am Main[742] im Jahre 1998, dass es beim alleinigen Sorgerecht der deutschen Kindesmutter bleiben solle, die mit dem islamisch-pakistanischen Vater um das Sorgerecht stritt.

---

734 Vgl. Palandt-Heldrich, Art. 6 EGBGB, Rn.13.
735 Vgl. BGHZ 120, 29, 37, 38.
736 OLG Koblenz, FamRZ 2009, 611-616.
737 OLG Koblenz, FamRZ 2009, 611-616.
738 Vgl. OLG Koblenz, FamRZ 2009, 611, 615.
739 OLG Zweibrücken, FamRZ 2001, 920-922.
740 Vgl. OLG Zweibrücken, FamRZ 2001, 920, 921.
741 Vgl. BGH, FamRZ 1993, 316, 317.
742 OLG Frankfurt am Main, FamRZ 1999,182-182.

Das Gericht sah es für die Kinder als wichtig an, dass sie beide Kulturen und Traditionen kennenlernen. Bezüglich der islamisch-pakistanischen Kultur habe der Vater die Gelegenheit, diese während der Umgangskontakte den Kindern näher zu bringen.

Zwar ist dem Senat darin zuzustimmen, dass es nicht um einen Religionsvergleich, sondern um die Frage geht, bei wem die Kinder am besten aufgehoben seien.[743] Allerdings fällt beim Studieren der Entscheidung auf, dass ein solcher Religionsvergleich dann aber praktisch doch vorgenommen wird, indem das Gericht hervorhebt, dass die Kinder im deutschen Kulturkreis leben und es aus diesem Grunde dem Kindeswohl widerspricht, „wenn sie zu religiös determinierten Verhaltensweisen angehalten werden, die eine Integration in die sozialen und gesellschaftlichen Gegebenheiten am Ort ihres Lebensmittelpunkts eher erschweren."

Dem Gericht ist meiner Auffassung nach insoweit nicht zuzustimmen, dass es eine Art pauschale Kindeswohlgefährdung dann annimmt, wenn es darum geht, welchen religiösen Hintergrund ein Elternteil besitzt und quasi durch das „Hintertürchen" dann doch einen Religionsvergleich durchführt, ohne konkret benennen zu können, worin eine Kindeswohlgefährdung für die Kinder zu sehen ist.

Einen ähnlich gelagerten Fall hat der BGH[744] anders beurteilt: Der BGH musste der Frage nachgehen, inwieweit der Streit der Eltern über die religiöse Kindererziehung des gemeinsamen Kindes die Übertragung des alleinigen Sorgerechts rechtfertigt.

Die Kindesmutter war deutsche Staatsangehörige und katholisch, der Kindesvater pakistanischer Staatsangehöriger und Muslim. Nachdem der Mutter das alleinige Sorgerecht zugesprochen worden war, begehrte der Vater die Beibehaltung des gemeinsamen Sorgerechts. Das OLG Bamberg lehnte das Begehren des Vaters ab und begründete seine Entscheidung damit, dass die Eltern über die religiöse Kindererziehung des Kindes keine Einigung erzielen könnten. Da ethische Wertvorstellungen zu der charakteristischen Entwicklung des Kindes beitrügen, sei es erforderlich, dass das Kind in diesem Bereich eine Orientierung bekomme. Die Übertragung des alleinigen Sorgerechts auf die Mutter begründete das Gericht damit, dass das Kind in einem christlich geprägten Umfeld aufwachse und auch ein weiteres Kind der Mutter aus erster Ehe katholischen Glaubens sei.[745]

Nach Prüfung der Sachlage kam der BGH allerdings zu dem Ergebnis, dass das Oberlandesgericht keine konkreten Tatsachen festgestellt hat, die eine solche Sorgerechtsentscheidung rechtfertigen würden. Insbesondere sei auch bei Meinungsverschiedenheiten der Eltern über die religiöse Kindererziehung des Kindes

743 Vgl. OLG Frankfurt am Main, FamRZ 1999,182, 182.

744 BGH, FamRZ 2005, 1167-1168.

745 Vgl. BGH, FamRZ 2005, 1167, 1167.

die Alleinsorge der Mutter nicht per se die für das Kindeswohl beste Lösung. Insbesondere sei nicht ersichtlich, dass der Vater sich der Integration des Kindes in seine christliche Umgebung widersetze. Auch im Hinblick auf die religiöse Erziehung des Geschwisterkindes sei eine andere Entscheidung nicht gerechtfertigt.[746]

2. Kind ist Doppelstaater

Hat ein Kind sowohl die deutsche als auch die iranische Staatsangehörigkeit, so finden im Rahmen der Sorgerechtsentscheidung ausschließlich die deutschen Sorgerechtsvorschriften Anwendung. Dies ergibt sich aus Art. 5 Abs. 1 S. 2 EGBGB, wonach bei Personen, die neben der deutschen Staatsangehörigkeit auch eine weitere ausländische Staatsangehörigkeit besitzen, stets die deutsche Rechtsstellung einen Vorrang genießt.

V. Versorgungsausgleich

1. Ehegatten sind iranische Staatsangehörige

Das iranische Familienrecht kennt im Zuge einer Ehescheidung keinen Versorgungsausgleich.

Folglich stellt sich also die Frage nach der Durchführung eines Versorgungsausgleichs, wenn die Ehegatten in Deutschland leben und Versorgungsanwartschaften erworben haben, jedoch iranische Staatsangehörige sind.

In einem vom BGH[747] im Jahre 2005 zu entscheidenden Fall hat sich das Gericht mit dieser Frage auseinandergesetzt.

Um in Deutschland, bei einem Fall mit Auslandsbezug, die Frage nach dem anwendbaren Recht beantworten zu können, helfen dem Rechtsanwender die deutschen Kollisionsnormen des EGBGB.

Grundsätzlich unterliegt die Durchführung eines Versorgungsausgleichs nach Art. 17 Abs. 3 S. 1 Halbs. 1 EGBGB dem nach Art. 17 Abs. 1 S. 1 EGBGB anzuwendenden Recht. Gemäß Art. 17 Abs. 1 S.1 EGBGB richtet sich dieses wiederum nach dem Recht, „das im Zeitpunkt des Eintritts der Rechtshängigkeit des Scheidungsantrags für die allgemeinen Wirkungen der Ehe maßgebend ist“. Nach Art. 14 Abs. 1 Nr. 1 EGBGB unterliegen die allgemeinen Wirkungen der Ehe „dem Recht des Staates, dem beide Ehegatten angehören oder während der Ehe zuletzt angehörten, wenn einer von ihnen diesem Staat noch angehört.“

746 Vgl. BGH, FamRZ 2005, 1167, 1168.
747 BGH, NJW-RR 2005, 1449-1450.

Allerdings steht in Art. 17 Abs. 3 S. 1 Halbs. 2 EGBGB, dass ein Versorgungsausgleich nur dann von Amts wegen durchgeführt werden soll, wenn deutsches Recht Anwendung findet. Sollten beide Ehegatten iranische Staatsangehörige sein, so würde die Scheidung ausschließlich dem iranischen Recht unterliegen und für die Durchführung des Versorgungsausgleichs wäre nicht deutsches Recht, sondern iranisches Recht anwendbar. Zwar bestimmt Art. 17 Abs. 3 S. 2 Nr. 1 EGBGB, dass ein Ehegatte einen Antrag auf Durchführung des Versorgungsausgleichs nach deutschem Recht stellen kann, „wenn der andere Ehegatte in der Ehezeit eine inländische Versorgungsanwartschaft erworben hat". Diese Konstruktion kann iranischen Staatsangehörigen allerdings nicht zur Durchführung eines Versorgungsausgleichs verhelfen.

In einem solchen Fall steht wiederum Art. 3 Abs. 2 EGBGB wegen des Vorrangs eines völkerrechtlichen Vertrages – hier das deutsch-iranische Niederlassungsabkommen – der Anwendbarkeit der Vorschriften des Art. 17 Abs. 3 S. 2 EGBGB und damit der Durchführung eines Versorgungsausgleichs entgegen. Dies hat der BGH auch bestätigt und ausdrücklich darauf hingewiesen, dass zwischen iranischen Staatsangehörigen gem. Art. 8 Abs. 3 des deutsch-iranischen Niederlassungsabkommens ein Versorgungsausgleich auch dann nicht durchgeführt werden darf, wenn der Ehegatte während der Ehezeit in Deutschland Versorgungsanrechte erworben hat. Damit findet auf solche Fälle Art. 17 Abs. 3 S. 2 EGBGB keine Anwendung.[748]

Der BGH hat in seiner Entscheidung insbesondere darauf hingewiesen, dass dies kein Verstoß gegen den ordre-public-Grundsatz sei.[749]

2. Ehegatten sind Doppelstaater

Sind die Ehegatten Doppelstaater, so findet das deutsch-iranische Niederlassungsabkommen keine Anwendung.

Für das Scheidungsstatut ist Art. 17 EGBGB zu beachten. Mithin ist der Versorgungsausgleich nach Art. 17 Abs. 3 S. 1 EGBGB von Amts wegen durchzuführen.[750]

---

748 Vgl. BGH, NJW-RR 2005, 1449, 1449.

749 Vgl. BGH, NJW-RR 2005, 1449, 1450.

750 Vgl. Rausch, NJW 1994, 2120, 2123, 2124.

VI. Unterhaltsrecht

Da die Geltendmachung eines Anspruchs auf Unterhalt nach dem deutsch-iranischen Niederlassungsabkommen zu den „anderen Angelegenheiten des Familienrechts" im Sinne des Schlussprotokolls zu Art. 8 Abs. 3 des Abkommens gehört, bestimmt sich auch die Geltendmachung von Unterhalt nach iranischem Sachrecht.[751]

Mithin betrifft dies bei iranischen Staatsangehörigen sowohl den Kindesunterhalt als auch den befristeten nachehelichen Ehegattenunterhalt.

Für den im Rahmen einer Ehescheidung von iranischen Ehegatten geltend gemachten Anspruch der Frau auf nachehelichen Unterhalt gegen den Mann bedeutet dies, dass die Frau grundsätzlich nach iranischem Recht einen Anspruch auf nachehelichen Unterhalt für die Zeit von drei Monaten nach Rechtskraft der Scheidung hat. Darüberhinaus ist der Mann der Frau nach iranischem Recht nicht zur Zahlung von nachehelichem Unterhalt verpflichtet.

Das OLG Zweibrücken[752] entschied jedoch, dass dieses Ergebnis mit der öffentlichen Ordnung nicht vereinbar sei und sprach der Frau und Kindesmutter Unterhalt für die Betreuung des gemeinschaftlichen Kindes zu. Dies wurde damit begründet, dass die Frau anderenfalls ihrer Elternpflicht nicht ohne Vernachlässigung nachkommen könne. Gleichzeitig wies das Gericht aber darauf hin, dass Art. 6 EGBGB als Ausnahmevorschrift eng auszulegen sei und es bezwecken solle, dass besondere Härten vermieden werden.[753]

Ferner sei die Kindesmutter verpflichtet, sich um „jede allgemein zumutbare Tätigkeit" zu bemühen. Insbesondere sei ihr neben der Betreuung des Kindes die Aufnahme einer Teilzeit-Tätigkeit zuzumuten.[754]

In einem jüngst vom OLG Celle[755] zu entscheidenden Fall berief sich die Kindesmutter ebenfalls auf einen Verstoß gegen den ordre-public-Grundsatz, soweit ihr nachehelicher Unterhalt wegen der Betreuung eines gemeinsamen Kindes versagt werden sollte.[756] Das Gericht stellte in diesem Fall jedoch fest, dass sich die Frau nicht mit Erfolg auf einen Verstoß gegen den ordre-public-Grundsatz berufen konnte.[757] Es wies darauf hin, dass inzwischen auch das deutsche Unterhaltsrecht nach Ablauf eines Zeitraums von drei Jahren, nur unter

---

751 Vgl. Staudinger-Mankowski, Anhang zu Art. 18 EGBGB, Rn. 18.

752 OLG Zweibrücken, FamRZ 2001, 920-922.

753 Vgl. OLG Zweibrücken, FamRZ 2001, 920, 921, 922.

754 Vgl. OLG Zweibrücken, FamRZ 2001, 920, 922.

755 Vgl. OLG Celle, Beschluss v. 15.08.2011, AZ: 10 WF 73/11 aus Juris.

756 Vgl. OLG Celle, Beschluss v. 15.08.2011, AZ: 10 WF 73/11 aus Juris, Rn. 6.

757 Vgl. OLG Celle, Beschluss v. 15.08.2011, AZ: 10 WF 73/11 aus Juris, Rn. 33.

bestimmten kind- oder elternbezogenen Umständen einen Betreuungsunterhalt vorsieht.[758]

VII. Die Geltendmachung der Brautgabe vor deutschen Gerichten

In der Praxis der deutschen Gerichte kommt es immer häufiger vor, dass sich diese mit der Geltendmachung eines dem deutschen Recht unbekannten ausländischen Rechtsinstituts – dem Brautgabeversprechen – befassen müssen. Dieses „juristische Kuckucksei aus dem Morgenland[759]“, dass in der deutschen Rechtsprechung und Literatur auch unter den Begriffen „Morgengabe“, „Mahr“, „Mehriye“ oder „Brautgeld“ zu finden ist, kann dem Koran aus Sure 4, Vers 4[760] entnommen werden. Yassari bezeichnet sie neben der Verstoßungsscheidung als „das prominenteste islamische Rechtsinstitut“ vor den hiesigen Gerichten.[761]

Wurmnest unterscheidet hierbei zwischen der „Morgengabe“ und der „Brautgabe“, wobei er die letztere mit der „Mahr“ gleichsetzt. Nach seiner Auffassung sei die Bezeichnung der „Brautgabe“ als „Morgengabe“ im deutschsprachigen Raum nicht präzise genug. Er führt aus, dass der Rechtsbegriff der „Morgengabe“ in § 1232 a.F. des österreichischen ABGB als „Geschenk, welches der Mann seiner Gattin am ersten Morgen zu geben verspricht“ definiert wird. Die Morgengabe sei damit eine freiwillige Leistung des Ehegatten an die Ehefrau nach Vollzug der Ehe.[762]

Die „Brautgabe“ wiederum definiert Wurmnest als einen von den Ehegatten vereinbarten Vermögenswert, welchen der Ehemann seiner Ehefrau entweder zum Zeitpunkt der Eheschließung oder zu einem späteren Zeitpunkt zahlen muss.[763]

Die „Mahr“ ist auch keine freiwillige Leistung des Ehemannes an seine Ehefrau, sondern ein elementarer Bestandteil jeder islamischen Eheschließung.[764]

Andere wiederum sprachen der „Mahr“ eine ähnliche Funktion zu wie die eines Zugewinnausgleichs im deutschen Recht.[765] Dem könne aber aus dem Grunde nicht zugestimmt werden, da die Brautgabe im Gegensatz zu einem Anspruch

758 Vgl. OLG Celle, Beschluss v. 15.08.2011, AZ: 10 WF 73/11 aus Juris, Rn. 36.
759 Vgl. Heldrich, IPRax 1983, 64, 64.
760 Vgl. Der Koran, Aus dem Arabischen übersetzt von Max Henning, S. 69.
761 Vgl. Yassari, StAZ 2009, 366, 366.
762 Vgl. Wurmnest, FamRZ 2005, 1878, 1878 (Fußnote 1).
763 Vgl. Wurmnest, FamRZ 2005, 1878, 1878.
764 Vgl. Yassari, StAZ 2003, 198, 199.
765 Vgl. Krüger, FamRZ 1977, 114, 116.

auf Zugewinn unabhängig von einer Vermögensentwicklung der Ehegatten während der Ehe sei und zudem regelmäßig bereits bei der Eheschließung betragsmäßig unter Zugrundelegung der vorehelichen Verhältnisse festgelegt werde. Insbesondere sei sie gerade auch dann geschuldet, wenn der Mann während der Ehezeit überhaupt keinen Zugewinn erziele.[766]

Das OLG Hamburg[767] hat in seiner Entscheidung die Morgengabe[768] als Preis für ein „quasi dingliches Recht auf ehelichen Verkehr"[769] bezeichnet. Diese Einordnung der Brautgabe vermag nicht zu überzeugen. Dieser Einordnung steht vor allem § 1092 IZGB entgegen. Hiernach kann die Frau im Falle einer Scheidung, auch ohne einen vollzogenen Geschlechtsverkehr zwischen den Eheleuten, die Hälfte der Brautgabe verlangen.[770]

Die Formulierung des OLG Hamburg ist auch aus dem Grunde unglücklich, da sie ein in einer fremden Rechtsordnung traditionell übliches und gängiges Rechtsinstitut auf die sexuelle Ebene reduziert und andere, auch in der heutigen Zeit, damit verbundene wichtige Zwecke fremder Gesellschafts- und Rechtsordnungen dabei außer Acht lässt.

Auch nach der Auffassung von Wurmnest sei die Auffassung des OLG Hamburg nicht zutreffend.[771] Er stellt es in Frage, dass der Sinn und Zweck des Brautgabeversprechens mitunter darin gesehen wird, der Frau eine Gegenleistung für die geschlechtliche Hingabe und den Gehorsam zu geben.[772]

Zuzustimmen ist Yassari, die den primären Zweck der Brautgabe in der heutigen Zeit vielmehr in der finanziellen Absicherung der Ehefrau für den Zeitraum nach der Beendigung der Ehe sieht.[773]

Auch nach Ülker liege der Grund für die Zahlung einer Brautgabe nicht nur in der geschlechtlichen Hingabe, sondern ebenfalls in der finanziellen Absicherung der Frau. Insbesondere sei der Sinn und Zweck dieses Zahlungsversprechens darin zu sehen, der Frau eine Teilhabe am Güterstand des Ehemannes während der Ehe zu sichern sowie ihr auch nach dem Ende der Ehe durch Tod oder Scheidung eine finanzielle Absicherung zu geben.[774]

Ülker sieht vor allem in den Ländern eine große Bedeutung der Brautgabe, in denen sich islamisches und weltliches Recht entsprechen. Insbesondere sei es

---

766 Vgl. Kotzur, S. 153, 154.
767 OLG Hamburg, FamRZ 2004, 459-461.
768 Hiermit meinte das OLG die Brautgabe.
769 Vgl. OLG Hamburg, FamRZ 2004, 459, 459.
770 Vgl. Safa'i/Emami, Grundriss Familienrecht, S. 161.
771 Vgl. Wurmnest, FamRZ 2005, 1878, 1879.
772 Vgl. Wurmnest, RabelsZ 2007, 527, 540.
773 Vgl. Yassari, StAZ 2003, 198, 199.
774 Vgl. Ülker, FamFR 2010, 7, 9.

nach ihrer Auffassung mit dem islamischen Recht nicht vereinbar, wenn eine Muslimin, welche die Ehe nach deutschem Recht eingeht und deren Ehe nach deutschem Recht geschieden wird, eine Brautgabe verlangen kann, wenn sie bereits Ansprüche auf Zugewinnausgleich und nachehelichem Unterhalt nach dem deutschen Recht hat. Eine andere Sichtweise sei dann eine „Be- bzw. Ausnutzung des islamischen Rechts“.[775]

Auch die iranische Rechtswissenschaft beschäftigt sich mit dem Sinn und Zweck eines Brautgabeversprechens. So wird unter anderem angeführt, dass eine solche Zahlung zum einen den Zweck erfülle, der Ehefrau einen Ausgleich für ein vermindertes Erbrecht gegenüber ihrem Ehemann zu geben. Zum anderen sei ein solches Zahlungsversprechen gleichfalls ein Zeichen des Respekts des Ehemannes an die Ehefrau. Bei der Zahlung einer Brautgabe gehe es also keinesfalls um eine Art Kaufpreis der Frau, den der Mann im Rahmen einer Eheschließung zahlen müsse. Dies begründe sich insbesondere damit, dass ein Mensch niemals ein Rechtsobjekt sein könne, sondern stets Rechtssubjekt und damit Träger von Rechten und Pflichten.[776]

In der Vergangenheit war die Qualifikation der Brautgabe in Rechtsprechung und Literatur lange Zeit umstritten.

Während die Brautgabe je nach Fall mal güterrechtlich[777], mal unterhaltsrechtlich[778] oder auch mal sowohl unterhaltsrechtlich als auch güterrechtlich eingeordnet wurde[779], hat der BGH[780] nun klarstellend entschieden, dass der Anspruch auf eine Brautgabe als eine allgemeine Wirkung der Ehe zu qualifizieren ist und daher nach Art. 14 EGBGB beurteilt wird, obwohl die Brautgabe je nach Fall Berührungspunkte mit dem Unterhaltsrecht, dem Ehegüterrecht, dem Scheidungs- und dem Erbrecht aufweist. Der BGH machte ferner deutlich, dass insbesondere der Umstand, dass die Zahlung der Brautgabe keine Bedürftigkeit der Ehefrau voraussetzt, gerade gegen eine ausschließlich unterhaltsrechtliche Qualifikation der Brautgabe spreche. Ferner sei gegen eine güterrechtliche Zuordnung anzuführen, dass die Verpflichtung der Zahlung einer Brautgabe keinen Güterstand begründe.[781]

Hingegen hatte der BGH in der Vergangenheit stets die Frage offengelassen, wie die Brautgabe abschließend zu qualifizieren ist.

---

775 Vgl. Ülker, FamFR 2010, 7, 10.
776 Vgl. Safa'i/Emami, Grundriss Familienrecht, S. 147.
777 Vgl. Krüger, FamRZ 1977, 114, 115, 116; vgl. OLG Bremen, FamRZ 1980, 606, 607.
778 Vgl. KG, FamRZ 1980, 470, 471.
779 Vgl. OLG Köln, IPRax 1983, 73, 73.
780 BGHZ 183, 287-299.
781 Vgl. BGHZ 183, 287, 291, 292.

In dem vom BGH im Jahre 2009 zu entscheidenden Fall waren die Eheleute bei Eheschließung iranische Staatsangehörige. Zum Zeitpunkt der Scheidung der Ehe hatten sie aber die deutsche Staatsangehörigkeit erworben, so dass auf die Scheidung deutsches Recht Anwendung fand. Nunmehr verlangte die Frau vom Mann die Zahlung eines Geldbetrages als Brautgabe und es stellte sich die Frage nach dem anwendbaren Sachrecht. Da der BGH die Brautgabe als allgemeine Wirkung der Ehe qualifizierte, kam es zu der Anwendung des deutschen Rechts. Nach der Auffassung des BGH sei dies für den geschilderten Fall auch aus dem Grunde zu bevorzugen, da beide Ehegatten aufgrund eines gemeinsamen Entschlusses ihr früheres soziales und rechtliches Umfeld verlassen und nunmehr die deutsche Staatsangehörigkeit erworben hatten. Aus diesen Gründen sei „eine die gewandelten Lebensumstände berücksichtigende Anknüpfung“ zu bevorzugen.[782] Damit qualifizierte der BGH die Brautgabe entsprechend Art. 14 Abs. 1 EGBGB nach deutschem Sachrecht als ehevertragliche Zusage des Mannes auf Zahlung eines Geldbetrages.[783] Im Übrigen sei eine Inflationsbereinigung wegen der iranischen Geldentwertung nicht möglich, da für eine solche Vertragsauslegung die nach deutschem Recht erforderlichen Voraussetzungen nicht gegeben waren.[784]

Auch vor den deutschen Oberlandesgerichten machte die Geltendmachung der Brautgabe nicht halt.

Das OLG Stuttgart[785] hat in einer Entscheidung die Brautgabe als allgemeine Ehewirkung unter Art. 14 EGBGB qualifiziert und kam damit zur Anwendung des iranischen Rechts, da beide Ehegatten zum Zeitpunkt der Eheschließung iranische Staatsangehörige waren. Allerdings übersah es das OLG, dass auf den zu beurteilenden Fall vorrangig die Vorschriften des deutsch-iranischen Niederlassungsabkommens Anwendung fanden und eben nicht die Vorschrift des Art. 14 EGBGB.[786] Im Ergebnis kam es aber zur richtigen Anwendung des iranischen Sachrechts.

Auch das OLG Köln[787] hat im Jahre 2006 festgestellt, dass es sich bei einer Brautgabe um eine Ehewirkung im Sinne des Art. 14 EGBGB handele.[788] Die Ehegatten waren bei der Eheschließung im Iran iranische Staatsangehörige. Der Mann erwarb dann später aber die deutsche Staatsangehörigkeit. Das Gericht stellte fest, dass sich die Verpflichtung zur Zahlung der Brautgabe trotzdem nach iranischem Recht richte. Die Einordnung einer Brautgabe bestimme sich nämlich

---

782 Vgl. BGHZ 183, 287, 295.

783 Vgl. BGHZ 183, 287, 296.

784 Vgl. BGHZ 183, 287, 296, 297.

785 OLG Stuttgart, FuR 2009, 231-232.

786 Vgl. Rauscher/Pabst, NJW 2009, 3614, 3615.

787 OLG Köln, FamRZ 2006, 1380-1383.

788 Vgl. OLG Köln, FamRZ 2006, 1380, 1381.

nach dem Ehewirkungsstatut und im Scheidungsfall entsprechend nach dem Scheidungsstatut.[789] Dies bedeutete für den zu entscheidenden Fall, dass trotz eines Wechsels der Staatsangehörigkeit des Mannes nach Art. 14 Abs. 1 Nr. 1 EGBGB für die Beurteilung des Falles an das frühere gemeinsame Heimatrecht, also das iranische Recht, angeknüpft wurde.[790]

Die Anknüpfung an das gemeinsame Heimatrecht hat auch das OLG Celle[791] im Jahre 2011 angenommen. Das Gericht knüpfte trotz zwischenzeitlichen Erwerbs der deutschen Staatsangehörigkeit eines Ehegatten an die frühere gemeinsame iranische Staatsangehörigkeit der Ehegatten an.[792]

In der oben genannten Entscheidung des OLG Stuttgart hat dieses in der Sache entschieden, dass ein Anspruch auf die Brautgabe stets in vollem Umfang bestehe, wenn kein Fall einer sog. „Loskaufscheidung“ oder einer einverständlichen Scheidung vorliege.[793]

In dem zu entscheidenden Fall waren die Beteiligten im Iran die Ehe miteinander eingegangen und hatten anlässlich der Eheschließung in der Heiratsurkunde eine schriftliche Vereinbarung darüber geschlossen, dass der Mann an die Frau anlässlich der Scheidung der Ehe eine bestimmte Anzahl von Goldmünzen als Brautgabe zahlt. Auf die Klage der Frau auf Zahlung der Brautgabe verurteilte das Familiengericht den Beklagten. Die gegen diese Entscheidung gerichtete Berufung des Mannes blieb erfolglos. Zur Begründung der Berufung hatte der Mann angeführt, dass die Frau den Anspruch auf die Zahlung der Brautgabe dadurch verwirkt habe, dass sie den Scheidungsantrag stellte.

Eine sog. „Loskaufscheidung“ lag nach der Auffassung des OLG aber gerade nicht vor, da die Frau ehevertraglich berechtigt war, die Scheidung zu beantragen.[794]

Bereits in einer Entscheidung aus dem Jahre 1987 hatte der BGH[795] die Frage nach der Einordnung des Rechtsinstituts der Brautgabe offen gelassen. Die international-privatrechtliche Einordnung der Brautgabe stoße auf Schwierigkeiten, da diese „ein eigenwilliges Rechtsinstitut“ sei und das deutsche Recht „kein unmittelbar passendes Gegenstück“ bereithalte.[796]

In dieser Entscheidung hat der BGH die Vereinbarung einer Brautgabe nicht nur als eine Unterhaltsabfindung zwischen den Ehegatten qualifiziert, er hat insbesondere auch entschieden, dass bei einer kurzen Ehedauer nach § 1579

789 Vgl. OLG Köln, FamRZ 2006, 1380, 1381.
790 Vgl. OLG Köln, FamRZ 2006, 1380, 1381 f.
791 Vgl. OLG Celle, Beschluss v. 15.08.2011, AZ: 10 WF 73/11 aus Juris.
792 Vgl. OLG Celle, Beschluss v. 15.08.2011, AZ: 10 WF 73/11 aus Juris Rn. 14, 16.
793 Vgl. OLG Stuttgart, FuR 2009, 231, 231.
794 Vgl. OLG Stuttgart, FuR 2009, 231, 232.
795 BGH, FamRZ 1987, 463-466.
796 Vgl. BGH, FamRZ 1987, 463, 463.

Nr. 1 BGB in Verbindung mit den Grundsätzen der Störung der Geschäftsgrundlage eine Herabsetzung des Anspruchs geboten sei.[797] Diese Sichtweise wurde von Wurmnest bereits als „sehr fraglich" beurteilt. Denn beabsichtigen die Eheleute zum Zeitpunkt der Eheschließung nach Deutschland zu ziehen oder besitzt einer der Ehegatten die deutsche Staatsangehörigkeit, könne wohl nicht angenommen werden, dass die Ehefrau mit Annahme des Brautgabeversprechens auf Ansprüche nach dem deutschen Unterhaltsrecht verzichtet. Dem stehe es nach Wurmnest insbesondere auch dann nicht entgegen, wenn beide Ehegatten aus islamischen Staaten stammen und die Ehe im Ausland geschlossen worden ist. Wurmnest begründet diesen Ansatz richtigerweise damit, dass in den islamisch geprägten Rechtsordnungen der Anspruch auf die Zahlung der Brautgabe gerade neben dem Anspruch auf Unterhalt besteht.[798] Ferner entschied der BGH[799], dass allein in der Vereinbarung einer Abfindungssumme von 100.000 DM für den Fall, dass der Ehemann die Scheidung beantragen sollte, keine Sittenwidrigkeit zu sehen sei.

Um eine Sittenwidrigkeit annehmen zu können, müssen noch weitere Umstände hinzutreten, die einer Vereinbarung „ein anstößiges Gepräge" geben.[800] Auch die Durchführung eines Zugewinnausgleichs sei zu prüfen. Eine Brautgabe-Vereinbarung schließe daher per se nicht aus, dass die Ehefrau die Brautgabe neben einem ihr gesetzlich zustehenden Zugewinnausgleich verlangen könne.[801] Eine Anrechnung der Brautgabe auf die Ausgleichsforderung nach § 1380 BGB als Vorausempfang sei hingegen möglich.[802]

VIII. Welches Recht findet bei einem Statutenwechsel Anwendung?

In den letzten Jahren wurden immer mehr ausländische Staatsangehörige eingebürgert. Während sich im Jahre 2009 die Zahl der Einbürgerungen auf 96.122[803] belief, stieg die Zahl der eingebürgerten Personen im Jahre 2010 auf 101.570[804],

797 Vgl. BGH, FamRZ 1987, 463, 466.

798 Vgl. Wurmnest, FamRZ 2005, 1878, 1880.

799 BGH, FamRZ 1990, 372-374.

800 Vgl. BGH, FamRZ 1990, 372, 373.

801 Vgl. BGH, FamRZ 1987, 463, 465.

802 Vgl. Wurmnest, FamRZ 2005, 1878, 1881; Henrich, FS Sonnenberger 2004, 389, 395.

803 http://www.destatis.de/jetspeed/portal/cms/Sites/destatis/Internet/DE/Navigation/Statistiken/Bevoelkerung/MigrationIntegration/Eingebuergerte/Eingebuergerte.psml (zuletzt aufgerufen am 14.12.2011).

804 http://www.destatis.de/jetspeed/portal/cms/Sites/destatis/Internet/DE/Navigation/Statistiken/Bevoelkerung/MigrationIntegration/Eingebuergerte/Eingebuergerte.psml (zuletzt aufgerufen am 14.12.2011).

wovon eine Zahl von 3.046[805] Personen auf iranische Staatsangehörige entfiel. Dies wirft die Frage auf, welche Auswirkungen die Änderung der Staatsangehörigkeit, also ein Statutenwechsel für die Anwendbarkeit des ausländischen Rechts hat. Anschaulich möchte ich dies anhand einer Entscheidung des OLG Zweibrücken[806] aus dem Jahre 2007 darstellen.

Bei der Beurteilung, welches Recht bei einem Statutenwechsel Anwendung finden soll, wird zwischen abgeschlossenen Tatbeständen sowie unvollständigen bzw. noch nicht erledigten Tatbeständen und den Dauertatbeständen differenziert. Bei noch nicht erledigten Tatbeständen und den Dauertatbeständen sollen die nach dem Statutenwechsel eintretenden Rechtswirkungen nach dem neuen Recht beurteilt werden. Hingegen soll bei den abgeschlossenen Tatbeständen das Recht maßgebend sein, das zur Zeit der Verwirklichung des Tatbestandes galt.[807] Damit hat ein Statutenwechsel grundsätzliche ex-nunc-Wirkung und das neue Statut gilt für die Zukunft.[808]

Bei einem Staatsangehörigkeitswechsel von Ehegatten, etwa wenn diese einen Antrag auf Einbürgerung stellen, ist der maßgebliche Zeitpunkt für den Statutenwechsel „die Veränderung des Anknüpfungsmerkmals in der Person des zweiten Ehegatten".[809]

Also erst mit dem Staatsangehörigkeitswechsel des zweiten Ehegatten findet deutsches Recht Anwendung. Bis dahin ist die frühere gemeinsame Staatsangehörigkeit maßgeblich.

Relevant wurde ein solcher Statutenwechsel bei der Geltendmachung des Anspruchs auf Zahlung einer Brautgabe in einer Entscheidung des OLG Zweibrücken[810].

In dem zu entscheidenden Fall waren die Ehegatten zum Zeitpunkt der Eheschließung im Iran iranische Staatsangehörige und haben im Laufe des Scheidungsverfahrens in Deutschland nacheinander die deutsche Staatsangehörigkeit erworben – der Ehemann am 16.01.2002 und die Ehefrau am 16.01.2003.

Ein Statutenwechsel kam damit erst mit der letzten Einbürgerung, also derjenigen der Ehefrau in Betracht.[811]

---

805 http://www.destatis.de/jetspeed/portal/cms/Sites/destatis/Internet/DE/Content/Statistiken/Bevoelkerung/MigrationIntegration/Eingebuergerte/Tabellen/Content75/StaatsangehoerigkeitEinbuergerungen,templateId=renderPrint.psml (zuletzt aufgerufen am 14.12.2011).

806 OLG Zweibrücken, FamRZ 2007, 1555-1558.

807 Vgl. BGHZ 63, 107, 111.

808 Vgl. Staudinger-Mankowski, Art. 14 EGBGB, Rn. 109.

809 Vgl. Staudinger-Mankowski, Art. 14 EGBGB, Rn. 110.

810 OLG Zweibrücken, FamRZ 2007, 1555-1558.

811 Vgl. OLG Zweibrücken, FamRZ 2007, 1555, 1557.

Die Frau begehrte im Wege der Berufung die Herausgabe der vereinbarten Brautgabe von 1.000 Goldmünzen, *sekkeh bahār-e āzādi*, aufgrund einer öffentlichen Urkunde nach § 1287 IZGB. Der Mann berief sich auf einen schriftlichen Verzicht der Frau auf die Zahlung der Brautgabe, die auf den 16.09.2002 datiert war. Die Frau räumte ein, einen schriftlichen Verzicht abgegeben zu haben, allerdings habe sie dies nicht freiwillig getan, sondern sei vielmehr von ihrem Ehemann hierzu genötigt worden.

Es stellte sich daher die Frage nach der Wirksamkeit der Verzichtserklärung.

Da aufgrund des noch nicht erfolgten Statutenwechsels hinsichtlich der Beurteilung des, möglicherweise unter Zwang, abgegebenen Verzichts iranisches Recht Anwendung fand, oblag die Beweislast dem Mann. Er hatte zu beweisen, dass die privatschriftliche Verzichtserklärung der Frau freiwillig abgegeben worden ist. Denn nach § 1291 IZGB konnte sich der Mann nur dann mit Erfolg gegen die Rechtswirkungen der öffentlichen Urkunde berufen, wenn er Beweis dafür erbringen konnte, dass die Frau diese Erklärung freiwillig abgegeben hatte. Da ihm dies nicht gelang, stellte das OLG Zweibrücken unter korrekter Anwendung des iranischen Rechts fest, dass die Berufung der Frau begründet war und ihr ein Anspruch auf Zahlung der Brautgabe in der vereinbarten Höhe zustand.

IX. Strafrecht

Im Zusammenhang mit Sorgerechtsstreitigkeiten zwischen der Mutter und dem Vater eines Kindes dürfen auch mögliche strafrechtliche Aspekte nicht unberücksichtigt bleiben. Aus diesem Grunde möchte ich in diesem Zusammenhang kurz auf eine Entscheidung des BGH[812] eingehen. In diesem Fall entschied der BGH, dass sich ein Vater auch dann gemäß § 235 StGB wegen Entziehung Minderjähriger strafbar macht, wenn er das alleinige Sorgerecht besitzt und der Mutter lediglich das Umgangsrecht zusteht.

Der BGH führte aus, dass angesichts von sich häufenden Kindesentführungen ins Ausland, gerade bei Ehegatten, die verschiedener Nationalität sind, „ein unabweisbares kriminalpolitisches Bedürfnis, das natürliche Elternrecht nach wie vor umfassend strafrechtlich zu schützen“ bestehe. Insbesondere wies der BGH darauf hin, dass hierbei familienrechtliche Sanktionen, die verhängt werden könnten, nicht ausreichend seien. Der Schutzzweck des § 235 StGB sei daher weit auszulegen, um zu verhindern, dass Kinder ins Ausland entführt werden.[813]

812 BGH, NJW 1999, 1344-1346.
813 Vgl. BGH, NJW 1999, 1344, 1345.

T. Stellungnahme

Der Iran ist ein vielschichtiger Staat mit Menschen aus den verschiedensten gesellschaftlichen und akademischen Schichten. Religion und Tradition spielen im alltäglichen Leben des überwiegenden Teils der Iraner eine zentrale Rolle. In der iranischen Gesellschaft wird den Institutionen der Ehe und Familie eine überragende Bedeutung beigemessen.

Trotz dieses besonderen Stellenwerts von Ehe und Familie musste bereits Yassari im Jahre 2003 feststellen, dass der Informationsstand der Menschen im Iran über die Rechtslage im Familien- und Erbrecht sehr gering ist.[814] Diese Einschätzung deckt sich mit den Erfahrungen, die ich während meiner Forschungsreise in den Iran im Jahre 2009 gemacht habe. Die Menschen, mit denen ich in Kontakt gekommen bin, hatten weit überwiegend wenige bis keine Vorstellungen davon, was sie etwa während eines familienrechtlichen Verfahrens erwartet.

Aber auch in der „westlichen Welt" haben die Menschen kaum Kenntnisse über das iranische Recht und den Iran im Allgemeinen. Viele Menschen assoziieren mit dem iranischen Recht ausschließlich Schlagwörter wie, „Steinigung", „Scharia" und „Gottesrecht". Sie verbinden mit dem iranischen Recht vordergründig ein Mannesrecht, welches Rechte ausschließlich den Männern der Gesellschaft einräumt und die Frauen auf diese Weise benachteiligt.

Dieses Bild ist indes sehr einseitig und reduziert die Lebensweise der Menschen im Iran unangemessen. Vielmehr werden auf diese Weise die positiven Aspekte ausgeblendet und die vielen zu befürwortenden Entwicklungen nicht hinreichend honoriert.

Aus den vielen Gesprächen etwa, die ich im Iran mit den unterschiedlichsten Menschen geführt habe, kann ich Parhisi darin nur zustimmen, wenn sie sagt, dass heute, selbst innerhalb religiöser Familien, der Bildung für Mädchen große Bedeutung zukommt.[815] Aus meinen Erfahrungen kann ich berichten, dass dies nicht lediglich eine Schulbildung, sondern insbesondere auch eine akademische Ausbildung betrifft.

---

814 Vgl. Yassari, Leipziger Beiträge zur Orientforschung, 2004, 59, 76.

815 Vgl. Parhisi, S. 196.

So waren auch nach einer staatlichen Statistik im Jahre 2002/2003 60% aller Studierenden weiblichen Geschlechts.[816] Dies führte sogar zur Einführung einer Männerquote im Jahre 2008.[817]

Die Rolle der Frau im Iran hat sich in den letzten zwei Jahrzehnten nicht zuletzt wegen der Entwickung neuer Kommunikationsmedien wie Internet, Frauenzeitschriften und Satellitenfernsehen, die gezielt an Frauen gerichtet waren, gewandelt.[818] Auch im staatlichen iranischen Fernsehen existieren interaktive Sendungen, die einen aufklärerischen Auftrag in Bezug auf die Rechte der Frauen haben.

Im Rahmen meiner Forschungen zu dem iranischen Familienrecht hat mich besonders beeindruckt, dass viele Bestrebungen zu einer Annäherung der Rechte von Männern und Frauen im Rahmen einer islamischen Werteordnung existieren und Reformen zum Wohle und Schutze von Frauen und Kindern in der jüngeren Vergangenheit vorangetrieben worden sind. Positiv überrascht hat mich dabei vor allem, dass sich im iranischen Familienrecht nunmehr der Rechtsgedanke des „Kindeswohls" etabliert und Eingang in den Gesetzestext gefunden hat.

Noch bevor ich mich mit dem iranischen Recht ausführlicher beschäftigt habe, war auch ich nicht frei von Vorurteilen gegenüber der iranischen Rechtsordnung. Häufig habe ich mich selbst dabei ertappt, wie ich einzelne Vorschriften einseitig und nur unter einem bestimmten Blickwinkel analysiert habe. Ich habe die einzelnen Normen nicht im Zusammenhang und im Verhältnis zu anderen Vorschriften betrachtet.

Heute bin ich mir dessen bewusst, dass bei der Betrachtung einzelner Rechte und Pflichten von Frauen und Männern in islamisch geprägten Rechtsordnungen, diese stets im Zusammenhang zu anderen bestehenden Vorschriften gesehen werden müssen. Insbesondere ist es von enormer Bedeutung, bei der Analyse einer Rechtsvorschrift den Sinn und Zweck der jeweiligen Norm zu hinterfragen.

Natürlich darf auch dabei nicht unberücksichtigt bleiben, dass der Iran nun mal kein säkularer Staat ist, sondern ein solcher, in dem das Recht vielfältig von der Religion beeinflusst wird.

Für den deutschen Rechtsanwender bedeutet also die Beschäftigung mit dem iranischen Recht nicht lediglich die Auseinandersetzung mit einzelnen Rechtsvorschriften. Vielmehr stellt es für diesen eine Herausforderung dar, die jeweilige Norm in ihrer Komplexität auch im Kontext mit den übrigen iranischen Rechtsvorschriften zu betrachten.

---

816 Vgl. Parhisi, S. 205; http://www.qantara.de/webcom/show_article.php/_c-469/_nr-387/i.html (zuletzt aufgerufen am 14.12.2011).

817 http://www.tagesschau.de/ausland/iran176.html (zuletzt aufgerufen am 14.12.2011).

818 Vgl. Parhisi, S. 312.

Ich persönlich sehe das iranische Recht nunmehr in einem anderen Licht und hüte mich davor, ihm von vornherein den Stempel der Ungerechtigkeit aufzudrücken. Wenn man das iranische Recht nämlich in seinem Kern verstehen möchte, sollte man bei der Untersuchung der einzelnen iranischen Rechtsvorschriften versuchen, von Anfang an eine vorurteilsfreie und neutrale Haltung einzunehmen. Auf diese Weise kann man das iranische Recht am ehesten in seiner Grundstruktur erfassen.

Ich würde mir wünschen, mit dieser Arbeit einen kleinen Beitrag dazu geleistet zu haben, dem interessierten Leser, einen Zugang zu einem besseren Verständnis des iranischen Familienrechts ermöglicht und ihm dabei zugleich einen kleinen Einblick in die Grundstrukturen des gesellschaftlichen Lebens im Iran gewährt zu haben.

Marjam Waladan

INTERNATIONALRECHTLICHE STUDIEN
Beiträge zum Internationalen Privatrecht,
zum Einheitsrecht und zur Rechtsvergleichung

Herausgegeben von Ulrich Magnus und Peter Mankowski

Band 1 Birgit Reimers-Zocher: Beweislastfragen im Haager und Wiener Kaufrecht. 1995.

Band 2 Lenja Vespermann: Schadensersatz bei Beeinträchtigung rechts- oder sittenwidriger Interessen im deutschen und französischen Recht. 1996.

Band 3 Peter Cypra: Die Rechtsbehelfe im Verfahren der Vollstreckbarerklärung nach dem EuGVÜ unter besonderer Berücksichtigung der Ausgestaltung in Deutschland und Frankreich. 1996.

Band 4 Brigitta Lurger: Regulierung und Deregulierung im europäischen Privatrecht. 1997.

Band 5 Uta Gutknecht: Das Nacherfüllungsrecht des Verkäufers bei Kauf- und Werklieferungsverträgen. Rechtsvergleichende Untersuchung zum CISG, zum US-amerikanischen Uniform Commercial Code, zum deutschen Recht und zu dem Vorschlag der Kommission zur Überarbeitung des deutschen Schuldrechts. 1996.

Band 6 Stefan Abel: Die Qualifikation der Schenkung. Zur Methode der Qualifikation im Internationalen Schuldvertragsrecht. 1997.

Band 7 Daniel Kötz: Verkäuferpflichten und Rechtsbehelfe des Käufers im neuen norwegischen Kaufrecht vom 13. Mai 1988 Nr. 27 im Vergleich zum UN-Kaufrecht vom 11. April 1980 (CISG). 1997.

Band 8 Olaf Beier: Grundsätze eines europäischen transportmittelübergreifenden Schadensrechts für den Gütertransport. Eine rechtsvergleichende Untersuchung unter besonderer Berücksichtigung der CMR, der ER/CIM 1990, des WA/HP und der HVR. 1999.

Band 9 Ulrich Krüger: Modifizierte Erfolgshaftung im UN-Kaufrecht. Die Haftungsbefreiung bei Lieferung vertragswidriger Ware gemäß Art. 79 CISG. 1999.

Band 10 Wolf-Henning Hammer: Das Zurückhaltungsrecht gemäß Art. 71 CISG im Vergleich zu den Kaufgesetzen der nordischen Staaten unter Einbeziehung transportrechtlicher Aspekte. Eine rechtsvergleichende Studie. 1999.

Band 11 Ulrich Quay: Der Consulting-Vertrag im Internationalen Privatrecht. 2000.

Band 12 Axel Halfmeier: Die Veröffentlichung privater Tatsachen als unerlaubte Handlung. Eine rechtsvergleichende Untersuchung. 2000.

Band 13 Stephanie Scholz: Lohngleichheit durch Verfahren. Eine Studie zur Förderung der Lohngleichheit durch verfahrensrechtliche Ansätze. 2000.

Band 14 Tarık Cebecioglu: Stellung des Ausländers im Zivilprozeß. Eine rechtsvergleichende Untersuchung des türkischen und deutschen Rechts. 2000.

Band 15 Gunnar Straube: Sozialrechtliche Eingriffsnormen im Internationalen Privatrecht. 2001.

Band 16 Daniela de Lukowicz: Divergenzen in der Rechtsprechung zum CISG. Auf dem Weg zu einer einheitlichen Auslegung und Anwendung? 2001.

Band 17 Mohamed Hassan Fadlalla Ali: Das islamische Ehe- und Kindschaftsrecht im Sudan. Mit Hinweisen zu den Lehren der Islamischen Rechtsschule, der anwendbaren Familienrechtsvorschriften für Nichtmuslime im Sudan und im deutschen Familienrecht. 2001.

Band 18 Ole Lando/Ulrich Magnus/Monika Novak-Stief (Hrsg./eds.): Angleichung des materiellen und des internationalen Privatrechts in der EU. Harmonisation of Substantive and International Private Law. 2003.

Band 19 Florian Schulz: Der Ersatzlieferungs- und Nachbesserungsanspruch des Käufers im internen deutschen Recht, im UCC und im CISG. Eine rechtsvergleichende Untersuchung unter Berücksichtigung der Schuldrechtskommission, der EG-Richtlinie 1999/44/EG und des Diskussionsentwurfs eines Schuldrechtsmodernisierungsgesetzes. 2002.

Band 20 Ingo Janert: Die Aufrechnung im internationalen Vertragsrecht. 2002.

Band 21 Armin Jentsch: Die Erhaltungspflichten des Verkäufers und des Käufers im UN-Kaufrecht im Vergleich zum US-amerikanischen Uniform Commercial Code und zum deutschen Recht. 2002.

Band 22 Martin Taschner: Arbeitsvertragsstatut und zwingende Bestimmungen nach dem Europäischen Schuldvertragsübereinkommen. Einheitliche Auslegung. 2003.

Band 23 Klaus Bitterich: Die Neuregelung des Internationalen Verbrauchervertragsrechts in Art. 29a EGBGB. 2003.

Band 24 Sascha J. Morgenroth: Umsetzung der Verbrauchsgüterkaufrichtlinie in Spanien und Deutschland. Umsetzung der Richtlinie 1999/44/EG des Europäischen Parlaments und des Rates vom 25. Mai 1999 zu bestimmten Aspekten des Verbrauchsgüterkaufs und der Garantien für Verbrauchsgüter in Spanien und Deutschland. 2003.

Band 25 Markus Renfert: Über die Europäisierung der ordre public Klausel. 2003.

Band 26 Henning Mordhorst: Die Behandlung vertraglicher Mobiliarsicherheiten im US-amerikanischen und deutschen Insolvenzrecht. 2003.

Band 27 Hans Markus Wulf: UN-Kaufrecht und eCommerce. Problembereiche bei der Anwendung des Wiener Übereinkommens auf Internet-Verträge. 2003.

Band 28 Julia Kaiser: Freiheit oder Schutz? Die Scheidungsfolgenvereinbarung im deutschen und im englischen Recht. 2003.

Band 29 Astrid Hillebrenner: Die private Zustimmung zu Rechtsgeschäften Dritter im englischen, dänischen und deutschen Recht. 2004.

Band 30 Irene von der Heyde: Das deutsche und italienische internationale Kindschaftsrecht im Rechtsvergleich. Favor filii oder favor filiationis? 2004.

Band 31 Sven-Michael Werner: Recht im Systemwandel. *Ein Land, zwei Systeme* und das Kontinuitätsproblem in Hongkong. 2004.

Band 32 Holger Ellenberger: Wirtschaftsrelevante Kollisionsnormen im japanischen internationalen Privatrecht. 2004.

Band 33 Sebastian Kaufmann: Parol Evidence Rule und Merger Clauses im internationalen Einheitsrecht. 2004.

Band 34 Britta Christina Weber: Eigentumsübertragung und gutgläubiger Erwerb beim Kauf von beweglichen Sachen im vietnamesischen Zivilgesetzbuch von 1995. Eine rechtsvergleichende Analyse unter Berücksichtigung des Eigentumsbegriffs im vietnamesischen Recht. 2004.

Band 35 Alexander von Saucken: Die Reform des österreichischen Schiedsverfahrensrechts auf der Basis des UNCITRAL-Modellgesetzes über die internationale Handelsschiedsgerichtsbarkeit. Ein Diskussionsbeitrag. 2004.

Band 36 Jasnica Garašić: Anerkennung ausländischer Insolvenzverfahren. Teil 1 und Teil 2. Ein Vergleich des kroatischen, des deutschen und des schweizerischen Rechts sowie der Europäischen Verordnung über Insolvenzverfahren, des Istanbuler Übereinkommens und des UNCITRAL-Modellgesetzes. 2005.

Band 37 Eugenia Kurzynsky-Singer: Anknüpfung und Reichweite des Vollmachtsstatuts. 2005.

Band 38 Timo Utermark: Rechtsgeschichte und Rechtsvergleichung bei Ernst Rabel. 2005.

Band 39 Mohamed Lakmes: Die IPR-Anknüpfung der Schuldverträge. Ein Vergleich zwischen dem deutschen und dem syrischen Recht. 2005.

Band 40 Christian Haas: Vertragsstrukturen privatfinanzierter Infrastrukturprojekte. Nationale und internationale Perspektiven. 2005.

Band 41 Tanja Herzog-Engels: Gesellschaftsrechtliche Formvorschriften und Internationales Privatrecht. 2005.

Band 42 Hassan Siahpoosh: Das Familien- und Erbrecht im Iran. 2006.

Band 43 Carola Reifenrath: Das Vertragsrecht Hongkongs und dessen zukünftige Entwicklung. Unter besonderer Berücksichtigung des englischen Common Law. 2006.

Band 44 Arkadiusz Wudarski: Der Pfandbrief und sein Treuhänder. Eine rechtsvergleichende Untersuchung zum polnischen und deutschen Recht. 2006.

Band 45 Ulla Liukkunen: Cross-Border Services and Choice of Law. A Comparative Study of the European Approach. 2006.

Band 46 Claire Anna Reifner: Die Umsetzung der Verbrauchsgüterkaufrichtlinie in Italien und Deutschland. 2007.

Band 47 Shahriar Rabbanifar: Vergleich des Rechts der öffentlichen Unternehmen in Deutschland, Iran und Polen. 2007.

Band 48 Judith Farokhmanesh: Der Schutz des Urhebers im internationalen Vertragsrecht. Funktion, Reichweite und Effektivität zwingender Bestimmungen im deutschen, französischen und englischen Recht. 2007.

Band 49 Christoph Hellriegel: Schuldnerschutz in Polen. Rechtsvergleichende Untersuchung eines universalen Regelungsproblems. 2007.

Band 50 Ingemar Carl: Einstweiliger Rechtsschutz bei *Torpedoklagen*. 2007.

Band 51 Gabriele Wunsch: Möglichkeiten und Grenzen eines europäischen Hypothekarkredits. Problemanalyse und Lösungswege für die Schaffung eines Binnenmarktes für Grundpfandrechte unter Berücksichtigung des deutschen, englischen, schwedischen und spanischen Rechts. 2009.

Band 52 Sven Kuchmann: Die Haftung des Geschäftsführers einer deutschen GmbH und des Gerente einer argentinischen SRL im Rechtsvergleich. 2008.

Band 53 María Elena Alvarez de Pfeifle: Der Ordre Public-Vorbehalt als Versagungsgrund der Anerkennung und Vollstreckbarerklärung internationaler Schiedssprüche. Unter Berücksichtigung des deutschen, schweizerischen, französischen und englischen Rechts sowie des UNCITRAL-Modellgesetzes. 2009.

Band 54 Amir-Said Ghassabeh: Die Zustellung einer *punitive-damages*-Sammelklage an beklagte deutsche Unternehmen. Zugleich ein Beitrag zum „unnötigen" transatlantischen Justizkonflikt. 2009.

Band 55 Gunnar Lennart Schmüser: Das Zusammenspiel zwischen Haupt- und Sekundärinsolvenzverfahren nach der EuInsVO. 2009.

Band 56 Johanna Siemonsen: Die deutschen Ausführungsvorschriften zur Europäischen Insolvenzverordnung. 2009.

Band 57 Dan Malika Gunasekera: Civil Liability for Bunker Oil Pollution Damage. 2010.

Band 58 Sarah Mukaddes Oguz: Das türkische und das europäische Verbraucherrecht. Eine vergleichende Analyse mit Blick auf die Beitrittsbestrebungen der Türkei zur Europäischen Union. 2010.

Band 59 Niklas Wielandt: Die einseitig verpflichtende Schuldzusage. Eine rechtsvergleichende Untersuchung des abstrakten, kausalen und nicht rechtsgeschäftlichen Schuldanerkenntnisses und Schuldversprechens nach deutschem und englischem Recht. 2010.

Band 60 Lars Meyer: Non-Performance and Remedies under International Contract Law Principles and Indian Contract Law. A comparative survey of the UNIDROIT Principles of International Commercial Contracts, the Principles of European Contract Law, and Indian statutory contract law. 2010.

Band 61 Farzana Soleimankehl-Hanke: Afghanistan zwischen Islam und Gleichberechtigung. Widersprüche in der afghanischen Verfassung am Beispiel des afghanischen Familien- und Erbrechts. 2011.

Band 62 Sören Koch: Der Ersatz frustrierter Aufwendungen im norwegischen Recht. 2011.

Band 63 Vanessa Seibel: Der Geschäftsführer in der Insolvenz der Gesellschaft. Eine rechtsvergleichende und rechtsökonomische Betrachtung von GmbH und LLC. 2012.

Band 64 Dorothea von Domarus: Internationales Arzthaftungsrecht nach Inkrafttreten der Rom I- und Rom II-Verordnung. Ein Rechtsvergleich mit den USA unter besonderer Berücksichtigung der Bundesstaaten New York, Kalifornien und Louisiana. 2013.

Band 65 Nils Rasmus Grenda: Erwerb und Schutz des Eigentums an Mobilien im deutschen und schwedischen Recht. 2013.

Band 66 Tristan Wegner: Überseekauf im Agrarhandel. Die Kontraktpraxis nach GAFTA und Einheitsbedingungen. Eine rechtsvergleichende Darstellung. 2013.

Band 67 Marjam Waladan: Das iranische Familienrecht unter der besonderen Berücksichtigung der Rechte von Frauen und Kindern. 2013.

www.peterlang.com

www.ingramcontent.com/pod-product-compliance
Ingram Content Group UK Ltd.
Pitfield, Milton Keynes, MK11 3LW, UK
UKHW021848290926
8980IPUK00005B/709